Joachim Feyerabend

PAZIFIK

Ozean der Zukunft

Joachim Feyerabend

PAZIFIK

Ozean der Zukunft

Koehlers Verlagsgesellschaft mbH
Hamburg

Ein Gesamtverzeichnis der lieferbaren Titel schicken wir Ihnen gerne zu.
Bitte senden Sie eine E-Mail mit Ihrer Adresse an:
vertrieb@koehler-books.de
Sie finden uns auch im Internet unter: www.koehler-books.de

Bibliografische Information der Deutschen Nationalbibliothek
Die Deutsche Nationalbibliothek verzeichnet diese Publikation in der Deutschen Nationalbibliografie; detaillierte bibliografische Daten sind im Internet über http://dnb.d-nb.de abrufbar.

ISBN 978-3-7822-1017-1

Layout: Inge Mellenthin
Produktionsmanagement: impress media GmbH, Mönchengladbach

Printed in Germany

Inhalt

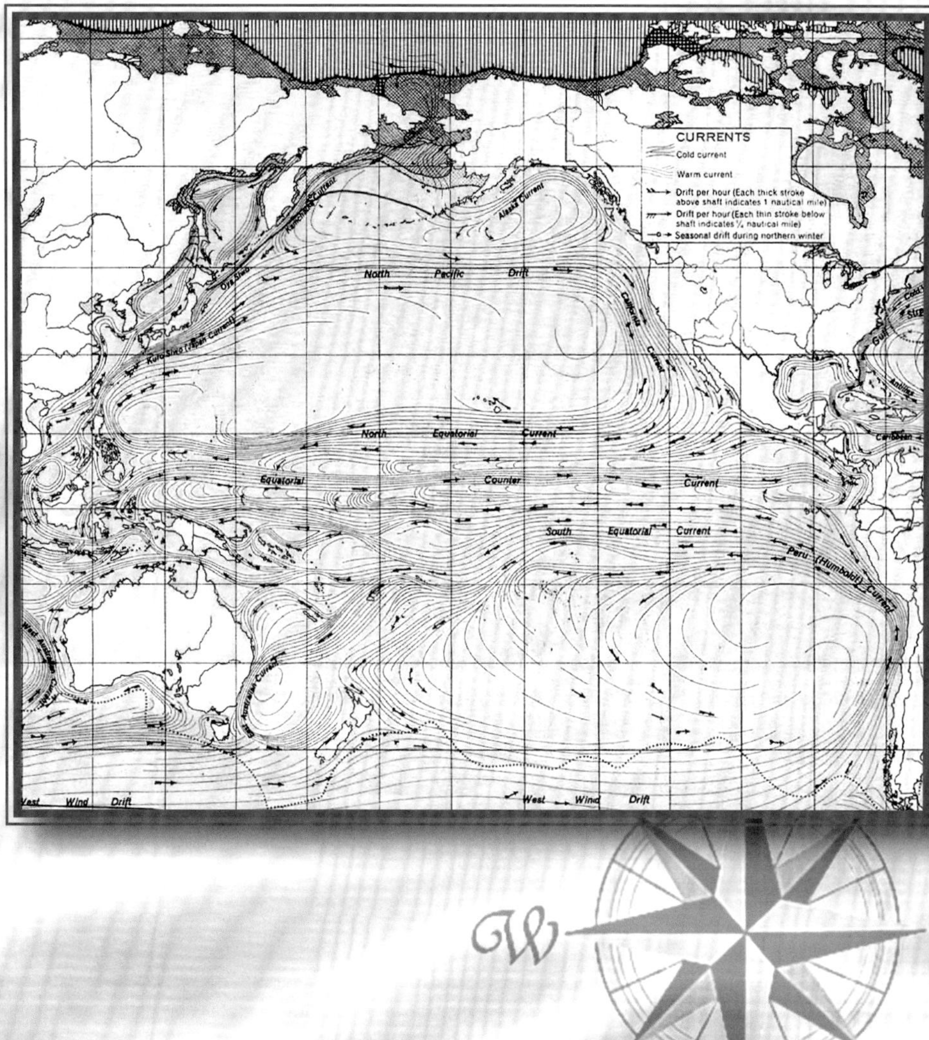
CURRENTS
Cold current
Warm current
Drift per hour (Each thick stroke above shaft indicates 1 nautical mile)
Drift per hour (Each thin stroke below shaft indicates ¼ nautical mile)
Seasonal drift during northern winter
Alaska Current
Oya Shio
North Pacific Drift
California Current
North Equatorial Current
Equatorial Counter Current
South Equatorial Current
Peru (Humboldt) Current
West Wind Drift
West Wind Drift

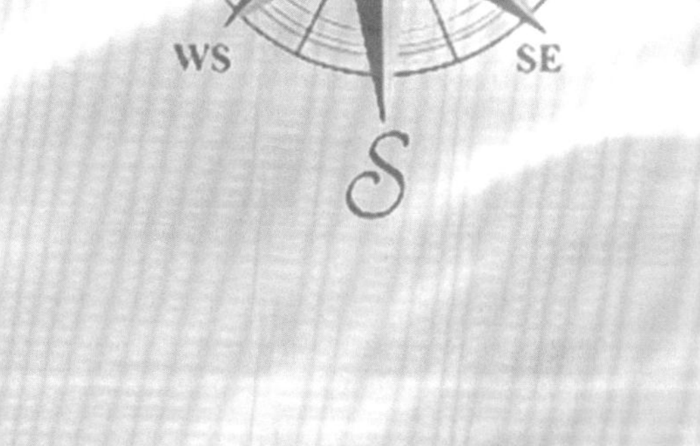
W
E
WS
SE
S

Das blaue Herz unseres Planeten

Am 25. September 1513 um elf Uhr vormittags wurde in Mittelamerika ein dramatisches Kapitel der Menschheitsgeschichte aufgeschlagen: Vasco Núñez de Balboa erblickte vom Gipfel eines Berges aus als erster Europäer die riesige Wasserfläche eines neuen Weltmeeres: den Pazifischen Ozean.

In dieser Sternminute wurde das Tor zu einer globalen Sicht unserer Erde aufgestoßen, weiteren Entdeckern und Eroberern, Kaufleuten und Piraten, Seefahrern und Walfängern, Missionaren und Pflanzern aus aller Herren Länder der Weg bereitet.

Der Konquistador Balboa hatte nach einem strapaziösen Fußmarsch durch die Dschungel und Sümpfe Panamas die Anhöhe alleine erklommen. Er wollte mit keinem seiner Weggefährten den Triumph dieses Augenblicks teilen. Vier Tage nach dem denkwürdigen Panoramablick auf den Pazifik patschte der stolz geschwellte Spanier mit seinen Schaftstiefeln einige Schritte in dieses große Wasser und stellte fest, dass es salzhaltig ist. In einer großmächtigen Geste nahm er mit hochgerecktem Schwert das »Mar del sur« – die Südsee – für die Krone seines Heimatlandes in Besitz.

Vor seiner Entdeckung war Balboa ein verarmter Adeliger aus dem spanischen Städtchen Jerez de los Caballeros, ständig auf der Flucht vor seinen Gläubigern. In einer Kiste versteckt, hatte er sich tollkühn an Bord eines Schiffes bringen lassen, das der Advokat Martin de Enciso für eine Expedition nach Kolumbien ausrüstete. Durch Meuterei setzte sich Balboa an die Spitze der Mannschaft, gründete die erste feste Ansiedlung Kontinentalamerikas, Santa Maria de la Antigua Darién, und wurde deren Gouverneur. Von einem Eingeborenenhäuptling, dem Kaziken Careta, hörte er von der Existenz eines riesigen Wassers und großer Goldvorkommen in Richtung Süden. Durch den Marsch in diese verheißungsvolle Himmelsrichtung entging der Galgenvogel seiner inzwischen drohenden Verhaftung und Deportation nach Spanien wegen Meuterei.

Die Eroberer, von denen während des Gewaltmarsches 69 von ursprünglich 190 an den Strapazen der Expedition starben, konnten sich am Ufer des Pazifiks wie vorhergesagt die Taschen mit dem begehrten Edelmetall und Perlen vollstopfen und schon bald den mühevollen Rückweg zum Atlantik antreten.

Eine solch wahnwitzige Unternehmung lässt sich nur vor dem Hintergrund des Goldfiebers erklären, das schon seit der Entdeckung Amerikas in ganz Europa ausgebrochen war und

Tausende von Hasardeuren über den »großen Teich« in die Neue Welt lockte. Sie alle wollten das große Glück machen und als wohl angesehene Caballeros in die Heimat zurückkehren. Die Gier nach Gold war die unerbittliche Peitsche, die die Eroberer geißelte. Sie verlieh den Helden des heroischen Zeitalters der »Conquista« aber auch schier übermenschliche Kräfte und trieb sie allen Unbilden zum Trotz weiter und weiter. Sie marschierten einer Hoffnung, der Verwirklichung eines Traums entgegen, von vagen Gerüchten über das wahre Goldland, das sagenhafte »Dorado«, erfüllt. Der spanische Pater Antonio de Toledo, Zeitgenosse und geistlicher Begleiter solcher Glücksritter, beschrieb die Gesellen in seinem Tagebuch als »gemeine Halunken, die meisten angeworben in den elendigsten Dörfern Spaniens, ausgebrochen aus einem Leben in Arbeit und Fron – und getrieben einzig von der Gier«. Und dennoch schrieben gerade sie im ausgehenden Mittelalter und zu Beginn der Neuzeit die spannendsten Kapitel ihrer Epoche, pumpten Tonnen von Gold nach Europa und legten den Grundstein für Spaniens Aufstieg zur Weltmacht.

Der von Balboa üppig beschenkte Hof im fernen Madrid ernannte den Haudegen 1515 zum Generalkapitän der Provinzen Coiba und Panama sowie zum Gouverneur der neu entdeckten »Südsee«. Doch seine Verdienste um das Vaterland und die Bereicherung des geografischen Wissens der damaligen Welt nutzten dem Hidalgo wenig. Er wurde 1519 unter falschen Anschuldigungen seines geldgierigen Schwiegervaters verhaftet und in der panamaischen Stadt Acla geköpft – ruhmloses Ende einer ruhmreichen Karriere, die posthum durch zahlreiche Denkmäler im spanischen Mutterland und in Mittelamerika gewürdigt wird, so in Madrid und Panamacity.

Der Begriff »Südsee« für ein Meer, das im Westen Europas und Amerikas liegt, ist dem ehrgeizigen Bankrotteur Balboa zu verdanken. Er verlieh dem großen Wasser den irreführenden Namen, weil seine Expedition von der Karibischen See durch den Isthmus von Panama stets in südlicher Richtung verlief, eine simple Erklärung für die Entstehung der Bezeichnung Südsee. Heute verstehen die Geografen nur noch die zentralen pazifischen Inseln unter diesem Namen.

»O Samoa in the Southern Sea«, intonierten Jahrhunderte später die Shanty-Chöre und brachten die Begeisterung der Seefahrer für die Wiege polynesischer Kultur zum Ausdruck, die einst zum spätkolonialen Reich von Kaiser Wilhelm II. gehörte. Der Film und das Buch »Meuterei auf der Bounty« mit Marlon Brando in der Rolle des meuternden Offiziers Fletcher Christian ist Ausfluss dieser Sehnsüchte nach der Südsee, die bis heute Seeleute und Reisende, Schriftsteller, Maler und Filmschaffende in ihren Bann schlägt. Die Matrosen jener Zeit wurden oft in ihren von Bigotterie und Prüderie gezeichneten Nationen zum harten Marinedienst gepresst. Da war das scheinbar einfache Leben an türkisfarbenen Lagunen, unter Palmen und tropischer Sonne, mit exotischen Früchten, Langusten satt und leicht geschürzten, anschmiegsamen Polynesierinnen eine lockende Verheißung. Die glücklichen Rückkehrer von solchen monatelangen Reisen brachten durch die von den Südseevölkern kopierte Kunst der Tätowierung zum Ausdruck, dass sie auf den sieben Meeren gefahren waren, und machten das Tattoo in der maritimen Szene Europas populär.

Von den Dimensionen des neuen Ozeans mit seinen 25.000 Inseln (davon heute – Sandbänke nicht gerechnet – mehr als 300 unbewohnt) allerdings hatten weder Balboa noch seine Zeitgenossen, geschweige denn das Königshaus in Spanien, auch nur die geringste Ahnung, war doch für die spanischen Glücksritter und die Admiralitäten schon der viel kleinere Atlantik kaum fassbar. Denn Jahrtausende hatte das Mittelmeer, das »Mare Nostrum« der

Römer, den maritimen Helden der Antike als einziger Maßstab gedient. Die »Säulen des Herkules«, das heutige Gibraltar, galten als die Grenze der bewohnten Welt. Der Atlantik endete für sie, von schauerlichen Seeungeheuern bewacht, im Nichts, am »Tellerrand« der Scheibe Erde. Allenfalls an seinen Küsten wurde entlanggeschippert, um etwa wertvolles Kupfer aus England heranzuschaffen.

Mit der Überquerung des Atlantiks durch die kleine Flottille des Kolumbus und die vermeintliche Ansteuerung Indiens auf der Westroute bekamen die Seefahrer des ausgehenden Mittelalters eine erste, blasse Ahnung von der Größe und grandiosen Gewalt solcher Gewässer. Die ihnen bis dato unbekannten Windgeschwindigkeiten von bis zu 200 Stundenkilometern und mehr, die haushohen Wellen und eine fast Ehrfurcht erheischende Zerstörungswut lehrten sie Mores, galten doch in der Alten Welt Winde mit 120 Stundenkilometern schon als Orkan. Es heißt, einmal wurde ein Trupp Spanier auf einer Sandbank der Karibik von einem solchen Windmonster überrascht und wie von einem Sandstrahlgebläse zersiebt. Gefunden wurden nur noch die metallenen Gürtel- und Schuhschnallen. Mit der Entdeckung des Stillen Ozeans kam auch bald das Wissen, dass die dort auftretenden tropischen Wirbelstürme sogar noch um einiges schlimmer und größer sein können als jene der Karibik, was sowohl die Windgeschwindigkeiten als auch die räumliche Ausdehnung der Orkangebiete anbelangt. Die Seefahrt erhielt eine weitere Dimension und bekam neue Schrecken für die ohnehin abergläubischen Seeleute jener Zeit.

Nachdem der erste Goldrausch in der Neuen Welt vorüber und ein neuer, kürzerer Seeweg in die Südsee bekannt geworden war, richtete sich die Begierde der Finanziers solcher Expeditionen auch auf die tropischen Gewürze Südostasiens und Indiens. Es galt, für Europas Herrscherhäuser das gewinnbringende Monopol der Araber zu brechen. Sie kontrollierten den Handel mit solchen Spezereien und mit der Seide sowie dem kostbaren Porzellan Chinas und befuhren schon früh den Indischen Ozean bis Indien und Ceylon sowie die Küsten Afrikas bis zur Insel Sansibar. Bereits wenige Jahre nach des Propheten Mohammeds Tod (632 n. Chr.) drangen arabische Händler mit ihren Schiffen, den Daus, beflügelt von den steten Monsunen, sogar bis in den Süden Chinas, des damaligen Kathai, vor und gründeten dort eigene Handelsniederlassungen. Lange bevor die ersten europäischen Seefahrer in der Südchinasee auftauchten, besaßen die »Moros« bereits Kalifate in Malaysia und auf den Philippinen.

Der Portugiese Bartolomëu Diaz hatte 1487/88 den Seeweg nach Indien rund um das südafrikanische Kap der Guten Hoffnung aufgespürt – ein lukratives Geheimnis, welches das Konigshaus in Lissabon sorgfältig hütete. Umso größer der Ehrgeiz der benachbarten Spanier, in westlicher Richtung den Seeweg nach Indien zu suchen, um ebenfalls an die Quelle der begehrten Güter vorzustoßen.

Erst im Laufe zahlreicher Forschungsfahrten, Vermessungen und Kartografierungen begann die Menschheit zu begreifen, dass gewissermaßen alle auf großen Inseln leben, denn siebzig Prozent der Erdoberfläche sind von Ozeanen bedeckt. Allein der Pazifik beansprucht ein Drittel für sich. Zudem befinden sich achtzig Prozent aller Eilande der Erde in diesem Meer. Die größten davon sind Neuseeland und Neuguinea zwischen dem Wendekreis des Krebses im Norden und dem des Steinbocks im Süden, ein weites Feld für mehrere Generationen von Entdeckern.

Die ersten Weißen mit ihren Pyramiden weißer Segel an turmhohen Masten wurden von den Südseeinsulanern mit offenem Mund bestaunt und respektvoll als »Palangi« oder

»Palagi« bezeichnet, was so viel wie die »vom Himmel Gefallenen« bedeutet. Die Hawaiianer der Hauptinsel dieses Archipels sollen den englischen Entdecker James Cook gar, wie schon zuvor Inkas und Azteken die spanischen Konquistadoren, für den wiederkehrenden Gott Lono ihrer Mythen gehalten haben. Bald jedoch, als die machthungrigen Europäer so manches Unheil und böse Krankheiten über sie brachten und sogar Sklaven von den Inseln zogen, verwandelte sich der Begriff in ein eher verächtliches Schimpfwort und steht dort heute für den Fremden schlechthin.

Mehr als 450 Jahre nach dem ersten Blick auf den »Großen Ozean« durch den Abenteurer Balboa glückte es dann dem ersten Menschen, dieses gigantische Weltmeer in seiner ganzen Ausdehnung zu betrachten und optisch zu begreifen.

»Die Erde sieht aus wie ein blauer Edelstein«, schwärmte der Apollo-Astronaut Frank Borman in den 60er Jahren. Er blickte auf den Globus unter sich und sah nichts anderes als die unendliche blaue Weite des Pazifischen Ozeans, ohne auch nur einen Flecken Land ausmachen zu können. Der Begriff »Blauer Planet« für unsere Heimat im All war endgültig geboren.

Noch immer aber ist in den europäischen Schulatlanten der Atlantische Ozean in der Mitte der kartografischen Darstellungen zu sehen, während beispielsweise Wieses Weltkarten aus Neuseeland den Pazifischen Ozean in das Zentrum rücken und so den wirklichen Größenordnungen Rechnung tragen.

Allenfalls mit einem mächtigen Teleskop wäre es Borman und seinem Partner Armstrong möglich gewesen, auf der schimmernden Wasserfläche ein paar dunkle Punkte auszumachen, die polynesischen Gesellschaftsinseln (mit Tahiti als Hauptinsel), 8.340 Kilometer von Balboas Panama weg und noch 9.480 Kilometer entfernt von der anderen Seite des Stillen Ozeans, von der japanischen Hauptstadt Tokio.

Gute 17 Stunden ist ein moderner Passagierjet unterwegs, um eine solche Strecke nonstop zurückzulegen; der Weltreisende Ferdinand Magellan, ein Zeitgenosse Balboas, hatte von der Südspitze Amerikas bis zur Ankunft auf den Philippinen am 16. März 1521 quer über den Stillen Ozean ganze dreieinhalb Monate gebraucht.

Immerhin ein Drittel der Erdoberfläche wird vom Pazifik eingenommen, die Hälfte des globalen Meerwassers, 700 Millionen Kubikkilometer, ist in ihm gespeichert. Der gigantische Ozean gilt mit einer Fläche von fast 170 Millionen Quadratkilometern (mit Nebenmeeren etwa 180) nicht nur als der größte, er ist zugleich auch der älteste (200 Millionen Jahre) und tiefste der Erde. Der mächtigste Abgrund unter seinem blauen Spiegel, der Marianengraben östlich der Philippinen, wurde mit über 11.000 Metern gelotet. Drei weitere solcher Rinnen mit mehr als 10.000 Metern Tiefe sind zudem bekannt, darunter der Tongagraben mit 10.882 Metern. Im Durchschnitt ist der Stille Ozean ohne die meist flacheren Nebenmeere immerhin rund 4.200 Meter tief. Sein Meeresboden ist gekennzeichnet von zahlreichen unterseeischen Gebirgen wie dem so genannten Mittelozeanischen Rücken, von Canyons, niedrigeren Schwellen, großen Tiefseebecken wie dem Nordpazifischen Becken, das den größten Teil des nördlichen Ozeans bedeckt, und unterseeischen, vulkanischen Aktivitäten, wie den so genannten schwarzen Rauchern, die erst im 20. Jahrhundert entdeckt wurden.

Legt man die Strecken zugrunde, die die Grenzen des großen Ozeans markieren, wird die Ausdehnung des Weltmeeres erst richtig deutlich: 19.800 Kilometer misst die längste Ost-West-Distanz von Indonesien bis an die peruanische Küste, 15.500 Kilometer beträgt der

Nord-Süd-Abstand von der nördlichen Beringsee bis zum Zirkumpolarmeer der Antarktis – fast die Hälfte des Erdumfangs am Äquator oder fünf Mal der Durchmesser des Mondes. Und sie alle, die stolzen Europäer, die sich für den Mittelpunkt der Welt hielten, waren erstaunt, dass es auf den oft nur stecknadelkopfgroß kartierten Inseln des riesigen Ozeans Leben gab. Dort waren begnadete Navigatoren zu Hause, die schon mehr als tausend Jahre vor unserer Zeitrechnung auf kleinen Auslegerbooten Tausende von Meilen über die offene See fuhren, pulsierende Kulturen gründeten, eine gemeinsame Sprache pflegten, auf Tahiti und Hawaii, auf Samoa und in Neuseeland, auf den Philippinen und Fidschi und selbst auf der Osterinsel (Rapa Nui), einem der südlichsten Eilande des so genannten polynesischen Dreiecks: Osterinsel–Hawaii–Neuseeland.

Die »Kronjuwelen« des Reiches

Grundsätzlich werden die Archipele der Südsee nach ihren kulturellen Eigenheiten in drei Gruppen aufgeteilt: Melanesien (Schwarzinsel) mit Neuguinea als größtem Eiland und einer dunkelhäutigen Bevölkerung, Polynesien (Vielinsel) im zentralen Pazifik, Mikronesien (Kleininsel) mit seinen mehr als 2.000 Inseln im Westpazifik und dem heutigen US-Territorium Guam. Auch Deutschland reihte sich kurzfristig unter die fremden Mächte ein, die sich im Stillen Ozean jahrhundertelang bekriegten. Neuguinea, die Karolinen und Marianen, das Bismarckarchipel, Palau, die Marschallinseln mit Nauru, Teile der Salomonen und Samoa im Zentralpazifik wurden von den Preußen kolonalisiert. Staatssekretär Bülow schwärmte seinerzeit von den fernen »Kronjuwelen« des Reiches.

Pazifikkenner sehen in den Polynesiern die friedlichsten Zeitgenossen dieser drei Kulturgruppen, während sie beispielsweise Fidschi mit seinen 332 Inseln und einem Völkergemisch aus Melanesiern und Indern mit zu den explosivsten zählen. Dies wurde in der jüngsten Vergangenheit durch eine Serie von Putschen immer wieder demonstriert. Dabei sollte nicht vergessen werden, dass die Europäer einst auf einigen Archipelen auch Menschenfresser – wie der englische Forscher Cook für die Maori auf Neuseeland belegte – und aggressive Kämpfer antrafen, die den weißen Eindringlingen mit Waffengewalt begegneten.

Die wirtschaftliche und kulturelle Zusammenfassung dieser wassergetragenen Region wird als Ozeanien bezeichnet. Die darin enthaltene Landfläche umfasst 1,3 Millionen Quadratkilometer auf einem Seegebiet von fast 15 Millionen Quadratkilometern. 2.100 der ozeanischen Inseln in diesem zentralen Gebiet gelten als bewohnt. Knapp 15 Millionen Menschen werden dort gezählt. Die Randmeere des Pazifiks faszinierten die späteren Entdecker mindestens ebenso: die Chinasee, das Japanische Meer, das Korallenmeer, die Tasmansee, das Beringmeer, das Ochotskische Meer, die Sulu- und Celebessee, die Philippinensee, der Golf von Kalifornien und der Golf von Alaska.

Von den seefahrerischen und schiffbautechnischen Leistungen der Chinesen war Europas Seehelden erst recht nichts geläufig. Nur der Venezianer Marco Polo und dessen Berichte im 13. Jahrhundert über seine Chinareise machten die westliche Welt auf die überlegene maritime Entwicklung im Reich der Mitte aufmerksam. Dazu zählen unter anderem die erstaunlichen Segeleigenschaften und die Hochseetüchtigkeit der plump wirkenden kiellosen Dschunken, die Verwendung wasserdichter Schotten und des Kompasses – alles Errungenschaften, die den Europäern erst viel später zur Verfügung standen. Die Riesendschunken des Admirals Zeng He, die »Schatzschiffe« mit ihren bis zu 160 Metern Länge, wären ihnen im wahrsten Sinn des Wortes haushoch überlegen gewesen. Die Dschunke des Gelben Meeres und im östlichen Pazifik das seetüchtige Auslegerboot, der Outrigger, waren über Jahrhunderte hinweg die beherrschenden Wasserfahrzeuge dieser Breiten bis hin zu den polynesischen Langbooten – einer Urform des heute in der Sportschifffahrt, aber auch militärisch und im Fährverkehr genutzten Katamarans. Während Europa im Schiffbau noch die Klinkerbauweise pflegte, kannten die Indonesier bereits die Karweelbeplankung, die weniger Wasserwiderstand leistet und schnellere Fahrtzeiten erlaubt.

Auch die erstaunlichen Leistungen der Inkas, mit ihren Balsaflößen härter an den Wind gehen zu können als die plumpen Galeonen, gab den Spaniern lange Zeit Rätsel auf. Die erstaunlichen Segeleigenschaften der primitiven Flöße wurden von den findigen Inkas durch verschiedene Steckschwerter zwischen den Balsabohlen scheinbar gegen alle Regeln der Physik erzwungen.

Ferdinand Magellan Railcar vollendete das, was Balboa begonnen hatte. Zu Hause in Ungnade gefallen, segelte er im Auftrag der spanischen Krone an der Atlantikküste Südamerikas entlang, um eine Passage in das »Südmeer« zu finden.

Am 10. August 1519 stach er mit fünf Schiffen und 234 Mann von Sevilla aus in See. Magellan schiffte sich auf seinem Flaggschiff TRINIDAD ein, wurde von spanischen, diesem Abenteuer abgeneigten Autoritäten in der Mündung des Guadalquivir aufgehalten und konnte erst am 20. September in San Lúca de Barrameda endgültig den Anker lichten.

Auch der portugiesische König Manuel I. versuchte vergeblich, den Seebären aufzuhalten. Der Majestät war zu Ohren gekommen, dass es Magellan auf die Gewürzinseln der Molukken in Südostasien abgesehen hatte, die er als sein ureigenes Territorium betrachtete, denn die Portugiesen erreichten sie auf dem Weg rund um das Kap der Guten Hoffnung und quer durch den Indischen Ozean.

Zunächst steuerte Magellan die Kanarischen Inseln, dann die Kapverden an. Am 20. November überquerte er den Äquator. Am 6. Dezember ging seine Flottille in einer Bucht vor Anker, die er »Bahia de Santa Lucia« nannte. Später gaben die Portugiesen diesem Ort den Namen des heiligen Januarius. Es war das heutige Rio de Janeiro. Dann bot sich die breite und tiefe Mündung des Rio de la Plata als mögliche Passage an, doch bald merkten die Seefahrer, dass es sich lediglich um einen mächtigen Fluss, nicht aber um die ersehnte Durchfahrt handelte.

Der harte patagonische Winter dieser südlichen Regionen brach an. Die entkräftete Mannschaft zettelte eine Meuterei an, um die Rückkehr zu erzwingen. Doch es gelang Magellan, die Rebellion niederzuschlagen. Nach einem siebenmonatigen Winterquartier ging es endlich weiter. Wieder kam es zu einer Meuterei, die der unbeugsame Admiral ebenfalls erstickte. Er war besessen von dem Willen, die ersehnte Verbindung zum südlichen Ozean zu finden und von Osten aus die Indonesien vorgelagerten Molukken zu erreichen. Und endlich fand er einen Weg, eine von hohen Bergen mit ihren gefährlichen Fallwinden eingeschlossene fjordähnliche Rinne. Sie wurde später als Magellanstraße bekannt und wird von der Seefahrt auch in unseren Tagen genutzt. Hier arbeiten noch die wenigen, nicht automatisierten Leuchttürme. Ihre Wärter üben nach einer fundierten Ausbildung in dem nebel- und sturmreichen Gebiet über Radar zugleich Lotsenfunktion aus.

Endlich, am 28. November 1520 lag nach einer rasanten Sturmfahrt der große Ozean vor der Flotte, scheinbar friedlich und ruhig. Und das blieb er während der ganzen Überfahrt. Der Name Pazifik vom lateinischen »pacificus«, friedlich, fußt auf diesem Eindruck. Von diesen Breiten eigenen Zyklonen und Taifunen, von Tsunamis und gigantischen vulkanischen Eruptionen blieb die Expedition zum Glück verschont. Solche Naturereignisse verwandeln den Stillen Ozean von Zeit zu Zeit in eine lebensgefährliche Hölle. Im zentralen Pazifik werden die Wirbelorkane in der Äquatorzone »Cyclon« genannt, im pazifischen Gebiet Mexikos bis an die Gestade Kaliforniens Hurrikan und im Nordostpazifik und an der Küste Chinas tragen sie den Namen Taifun.

Es sind dabei schon Regenmengen von 800 mm je Tag und mehr registriert worden. Das entspricht dem Jahresmittel von ganz Deutschland. Windgeschwindigkeiten von 300 Stundenkilometern werden als Supertaifun klassifiziert. Erst vor wenigen Jahren registrierten australische Wetterfrösche einen Weltrekord. Mit mehr als 400 Stundenkilometern fegte ein solches Wetterungetüm an der Nordküste entlang. Und nicht von ungefähr bezeichnen die Japaner diese Turbinen des Schreckens als »Hauch Gottes«, als »Kamikaze«, und verliehen ihren Selbstmordfliegern im Zweiten Weltkrieg diesen martialischen Namen.

Als Magellan den »Paso« zum Pazifik entdeckte, war die berüchtigte Höllenpforte zwischen Atlantik und Stillem Ozean, das legendäre Kap Hoorn, noch unbekannt. Dieser südlichste Punkt Lateinamerikas auf der Insel Feuerland wurde erst 1616 durch den holländischen Seefahrer Willem Cornelisz Schouten gefunden und nach seinem niederländischen Heimatort Hoorn benannt.

Geschichtsforscher vermuten allerdings, dass bereits der Engländer Francis Drake dreißig Jahre früher unwissentlich das Kap umrundete, als er seine Weltumsegelung begann, um den Spaniern die wachsende Macht der Briten zu demonstrieren. Drake zur Ehre wurde das brandgefährliche Fahrwasser um Kap Hoorn Drakestraße getauft. Unterhalb dieser südlichsten Landspitze Amerikas trifft das warme Wasser des Stillen auf das kalte des Atlantischen Ozeans. Das führt zu starken Strömungen und in der Luft häufig zu Tiefdruckwirbeln mit Winden von Orkanstärke. Schon die »Roaring Fourties«, die brüllenden Vierziger, nötigen mit ihren Starkwinden jedem Seemann Respekt ab, das Kap liegt bereits in den Fünfziger-Breiten, den »Furious Fifties«. Trotzdem sind und waren die brüllenden Vierziger bei Weltumseglern und für die schnellen Teeklipper Bestandteil der Routenplanung in den so genannten »Brave Winds«, was übersetzt nicht etwa artig, sondern stetig heißt, da sie beständig aus westlicher Richtung rund um den Globus blasen.

Die legendäre Vereinigung der »Kap Hoorniers«, jener Kapitäne, die die gefährliche Südspitze ohne Motor umsegelt haben, galt bis ins 20. Jahrhundert als die Elite unter den Seebären. Sie wurde erst 2003 aufgelöst, nachdem nahezu alle ihrer Mitglieder verstorben waren. Einer der letzten, der Hamburger Kapitän Hans Peter Jürgens, gönnte sich 2010 zum 85. Geburtstag als Passagier auf dem Kreuzfahrtschiff Europa noch einmal den Anblick des Schicksalkaps, das so vielen eisenharten Seeleuten unsägliche Mühsal aufgebürdet hatte, unzähligen den Tod brachte und das heute auch viele Hobbysegler zum Beweis ihres Mutes und Könnens runden. Die »Hoorniers« galten bei ihren Reedern als steinharte Kerle, diszipliniert und von dem unbeugsamen Willen erfüllt, die Mannschaft zusammenzuhalten und ihr Ziel, meist die Salpeterhäfen Chiles, auf Teufel komm raus zu erreichen.

Die bei Salzwasserbuckeln zu Recht gefürchtete Passage um das Horn, die Pazifik und Atlantik vereint und die Segler manchmal zum Aufkreuzen bis an den Rand antarktischer Gewässer zwischen treibende Eisberge zwang, stellte bis zur Fertigstellung des Panamakanals im Jahr 1914 die einzige Möglichkeit dar, von Europa auf kürzestem Weg in den

Stillen Ozean zu gelangen. Sonst gab es außer der für große Segelschiffe sehr gefährlichen engen Magellanstraße nur die Alternative an der westafrikanischen Küste entlang, um das Kap der Guten Hoffnung herum und schließlich durch den Indischen Ozean, wie es auch der BOUNTY-Film eindrucksvoll zeigt. Insgesamt, so Schätzungen von Marinehistorikern, wurde die mörderische See für mehr als 800 Schiffe zum Grab, wobei gut und gerne 10.000 Menschen ihr Leben ließen.

Magellans Truppe jedenfalls war bei der glücklichen Ankunft auf den philippinischen Visaya-Inseln größtenteils durch die Mangelkrankheit Skorbut auf 150 Seeleute geschrumpft. Der Admiral selbst starb dort von der Hand des philippinischen Häuptlings Lapu Lapu von der Cebu benachbarten Insel Mactan. Ein Denkmal dort würdigt den Entdecker, ein zweites den eingeborenen Helden. Zuletzt sahen unter Kapitän Juan Sebastián Elcano mit dem Schiff VICTORIA nur 18 der ursprünglich 234 Seeleute nach zwei Jahren, elf Monaten und zwei Wochen das spanische Festland, die Heimat, wieder. Insgesamt war eine Strecke von 69.000 Kilometern abgesegelt worden. Die Ausbeute bestand aus 26 Tonnen Gewürzen, die Reise hatte sich, abgesehen von den vielen Todesopfern, wirtschaftlich eben gerade bezahlt gemacht.

Die Abenteurer waren nach Westen gefahren, kehrten aus Osten zurück und vollendeten so die erste Weltumsegelung der Geschichte. Die Kugelgestalt der Erde wurde damit endgültig begreifbare Wirklichkeit. Zudem mussten nach dieser denkwürdigen Reise die geltenden Maße für den Erdumfang korrigiert werden. Er war erheblich größer, als die damaligen Geografen berechnet hatten. Und noch eine Sensation brachte die erste Weltumsegelung: Das Logbuch der Spanier wies bei ihrer Ankunft in Spanien und zu ihrem Schrecken einen Tag zu wenig auf. Daraus entstand die Erkenntnis, dass es für künftige Generationen unumgänglich war, eine Datumsgrenze einzuführen.

Sie verläuft heute ungefähr in der Nähe des 180. Längengrades. Kopernikus löste das Rätsel des verschwundenen Tages, das mit der Umdrehung der Erde auf ihrer Bahn um die Sonne zusammenhängt. Aber erst 1845 wurden diese Datumslinie und die verschiedenen Zeitzonen offiziell eingeführt. Da in der westlichen Welt ein eurozentrisches Weltbild herrschte, wurde die Zeitgrenze in den Pazifik verlegt. Er galt damals als weniger befahren. Bei Reisen von Ost nach West, wie jener des Magellan, muss also ein Tag addiert, in umgekehrter Richtung ein Tag abgezogen werden. Während beispielsweise in Tonga der 1. Januar längst begonnen hat, kommt der 31. Dezember nach seinem Lauf um die Erde erst in Samoa an. Merksatz in der Seefahrt: »Von Ost nach West halt's Datum fest, von West nach Ost lass' Datum los.« In Jules Vernes Roman »In 80 Tagen um die Welt« spielt dieses nach der Magellanreise entdeckte Phänomen eine entscheidende Rolle. Der Held Phileas Fogg denkt schon, er habe seine Wette verloren, findet aber im letzten Augenblick die rettende Zeitverschiebung heraus. Werden beim Überfliegen des Festlandes der USA oder des Atlantiks vier Zeitzonen übersprungen, so sind es im Stillen Ozean mehr als doppelt so viel. Die gesamte Erde wird in 24 solcher Zonen eingeteilt. Sie entsprechen den 24 Stunden eines Tages. Bei jeder Umdrehung der Erde erreicht der von Osten aufkommende Sonnenschein alle vier Minuten einen neuen Meridian (einen Längenkreis). 15 dieser Meridiane bilden eine Zeitzone, von denen auf den Stillen Ozean allein neun entfallen.

Ursprünglich gab es nicht nur bei Kap Hoorn im Süden und durch die meist vereiste Beringstraße im Norden eine Verbindung zwischen Atlantik und Pazifik, sondern auch zwischen Nord- und Südamerika. Spätere vulkanische Eruptionen ließen schließlich die Landbrücke entstehen, auf der auch Panama liegt, und schlossen die breite Passage zwischen den Ozeanen. Es ist schon fast vergessen, dass der deutsche Polarforscher und Meteorologe Alfred Wegener 1912 mit seiner Theorie, dass die Kontinente im Verlauf der Jahrmilliarden ihre Lage verändern und als Kruste auf dem flüssigen Erdinnern driften, einen wissenschaftlichen Skandal auslöste und die knöchernen Theorien der Geowissenschaftler in Unordnung brachte. Gerade aber diese Driftbewegung ist die Ursache für Vulkanismus und viele andere Prozesse vor allem im Stillen Ozean. Es dauerte rund 40 Jahre, bis Wegeners Theorie endgültig als bewiesen galt.

Heute gehört die Erkenntnis zum Allgemeingut. Aus dem Driften zweier, vor 800 Millionen Jahren aus dem Urkontinent Pangeaa hervorgegangenen Superkontinente bildeten sich im Zeitalter des Trias die uns heute geläufigen Weltmeere. Während Südamerika und Afrika auseinander trieben und der Atlantik entstand, wurden auf der anderen Seite der Erdkugel die Grundmaße des heutigen Pazifiks gebildet. Und in einigen Hundert Jahren, so errechneten Geologen, wird auch dieser die Erde beherrschende Ozean wieder verschwinden. Der Atlantik wird dann entsprechend größer sein. Derzeit schrumpft der Pazifik als Folge der Fliehkräfte jährlich um zwei bis drei Zentimeter oder um eine Fläche von 0,5 Quadratkilometern.

Die Erforschung solcher Zusammenhänge geht weiter, bringt immer neue Erkenntnisse über die Entwicklung der Erde und des Lebens auf ihr. Und es ist nur ein Nebenprodukt all dieser Messungen: Nicht der Mount Everest mit seinen 8.848 Metern Höhe ist, genau genommen, der höchste Berg der Erde, sondern der hawaiianische Vulkan Mauna Kea. Vom Meeresgrund steigt er steil vom Fuß bis zu seinem Gipfel 10.205 Meter an. Mauna Kea, heute ein ruhender Feuerberg, ist zugleich ein Symbol für die dramatische tektonische Vergangenheit und Gegenwart der pazifischen Region. Sie lässt Inseln entstehen und verschwinden, wie just bei Samoa, wo sich ein neuer untermeerischer Vulkan schon dicht an die Oberfläche herangearbeitet hat.

Die für die Südsee typischen Ringatolle sind in der Regel Kraterränder versunkener Vulkane aus der erdgeschichtlichen Frühzeit dieses Ozeans. Am Beispiel von Hawaii wird diese geologische und zeitliche Entwicklung deutlich. Das kleine Kure-Atoll im Nordwesten ist der Rest eines Vulkans. Die weiteren, ebenfalls vulkanisch entstandenen Eilande, davon acht große mit Flächen zwischen 178 und 19.500 Quadratkilometern, folgten nach. Je jünger sie sind, umso höher ragen sie aus den Fluten. So ist das hawaiianische Big Island die jüngste der 137 Inseln mit ihren fünf Vulkanen. Südöstlich steht bereits ein neuer Feuerspucker der hawaiianischen Kette auf, der »Lo' ihi« (die Ungeborene). Sein Gipfel ist vom Meeresgrund aus 4.000 Meter hoch und reicht bis auf 969 Meter an die Wasseroberfläche heran. Er kann in einigen Zehntausend Jahren den Meeresspiegel durchstechen, während dann vermutlich die älteren Atolle des Archipels in den ozeanischen Fluten versinken. Entstanden sind diese Eilande, wie so viele andere in der Südsee, auf einem so genannten Hotspot, einer dünnen Stelle der Erdkruste, die dem Druck aus dem Glutkern unserer Planeten nicht standhält, sodass laufend Lava austritt, sich abkühlt und zu Bergen türmt.

Obwohl die hawaiianischen Inseln mitten im Ozean liegen, waren sie bereits lange vor der Ankunft erster polynesischer Siedler (in den Jahren 200 bis etwa 800 n. Chr.) von zahlreichen Pflanzen bedeckt. Siebzig Arten Vögel bevölkerten die Wälder und Kliffs, rund 1.000 Insektenarten schwirrten und krabbelten über das neu geborene Land. Vom Wind vertrieben oder im Gefieder von Sturmvögeln getragen, gelangten diese tierischen und pflanzlichen Neusiedler auf die ehemals kahlen Vulkanketten. Sie verwandelten schließlich die schaumgeborenen Inseln in ein fruchtbares Paradies. Die See spülte zusätzliches Leben an den Strand. Die viel später hinzukommenden Menschen allerdings veränderten die in Jahrtausenden gewachsene Fauna und Flora mit ihren mitgebrachten Nutztieren und ihrem Saatgut in nur wenigen Jahren.

Dem Engländer James Cook war es schließlich vorbehalten, 1778 die bunte Inselwelt Hawaiis für Europa zu entdecken. Er hinterließ ihren Bewohnern allerdings auch ein böses Geschenk: die Geschlechtskrankheiten der Seeleute. Binnen kurzer Zeit dezimierten die Seuchen die Bevölkerung von 300.000 auf 60.000 – ein Schicksal, das auch anderen polynesischen Inseln wie Tahiti nicht erspart blieb. Hier zeigte sich schon früh die heute geballt auftretende Gefahr eines globalen Reise- und Warenverkehrs.

Weltweit werden etwa 1.400 Vulkane, davon 552 aktive, gezählt, 62 Prozent allein rund um den Pazifik. Hier bilden sie den so genannten »Ring of Fire«. Er ist eine der unruhigsten Zonen auf dem gesamten Globus. Sie umschließt wie ein Geschmeide aus Lava und Feuer den blauen Edelstein des Pazifiks von Alaska über Mittelamerika und Chile bis Neuseeland, Indonesien, die Philippinen und Japan. Allein der Inselstaat Indonesien am Rand des Stillen Ozeans ist von 106 solcher Höllenschlunde übersät, die Philippinen beherbergen über 40 potenziell gefährliche Feuerspeier, davon 21 aktive, und Japan, das immer wieder von heftigen Erdstößen erschüttert wird, hat rund 250 vulkanische Aktivitäten aufzuweisen.

Erst Anfang März 2010 erschütterte ein gewaltiges Beben der Stärke 8,8 auf der Richterskala den südamerikanischen Staat Chile, verschob die Küstenlinie um drei Meter nach Westen und die Erdachse um acht Zentimeter. Das zeigt mehr als eindrücklich die Gewalt der Kräfte aus dem Erdinnern und erinnert daran, dass unser Planet noch längst nicht zum Stillstand gekommen ist. Der Mensch ist solchen Naturgewalten gegenüber nur ein Augenzwinkern der Weltgeschichte. Vor dem Chilebeben, nur einem in der langen Geschichte des Andenstaates, sorgte ein Tsunami vor allem auf dem zentralpolynesischen Samoa für eine weitere Katastrophe. 1991 schleuderte der philippinische Pinatubo so viel Asche und Schwefel in die Luft, dass die Welttemperatur spürbar sank. In früheren Dekaden sorgten Ausbrüche der indonesischen Vulkane Krakatau (1883) und Tambora (1815) für einen weltweiten Temperatursturz und Zehntausende von Toten. Die Ernten in Europa wurden als Folge der Verschleierung der Atmosphäre weitgehend vernichtet. Aus Zürich ist aus jener Zeit zu berichten, dass die Schweizer Bevölkerung gezwungen war, Katzen zu schlachten, um einer drohenden Hungersnot zu entgehen. Und auch in Zukunft kommt die Erdkruste nicht zur Ruhe. Immer wieder sorgen die Verschiebungen der Erdplatten für folgenreiche Erdstöße, brechen unverhofft längst tot geglaubte Vulkane wie der Pinatubo nach 600 Jahren Ruhephase wieder aus.

Der Pazifische Ozean ist in jeder Hinsicht ein Weltmeer der Superlative – gewaltig in seiner Urgewalt und noch weitgehend unerforscht in seinen Tiefen. Beinahe täglich geben sie in unseren Tagen dank moderner Forschungsgeräte einen Blick auf neue Lebensformen und Lebewesen preis.

Und kaum jemanden in Europa ist es bis heute wirklich klar, das »Mar Pacifico« ist zudem die Klimamaschine unseres Globus, das »blaue Herz« der Erde. Es schlägt auch für uns ferne Europäer. Seine mächtigen Adern, die Meeresströmungen, treiben andere Ströme in einem weltumspannenden Netz wie ein riesiges Förderband an. Letztlich wird aus diesem

System das Weltwetter gemacht. Dramatische Eingriffe in ihr Gleichgewicht haben deshalb Auswirkungen bis zu uns. Ganz besonders trifft dies auf die periodische Strömung mit dem Christkindnamen »El Niño« zu. Sie tritt periodisch meist um die Weihnachtszeit auf. Das wissenschaftliche Fachwort dafür heißt südliche Oszillation.

Steigt im äquatorialen Pazifik die Temperatur extrem stark an, so bilden sich gewaltige, Kontinente übergreifende Regen- und Sturmsysteme. US-Meeresforscher stellten 2010 mit Wärmekarten diese zentrale Funktion des großen Weltmeeres dar. Sie zeigten eine riesige rot gekennzeichnete Hitzefläche über dem Stillen Ozean. Diese Wärme strömt stetig nach Osten, und während es da, also in Amerika, zu sintflutartigem Regen kommt, breitet sich im Westen, besonders in Australien, Dürre aus.

Rund drei Viertel der Erde werden so von El Niño beeinflusst. Diese Situation trat beispielsweise 2010 extrem stark auf und deckte den Osten der Vereinigten Staaten mit meterhohem Schnee zu. Zudem hielt sich eine hartnäckige Blase arktischer Kaltluft über dem Nordatlantik. Sie bescherte Europa einen außerordentlich langen und harten Winter. Sogar Mallorca wurde zugeschneit.

Von West nach Ost fließt im nördlichen Pazifik der äquatoriale Gegenstrom. Gleichzeitig setzt von Ost nach West der Nordäquatorialstrom, noch weiter südlich des Nullmeridians der Südäquatorialstrom, ebenfalls in derselben Richtung, ein. Er speist sich aus dem fischreichen, kalten, aus den antarktischen Gewässern stammenden Humboldtstrom vor der südamerikanischen Küste und geht im Westen des großen Meeres teilweise in den Ostaustralstrom über. Die Wirkung des kühlen, viele maritime Nährstoffe transportierenden Humboldtstromes ist zugleich dafür verantwortlich, dass vor Südamerika keine tropischen Wirbelstürme entstehen und vor der Küste ein großer Fischreichtum herrscht.

Tritt nun das El-Niño-Phänomen auf, so schwächt sich der Südäquatorialstrom deutlich ab oder verschwindet sogar zeitweise ganz. Die ursprünglich kalte Strömung des Humboldtstromes aus der Eisbox der Antarktis heizt sich auf. Die Fische weichen in nährstoffreichere Gebiete aus. Das Wetter spielt verrückt. Benannt ist diese Strömung nach dem deutschen Forscher Alexander von Humboldt (1769–1859), dem Pionier einer globalisierten Wissenschaft. In normalen Jahren ist sie auch verantwortlich für die Bildung der chilenischen Atacamawüste, denn die über ihr lagernde kältere Luft verhindert die Bildung von Regenwolken. El Niño wird schließlich durch La Niña (das Mädchen) abgelöst. Unter diesem lyrischen Namen verstehen die Meteorologen die Umkehr der Ereignisse. Sie führt zu großen Luftdruckunterschieden und damit stärkeren Passaten zwischen Südamerika und Indonesien. Das beschert Südostasien Starkregen und Erdrutsche, begünstigt die Bildung von Hurrikane in Nordamerika und Dürren in Südamerika. Selbst das atlantische Wetter wird dadurch mit angestoßen.

Fast 500 Jahre nach Balboas erstem Blick auf die Südsee ist die globale Balance der Natur aus Millionen Jahren Entwicklung empfindlich gestört. Die Gewässer des schier unerschöpflich erscheinenden Pazifiks sind teilweise überfischt, es sterben Riffe, die letzten Wale werden gejagt und die Wasserqualität ist in Gefahr, etwa in den inzwischen sauerstoffarmen Küstengewässern von Ecuador, Peru und Chile. Ein gigantischer Müllstrudel von der Größe Mitteleuropas mit einer Tiefe von bis zu zehn Metern treibt über die nordpazifischen Gewässer zwischen Japan und Hawaii. Ein weiterer wurde vor der südamerikanischen Küste ausgemacht. Ähnliches gilt für den Atlantik und den Indischen Ozean – insgesamt eine Katastrophe für die jeweiligen Fischpopulationen.

Die Verpackungs- und Wegwerfgesellschaft, sie hat es mittlerweile geschafft, rund 100 Millionen Tonnen Plastikmüll in die Ozeane zu spucken, einen großen Teil davon in den Pazifischen Ozean, als Abfall von Schiffen, als böse Fracht der großen Flüsse ins Meer. Dort wird der Müll von Strömungen weitergetragen, von Gegenströmungen erfasst und in einen Kreis eingeschleust, der sich unablässig dreht und weiter wächst. In Asien sorgen Millionen und Abermillionen von Menschen, besonders aus China, unablässig für Nachschub. Selbst die kleinen Philippinen mit ihrer rund 100-Millionen-Bevölkerung haben es geschafft, dass die wenigen Mangrovenwälder auf der Hauptinsel Luzon wie bunt dekorierte Christbäume aussehen. Auch an den als Inbegriff einer großartigen Natur geltenden Stränden Hawaiis türmen sich bei bestimmten Windlagen die Müllberge und müssen schnell entfernt werden, um für den boomenden Tourismus die Illusion einer heilen Welt aufrechtzuerhalten.

Vögel und Fische verstopfen sich mit zerriebenen und hochgiftigen Plastikteilen die Mägen, weil sie den zerkleinerten Unrat für Nahrung halten. Das Zerfallsdatum für solche Stoffe liegt bei etwa hundert Jahren. Schon in den 1960ern fanden die Meeresbiologen der Umweltorganisation Greenpeace zuhauf verhungerte Albatrosküken, deren Mägen mit unverdaulichen Kunststoffteilen gefüllt waren – eine Kette ohne Ende. Im letzten Glied steht wieder der Mensch, wenn er seine Nahrung aus dem Meer schöpft. Und das tut er reichlich: Mehr als neunzig Millionen Tonnen Fisch füllen jedes Jahr die Netze der industriellen Fangflotten von Europäern, Amerikanern, von Japanern und Chinesen – Grund genug, sich Gedanken zu machen, denn es ist längst fünf Minuten vor zwölf. Viele Arten, wie etwa der Thunfisch, der Kabeljau, der Seehecht und der Rotbarsch, die Sardinen, sind in ihren Beständen gefährdet, große Meeresgebiete überfischt, ganz abgesehen von den Lagunen der Inseln. In ihnen wird oft – wie auf den Philippinen – mit Dynamit und chemischen Giften gearbeitet, um die vielen hungrigen Mäuler einer explodierenden Bevölkerung zu stopfen. Das lässt nicht nur die begehrte Nahrung mit geplatzten Schwimmblasen aufschwimmen, sondern vernichtet alles Leben bis hin zu Kleinstlebewesen unter Wasser.

Die Fischschwärme sind zudem weltweit Nahrungsgrundlage für Tausende von Tierarten zu Lande, zu Wasser und in der Luft. In riesigen Treib- oder Schleppnetzen verfängt sich alles, was diesen »Nahrungspflügen« in den Weg kommt. Die Quote des an sich unerwünschten Beifangs wird auf 40 Millionen Tonnen geschätzt. Das meiste davon wird tot zurück ins Meer geschüttet. Zudem nehmen die Fischmehlfabriken rund 30 Millionen Tonnen der gefangenen Meerestiere ab, deren Verarbeitung etwa in Peru ganze Küstenabschnitte mit giftigen Abwässern verseucht.

»Es geht um die Ernährungssicherung auf unserem Planeten.«

In flacheren Randmeeren macht das schwere Grundgeschirr der Fischer fast alles platt. Die Vernichtung der Mangrovenwälder, beispielsweise in Papua-Neuguinea durch vom Bergbau verseuchte Flüsse oder in Amerika durch Gewinnung von Bauland, leistet einen weiteren Beitrag zum drohenden ökologischen Kollaps. Mangroven schützen nicht nur das Land vor Sturmfluten, sie sind vor allem die Kinderstube vieler Fischarten.

Forscher der »PEW Environment Group« haben aufgrund von Zahlen der Ernährungs- und Landwirtschaftsorganisation der Vereinten Nationen im Mai 2010 während einer

Konferenz in New York fast schrill gewarnt, dass bis zum Jahr 2050 weltweit die Fischerei kollabieren dürfte. Ihre Sprecherin Susan Liebermann: »Es geht um die Ernährungssicherung auf unserem Planeten.« Fast die Hälfte der Weltbevölkerung und mithin drei Milliarden Menschen seien auf Fisch als Hauptlieferanten von Eiweiß angewiesen. Jährlich würden bis zu 26 Millionen Tonnen illegal gefangener Fische auf den Märkten landen. Das Überwachungssystem sei völlig unzureichend und könne der Überfischung nicht Einhalt gebieten. Mehr als ein Viertel aller Bestände auf See seien schon jetzt überfischt. Auf der New Yorker Konferenz forderte die Regierung des Pazifikstaates Palau beispielsweise auch, das Abschneiden von Haiflossen zu verbieten. Ihren Informationen nach würden je Jahr 73 Millionen dieser stolzen Räuber abgeschlachtet, nur um Suppen für Feinschmecker herzustellen. Und um den Thunfisch, die Grundlage für das japanische Sushi und den maritimen Speisezettel der Mittelmeervölker, steht es nicht besser.

Ein unrühmliches Kapitel der Südseegeschichte ganz besonderer Art haben Amerikaner und Franzosen geschrieben. Mit ihren Atomversuchen auf dem Bikini- und dem Eniwetok-Atoll (Amerikaner) sowie auf dem ein paar Tausend Kilometer entfernten Moruroa-Atoll (Franzosen) verstrahlten sie ganze Inseln und deren Umgebung, Strömungen trugen die atomare Fracht zu weiteren Inseln, sodass den Einheimischen dort das Fischen verboten werden musste und sie Lieferungen per Flugzeug aus nicht verseuchten Gebieten bekamen. Von 1960 an bis 1996 zündeten die beiden Mächte im Pazifik 300 Atombomben. Den evakuierten Bewohnern Bikinis wurde die Rückkehr in ihre Heimat untersagt, denn das Atoll war irreparabel verstrahlt. Als sie schließlich wieder mit einer Unbedenklichkeitsbescheinigung der Amerikaner zurückkehrten, stieg die Rate der Schilddrüsenkrebs-Erkrankungen überproportional an. In Französisch-Polynesien sah es nicht viel besser aus. Mediziner stellten bei der Bevölkerung dieselben Befunde fest, wie nach den Bomben von Hiroshima und Nagasaki in Japan. Daraufhin verbot die Regierung in Paris den Krankenhäusern auf Tahiti, die jeweiligen Todesursachen zu veröffentlichen. Die »Grande Nation« machte in ihrer Großmannssucht ungerührt weiter und zündete im Sinne ihrer »Force de Frappe« von 1966 bis zur Einstellung der Tests 1996 insgesamt 46 Bomben in der Atmosphäre und 147 unterirdisch, wobei der Kalkstock des Moruroa-Atolls wie ein Schweizer Käse durchlöchert wurde und um eineinhalb Meter absank – wieder ein böses Erbe der Palangi.

Und während sich die kommerzielle Schifffahrt an den Küsten Afrikas mit dem neu erblühten Piratenunwesen herumschlägt und Millionensummen für die Auslösung gekaperter Schiffe und in Geiselhaft genommener Crews berappt, erlebt auch der Pazifik eine Renaissance der Piraterie. Am Ausgang des Panamakanals lauern Seeräuber auf Yachten mit Ziel Galapagos oder Cargoschiffe nach Süden an den Küsten Perus entlang. Dieses Freibeutertum steckt Afrika gegenüber noch in den Kinderschuhen, doch es nimmt zu, ebenso wie neuerdings wieder vor Indonesiens Küsten. Eine große Plage war die Piraterie allerdings schon immer auf der gegenüberliegenden Seite des Pazifiks und zwar in der Südchinasee und dem Nadelöhr Malakkastraße bei Singapur in den Indischen Ozean. Im 13. und 14. Jahrhundert machten die japanischen »Woukou« die Handelsrouten unsicher, im 18. Jahrhundert geisterten chinesische Freibeuterflotten von mehreren Hundert Schiffen durch das Gelbe Meer.

Ein vorausschauender Blick auf den weiteren Verlauf des 21. Jahrhunderts zeigt, dass sich die Hunderte von Jahren andauernde atlantische Sicht der Welt unversehens zu einer pazifischen wandelt – was schon allein der Größenordnungen wegen angebracht scheint. Aber nicht solche Gesichtspunkte kennzeichnen den Wandel, es ist die rasante ökonomische und politische Entwicklung des asiatisch-pazifischen Raums. Das wiederum führt dazu, dass die maritime Dominanz der Vereinigten Staaten durch den chinesischen Machtanspruch längst infrage gestellt ist. Der frühere Machtgegenpol der Amerikaner, die russische Pazifikflotte, verlor nach dem Zusammenbruch des Sowjetreiches ebenfalls ihre stabilisierende Wirkung. Schließlich leitete der Rückzug der Amerikaner aus den Philippinen mit der Auflösung der Marine- und Fliegerbasis Subic Bay die Veränderung der Kräfteverhältnisse im Westpazifik und im Gelben Meer ein.

Selbstbewusst lassen die Chinesen von Zeit zu Zeit die Muskeln spielen: Sie bedrängen US-Schiffe, die angeblich in die Hoheitsgewässer eingefahren sind, und sie führten jetzt erstmals öffentlich bei einer Flottenparade ihre Atom-U-Boote vor. Sie blamierten zudem die US-Navy und ließen eines ihrer neuen, modernen Unterseeboote zwischen den Kriegsschiffen eines amerikanischen Verbandes auftauchen. Sie annektierten große Teile der rohstoffreichen Spratly Islands weit außerhalb ihrer Küsten, erklärten einseitig und per Gesetz fast die gesamte Südchinasee zu ihrem Hoheitsgebiet – das heute wichtigste Randmeer des Pazifiks. Das betrifft die Schifffahrtsrouten nach Manila, Taiwan und Japan, auf denen die Hälfte der gesamten Welttonnage an Gütern und Öl transportiert wird. Erstaunlicherweise war dazu kein lautstarker Protest der übrigen Welt zu hören. Nach chinesischem Gesetz wäre es demnach heute jederzeit möglich, alle passierenden Schiffe mit einem »Wegezoll« zu belegen.

Premierminister Wen Jiabao, der immer wieder auch mit einer neuen Rolle des chinesischen Yuan als einer der Leitwährungen auf dem Globus spekuliert, attackierte auf der Jahrestagung des Volkskongresses Anfang 2010 die Amerikaner und wies jede Kritik an seiner Haltung in Sachen Taiwan, Dalai Lama, Yuan-Wechselkurs, Internet, Menschenrechte und Meinungsfreiheit zurück. Er fühlt sich stark genug gegen die Moral- und Weltpolizeiansprüche Washingtons, nicht zuletzt weil die USA bei den Chinesen als größter Schuldner in der Kreide stehen und dort schon deswegen lange nicht mehr so ernst genommen werden wie früher.

Ökonomische Zusammenschlüsse rund um den Pazifischen Ozean, wie die APEC (Asia-Pacific Economic Cooperation) mit ihren 21 Mitgliedern, sorgen sich um Liberalisierungen des Handels. Immerhin sind in ihr vierzig Prozent der Weltbevölkerung vertreten, die 44 Prozent des Welthandels abwickeln. Die Organisation umspannt den gesamten Nordpazifik von Russland über Japan und China bis zu den USA, Peru und Chile. Im Süden gehört Australien dazu. Auch Indien will der APEC beitreten. Weitere Freihandelszonen werden diskutiert. Sollten sie sich wie die Europäische Gemeinschaft etablieren, so verblasst das atlantische Weltbild weiter. Auch das schon 1980 gegründete PECC, das »Pacific Economic Cooperation Council«, mit seinen 22 Mitgliedern bemüht sich um eine weitere Harmonisierung der gegenseitigen Wirtschaftsbeziehungen.

Die wachsende Bedeutung auch des Seeverkehrs infolge vermehrter Handelsströme spiegelt sich in der Entwicklung des Arbeitsmarktes für Seeleute wider. Heute stellen fernöstliche Staaten zusammen mit Indien und den pazifischen Randländern, etwa der Philippinen, einen Großteil der Seeleute in der internationalen Schifffahrt. Dieser Trend – so das »Warwick-Institut für Employment-Research« im englischen Coventry – geht auch in Zukunft von den traditionellen maritimen Ländern in Westeuropa weiter in

Richtung Ostasien. Dabei benötigt China für seine wachsende Flotte die im Land ausgebildeten Seeleute selbst. Allein auf den Philippinen existieren über 100 Seefahrtsschulen. Gegenwärtig arbeiten mehr als 20.000 »Pinoy-Seafarer« (einheimische Bezeichnung) in der internationalen Schifffahrt. Allein eine einzige italienische Reederei möchte in naher Zukunft 10.000 Filipinos anheuern. Für die Regierung in Manila sind deren Dollar-Überweisungen, zusammen mit denen der übrigen halben Million Auslandsarbeiter, ein habhafter Faktor im Jahresbudget. Wegen der wachsenden Qualität der Ausbildungsstätten in Fernost kommen aus solchen Regionen auch immer mehr Offiziere an Bord. Allein auf den in Deutschland eingeflaggten Schiffen mit ihren 15.000 Beschäftigten arbeiten 440 Seeleute aus Ozeanien (Kiribati und Tuvalu). Im Hamburger Seemannsheim »Duckdalben« sind manchmal fast nur Filipinos anzutreffen. Die Seeleute aus dem pazifischen Raum sind bei Reedern und Schiffsoffizieren deshalb beliebt, weil sie nicht nur im Lohnniveau gedrückt werden können, sondern durchweg ein passables Englisch sprechen und verstehen.

Noch haben sich der Durchschnittsamerikaner und zahlreiche westliche Politiker nicht auf den schleichenden Verlust ihrer Weltmachtrolle im Pazifik eingestellt, doch es scheint außerhalb aller Zweifel, dass die Tendenz weiter in diese Richtung geht. Es ist nicht nur das boomende China, es ist auch das ökonomisch mehr und mehr erstarkende Indien mit seiner Milliardenbevölkerung, die beide allmählich die Machtverhältnisse auf dem Globus und mit ihren ehrgeizigen Raketenprogrammen sogar bis in den Weltraum verschieben. Und während die Amerikaner aus Geldmangel zahlreiche Projekte der Weltraumbehörde NASA auf Eis legen, schwingen sich die beiden asiatischen Bevölkerungsriesen China und Indien zur Weltspitze der raumfahrenden Nationen vor.

Das alles wiederum führt nicht nur zu einer neuen militärischen Balance, sondern auch zu einem ganz anderen Warenfluss, in dem der Pazifik mit seinen Nebenmeeren eine zentrale Rolle spielt. Auch Brasilien redet mehr und mehr ein Wort bei der ökonomischen Entwicklung mit, somit bei den Routen von Containerschiffen und Tankerriesen durch den Panamakanal und rund Kap Hoorn. Dazu kommt in Folge der globalen Erwärmung des Klimas die Eisschmelze im Nordmeer, durch die sich die Nordost- und Nordwest-Passagen öffnen und die traditionellen Schifffahrtsrouten ergänzen, Wege und Fahrtzeiten energiesparend verkürzen.

Auch die Ausbeutung untermeerischer Rohstoffvorkommen, die erst am Anfang steht und dank hoch entwickelter Techniken eine Zukunft hat, wird die Ökonomie vor allem in den Randmeeren des Pazifiks zunehmend beeinflussen, z.B. durch die Öl- und Gasfelder etwa bei Palawan in der Südchinasee, vor Vietnam und Manganknollen der Tiefsee.

Und nicht zuletzt entdeckt der hochpreisige Tourismus immer mehr den fiktiven Kontinent Ozeanien. Nicht nur die international operierenden Kreuzfahrtschiffe erfüllen die Südsee-Sehnsüchte und Träume ihrer betuchten Klientel. Immer raffiniertere und luxuriösere Hotels und Spas bieten perfekte Entspannung und Wellness, polynesische Folklore inbegriffen. Sie buhlen um Taucher und Wassersportler, um betuchte Ruhesuchende, die sich den zunehmenden Luxus vor allem in Französisch-Polynesien und auf Bali auch leisten können. Für Massentourismus ist die Südsee nicht gemacht – abgesehen vom amerikanischen Hawaii, das nach dem Ausfall von Kuba durch die Castro-Revolution auf den amerikanischen »Package-Tourismus«, seine neonglitzernden Fassaden und ein lärmendes Amüsement zugeschneidert wurde.

Ein Schatten fällt auf diese Entwicklung, wenn sich die Folgen des Klimawandels fortsetzen, der Wasserspiegel der Meere steigt und die flachen Eilande mehr und mehr absinken, die Deltas der großen Flüsse und die an ihren Mündungen angesiedelten Millionenstädte fluten. Schon heute sind einige Inseln, wie beispielsweise Tuvalu und die Carteret-Inseln, davon bedroht. Auf Kiribati verbrackt das Trinkwasser, und es kann nur noch Regen für den menschlichen Verzehr aufgefangen werden, Fidschi leidet teilweise nach Stürmen unter schweren Überflutungen.

Dreißig pazifische Nationen haben sich zur »Pacific Area Travel Association« (PATA) zusammengeschlossen. Ursprünglich nur für den US-Markt gegründet, ist inzwischen der Fokus längst auch auf das riesige europäische Touristenpotenzial gerichtet. Von den 22 Millionen Einreisen in die PATA-Länder, so weist die Statistik aus, entfallen vier Millionen auf Europa. An erster Stelle stehen dabei die Briten. Sie haben aufgrund ihrer kolonialen Vergangenheit traditionell eine grundsätzlich andere Einstellung zu diesem Kulturraum und sind schließlich mit der Besiedlung von Neuseeland und Australien eng mit dem Fernen Osten verbunden. Reiseweltmeister Deutschland stellt mit 550.000 Reisenden das zweitgrößte Kontingent. Deutsche Zentrale der Organisation ist Frankfurt. Auf der jährlichen ITB in Berlin, der weltweit größten Touristikmesse, verbessert sich die Darstellung der einzelnen Länder von Jahr zu Jahr. Vor allem sind nach den »Zugpferden« Neuseeland und Tahiti auch die kleineren Inselreiche vertreten. Ein erklärtes Ziel des Bundes ist es, die nationalen Eigenheiten, die natürlichen Lebensformen und die einzigartigen Landschaften zu schützen und nicht, wie in Honolulu oder Waikiki, dem amerikanischen Stil des Business zu opfern: Hula auf Bestellung, Blumenkranz aus Plastikblüten ins Haar, Bauwut bei Hotelanlagen im Hochhausstil.

Als Beispiel für eine gelungene Einordnung in die Kultur mag das legendäre Hotel »Aggie Greys« in Apia, Samoa, dienen, die Folkloredarbietungen wirken noch natürlich, die kleinen Bungalows hinter dem im viktorianischen Stil gehaltenen niedrigen Komplex sind den einheimischen, von farbenprächtigen Pflanzen und Büschen eingerahmten »Fales«, den ovalen, offenen Hütten der Eingeborenen, nachempfunden. Ähnliches bietet auch das viel teurere Tahiti.

»Für mich ist alles dort eine Wolke aus Blütenduft.«

Als Hauptanziehungspunkte aber gelten bei vielen der Südseebesucher die Menschen dieser Paradiese. Ihre heitere, sangesfreudige, entspannte Lebensart jenseits unseres peniblen Zeitempfindens wirkt ansteckend. Und mancher bleichgesichtige Tourist ist nach seinem ersten Besuch »südseesüchtig« geworden. Der Kapitän eines Raddampfers auf dem südaustralischen Murray River, Denis Kerr, fasste es so zusammen: »Für mich ist alles dort eine Wolke aus Blütenduft.« Sagte es, kündigte seinen Job und blieb auf Samoa, wo er sich mit seiner einheimischen Freundin Nina zum niedrigen Lokaltarif bei Samoa Marine in Apia verdingte.

Welchem abenteuerlustigen Jungen geht nicht das Herz auf, wer wird nicht von Fernweh und Abenteuerlust gepackt, hört er alle die wunderlichen Namen pazifischer Hafenstädte: Acapulco (Mexiko), Anchorage (Alaska/USA), Antofogasta (Chile), Auckland (Neuseeland), Bangkok (Thailand), Batangas (Philippinen), Brisbane (Australien), Buenaventura (Kolumbien), Cagayan de Oro (Philippinen), Danang (Vietnam), Darwin (Australien), Esmeraldas

(Ecuador), Hong Kong (China), Honolulu (Hawaii/USA), Kobe (Japan), Kota Kinanbalu (Malaysia), Los Angeles (Kalifornien/USA), Manila (Philippinen), Panama City (Panama), Portland (USA), Qingdao (China), Saigon (Vietnam), San Diego (Kalifornien/USA), San Francisco, »Frisco« (USA), Shanghai (China), Singapore, Sydney (Australien), Valparaiso (Chile), Wladiwostok (Russland), Vancouver (Kanada), Wollongong (Australien), Yokohama (Japan), Zamboanga (Philippinen).

Auch die Literaten der Vergangenheit packte oft das Pazifikfieber, Namen wie Hermann Melville (»Moby Dick«), Jack London (»Der Seewolf«, »Jerry, der Insulaner«), Robert Louis Stevenson (»Die Schatzinsel«) und Joseph Conrad (»Taifun«) bereicherten die Weltliteratur. Stevenson gar segelte selbst auf einem Schoner nach Samoa, wo er ein Haus baute, arbeitete und auch begraben ist. Unter dem Namen »Tusitala« (der Geschichtenerzähler) wird er noch heute von den Samoanern wie ein Nationalheld verehrt.

Maler bewegten sich im Kielwasser der Autoren. Am bekanntesten wurden die Tahitibilder von Paul Gauguin, wie »Ta Matete« oder »Der Markt«. »Die glücklichen Bewohner eines unbeobachteten Paradieses in Ozeanien kennen vom Leben nichts anderes als seine Süße«, so schrieb er enthusiastisch einem Freund und wanderte 1891 auf der Suche nach der heilen Welt nach Tahiti aus, musste allerdings enttäuscht feststellen, dass seine Traumwelt unter der Knute der französischen Kolonisatoren real nicht existierte. Gleichwohl blieb er dort bis zu seinem Tod. Die Nachwelt feiert ihn als einen der Pioniere des Expressionismus.

Das Bild vom edlen Wilden wurde vor allem durch die Schilderungen der Amerikanerin Margret Mead (1901–1978) in der westlichen Welt romantisierend geprägt. Sie verbrachte einige Monate mit ethnologischen Studien auf Samoa und publizierte das Buch »Kindheit und Jugend in Samoa«. Es wurde ein Welterfolg und sorgte dafür, dass sich zahlreiche zivilisationsmüde Pilger auf den Weg nach Polynesien machten. Dort allerdings mussten sie feststellen, dass alles ganz anders war, auch ein Thor Heyerdahl, der als junger Mann mit seiner Freundin auf die Insel Fatu Hiva emigrierte und den Traum vom unbeschwerten Leben angesichts der aggressiven Abwehr der Eingeborenen schnell begrub. Und ganz so friedfertig, wie oft geschildert, waren die Südseevölker der Vergangenheit ohnehin nicht, es gab in ihrer Geschichte Menschenfresser, Menschenopfer und Kriege, etwa zwischen Samoa und Tonga.

Und nicht anders als Heyerdahl werden heutige Träumer ernüchtert, denn natürlich ist die Neuzeit längst auch in der Südsee angekommen. Aussteiger ohne den nötigen finanziellen Background sind dort keineswegs erwünscht. Yachteigner beispielsweise haben, wie in Französisch-Polynesien, je Person an Bord hohe Kautionen bis zu tausend US-Dollar je Person zu hinterlegen. Die Zeiten, dass jemand mit einem Boot und einem Tausender in der Tasche – wie noch Anfang der siebziger Jahre – die Erde umsegeln kann, sind ein für alle Mal vorbei.

Dennoch, der Südseezauber, das Gefühl der Zeitlosigkeit ist geblieben, auch wenn das begehrte Paradies mehr und mehr vermarktet wird. Der Neuseeländer Tom Neale, eine Legende unter Weltumseglern und Aussteigern, war ihr verfallen. Er schmiss im Alter von 50 Jahren den Job hin, zog sich 1952 auf das kleine, damals unbewohnte Atoll Suwarrow zurück und lebte dort als selbstzufriedener, zivilisationsmüder Eremit bis zu seinem Tod, 25 Jahre lang. Allerdings mit der selbst gewählten Idylle der Einsamkeit war es bald vorbei, als sein Versteck vor der lärmigen Welt durch einen segelnden Globetrotter entdeckt wurde und es sich bei den Freaks der Szene herumsprach. Zahlreiche Segler, wie der Deutsche Rollo Gebhard, wallfahrteten von da an zu dieser lebenden Ikone so mancher Südseeträumer.

Schließlich bot der Stille Ozean zahlreichen Filmproduzenten der Neuzeit Stoff für herzzerreißende Storys (»Der Seewolf«), aber auch für eine ganze Reihe von Kriegsfilmen, denn der Pazifik wurde oft zum Schlachtfeld der Nationen. Jedermann kennt die amerikanische Schmach von Pearl Harbour auf Hawaii, die ihnen der Blitzangriff der Japaner zufügte, und der mehrfach Gegenstand von Filmen war (»Höllenhunde des Pazifiks«, »Alarm im Pazifik«).

Fest steht trotz aller Ernüchterung durch die Wirklichkeit: Wer den Pazifik bereist hat, zu Wasser oder in der Luft, der bekommt eine andere Einstellung zur kleinen europäischen Welt, die ihren Bewohnern in der Antike und im Mittelalter immerhin noch riesig erschien. Es ist angesichts der blauen Weite des Stillen Ozeans mit dem berauschenden Farbspiel seiner geradezu dramatischen Sonnenuntergänge vielleicht auch so etwas wie stille Demut vor der Schöpfung, die sich des Reisenden unmerklich bemächtigt, ist er noch sensibel genug für solche Gefühle.

Den unbändigen Atem eines Weltmeeres kann er angesichts der mächtigen, wie ein Gebirge aus Glas anstürmenden Dünung auf die vorgelagerten Riffe der Atolle spüren. Und es ist so, für den Kenner scheint sie eine andere, eine mächtigere als jene des Atlantiks oder des Indischen Ozeans. Das mag vielleicht an den unendlich scheinenden Weiten dieses Weltmeeres liegen, die im Dunst des Horizontes zu ahnen sind, vielleicht auch nur am eigenen erweiterten Bewusstsein. Letztlich spürt der Reisende dann einen Hauch von Ewigkeit, selbst wenn er um die Vergänglichkeit unseres Erdballs im Atem des Weltalls weiß.

Kapitel 2

Spielfeld der Entdecker

Dem jungen Mann aus kleinen Verhältnissen in der englischen Provinz schwante keineswegs, dass er eines Tages zu einem der tüchtigsten Seeleute der Nation, zu einem gefeierten Entdecker und Nationalhelden werden sollte, als er in seinem Heimatort die Grundschule besuchte. Denn seine spätere Karriere auf den salzigen Wassern der Weltmeere begann er im Alter von siebzehn Jahren eher bescheiden als Lehrling zwischen Kartoffelsäcken und Heringsfässern in der Gemischtwarenhandlung des Quäkers John Walker.

James Cook, geboren im Oktober 1728 in Marton bei Middlesborough, getauft in der Pfarrei St. Cuthbert in Yorkshire, hatte das Glück, als Sohn eines Tagelöhners in einer kinderreichen Familie die Dorfschule in Great Ayton besuchen zu können. Der Dienstherr seines Vaters trug die Kosten und legte so den Grundstein für eine glänzende Laufbahn. In diesen Zeiten europäischen Aufbruchs in die große, weite Welt schien alles möglich. Ehemalige Schweinehirten wurden Gouverneure und Ganoven Vizekönige, entlaufene Seeleute Begründer riesiger Plantagen in Übersee.

Fleißig lernte der junge Cook lesen und schreiben, erwarb Kenntnisse in der Arithmetik. Da die Quäker gewitzte Händler waren, kauften sie auch die überseeischen Waren von englischen Handelsschiffen auf. So kam Cook in Berührung mit dem erregenden Duft einer anderen Welt jenseits des großen Wassers, schnupperte voller Sehnsüchte die Freiheit der Meere. Und er hörte Erzählungen von fernen, exotischen Ländern und den Abenteuern seiner Landsleute in tropischen Paradiesen. Als 18-Jähriger heuerte er auf einem Kohlentransporter zwischen New Castle upon Tyne und der Hauptstadt London an. Dieser Sprung an Bord freilich genügte dem frisch gebackenen Seemann nicht. Er ließ sich 1754 von der Royal Navy als Matrose auf der HMS Eagle anwerben. Sein erstes Kommando erhielt er bereits zwei Jahre später und bestand auf Anhieb die Prüfung zum Master. Das ließ ihn zum eigenverantwortlichen Schiffsführer und Steuermann aufrücken. Zielbewusst hatte der ehrgeizige junge Mann aus dem Kleinbürgertum erkannt, dass die Navy ein Sprungbrett für den sozialen Aufstieg war. Weder von der Herkunft noch von der Bildung her wäre das in einer anderen Branche möglich gewesen. Im Selbststudium brachte sich der disziplinierte Aufsteiger solide Kenntnisse in Nautik, Geografie, Kartografie und Astronomie bei. So gerüstet, konnte er sich später mit den etablierten Größen seiner Zeit messen und mit ihnen zusammenarbeiten.

Hier zeigte sich sein überraschendes Talent: Cook war ein begabter Kartograf. Besonders tat er sich bei der Vermessung der kanadischen Ostküste, Neufundlands und des St.-Lorenz-Stromes hervor. Im Siebenjährigen Krieg (1756–1763) gegen die Franzosen verhalfen seine genauen Karten dem britischen General James Wolfe bei Quebec zum Sieg über die Franzmänner. Sie waren vom südlichen Louisiana am Mississippi über die Großen Seen bis zum Lorenzstrom vorgedrungen und reklamierten diesen Teile der Neuen Welt als ihren Besitz.

Das Kommando über den schnellen Schoner GRENVILLE stellte auch die seemännischen Qualitäten des jungen Cook unter Beweis. Er segelte das Schiff in Rekordzeit über den Atlantik. Dann wurde er von der britischen Marineführung während der stürmischen Wintermonate damit beschäftigt, die Ergebnisse seiner Messungen in Kartenwerken und als Segelanweisungen niederzulegen. Das war der Startschuss für die ganz große Karriere. Die Admiralitäten betrauten ihn zum Verdruss mancher Neider aus den privilegierten Ständen damit, den noch weitgehend unbekannten Pazifik zu erkunden. Das Lebensabenteuer des James Cook, des kleinen Jungen und ehemaligen Krämerlehrlings, die steile Marinelaufbahn des »Captain Cook«, wie er später liebe- und respektvoll im Volksmund genannt wurde, hatte begonnen.

Im Auftrag der ehrwürdigen Royal Society hatte er nach der offiziellen Darstellung zunächst den Durchgang des Planeten Venus vor der Sonne zu beobachten und zu dokumentieren sollen. Dieses astronomische Ereignis war für den 3. Juni 1769 berechnet worden und sollte, so fanden die Nautiker in Zusammenarbeit mit den Astronomen heraus, am genauesten auf der polynesischen Insel Tahiti zu erfassen sein. Zweck der teuren Mission: Es galt, anhand der bei diesem Durchgang ermittelten Daten die Entfernung der Erde zur Sonne genauer zu bestimmen. Deshalb befand sich eine Anzahl namhafter Astronomen an Bord, als die ENDAVOUR (die Anstrengung) 1768 in See stach. Zudem schifften sich bekannte Botaniker auf eigene Kosten ein, um für die Royal Society Sammlungen der kaum bekannten Pflanzenwelt auf den Inselwelten des Pazifiks und seiner Randgebiete zusammenzutragen.

Das Interesse an der Erkenntnis der Erde, die Hinwendung zur Rationalität, war vor dem Hintergrund der Loslösung der wissenschaftlichen Welt vom Diktat der römischen Kurie erwacht. Das Zeitalter der Aufklärung (17. bis 18. Jahrhundert) hatte begonnen und Cook avancierte als Entdecker zu einem ihrer Stars.

Allerdings waren die astronomischen Aufgaben des Kapitäns im Pazifik nicht die einzigen Befehle. In einer wegen der spanischen Dominanz auf den Meeren geheim gehaltenen Order war der Seemann zudem gehalten, den südlichen Ozean um den 40. Breitengrad zu erforschen. Nach Möglichkeit sollte er den immer wieder dort vermuteten sagenhaften Südkontinent, die »Terra Australis incognita«, aufspüren. Auch hatte er die Existenz der 185 Kilometer breiten »Torresstraße« zwischen der nordaustralischen Halbinsel Cape York und der Südküste Papua-Neuguineas zu bestätigen. Sie war den Spaniern zu dieser Zeit noch nicht bekannt und versprach, den Briten erhebliche navigatorische Vorteile zu verschaffen. Dennoch war es der Spanier Luiz Vaéz de Torres, der diese gefährliche, klippengespickte Meerenge als Erster durchsegelte. Später kreuzte der Niederländer Willem Janz westlich der Straße, nahm jedoch an, dass das gesamte Gebiet zu Neuguinea gehörte. Cook berichtete um 1770 darüber.

Nach der Umrundung Kap Hoorns warf die ENDAVOUR in der Matavai-Bucht auf Tahiti Anker. Die Mannschaft begann damit, ein gegen eventuelle Angriffe kriegerischer Eingeborener befestigtes Areal anzulegen. Es wurde gemäß des Auftrags »Fort Venus« genannt. Die Beobachtung des Planetendurchgangs war ein Erfolg und Cook setzte die Expedition fort. Nach verschiedenen Kreuzschlägen durch die polynesische Inselwelt zwischen Moorea, Bora Bora und Raiatea sichtete der englische Entdecker schließlich Neuseeland und kartografierte dessen Küstenlinien. Auch entdeckte er die nach ihm benannte Cookstraße zwischen der Nord- und der Südinsel Neuseelands. Schließlich landete er als erster Europäer an der Ostküste Australiens. Bei weiteren Fahrten nach Norden krachte die ENDAVOUR auf das Große Barriere-Riff und wäre beinahe verloren gegangen. Es gelang der Besatzung aber, das Schiff wieder so weit flottzumachen, dass es bis Batavia im heutigen Indonesien (damals Niederländisch-Indien) für eine ausgiebige Reparatur gesegelt werden konnte. Danach durchquerte der Brite den Indischen Ozean, steckte Kurs rund um das Kap der Guten Hoffnung ab und landete im Juli 1771 wieder in der britischen Heimat. Wegen der bravourösen Erledigung des Auftrages rückte der Seeheld auf Anordnung von König George III. zum Commander auf. Das entspricht dem heutigen Rang eines Fregattenkapitäns.

Neider blieben nicht aus. Die Aufzeichnungen des Entdeckers wurden »wegen mangelnder literarischer Qualität« nicht veröffentlicht. Einige Zeitgenossen warfen ihm sogar eine ungenügende Erforschung der südpazifischen Gebiete vor. Sie behaupteten, der sagenhafte Südkontinent sei da zu finden, wo Cook nicht hingekommen sei. Das von der Reise mitgebrachte Kartenmaterial indes war so überzeugend, dass die britische Admiralität sogleich beschloss, eine weitere Expedition auszurüsten. Die während der langen Reise gesammelten Erkenntnisse über die Mangelkrankheit Skorbut führten in der Vorbereitungsphase dazu, dass neben Malz und Sauerkraut, eingesalzenem Kohl und Karottenmus auch ein Bierkondensat gebunkert wurde. Diese Lebensmittel hatten sich, obwohl die damalige Zeit von der Funktion der Vitamine noch keinen blassen Schimmer hatte, gegen die tückische Mangelkrankheit bewährt. Tausende von Seeleuten aller Nationen bezahlten in den Jahrhunderten zuvor dieses Unwissen mit dem Leben, waren an Skorbut oder Beriberi gestorben. Lediglich die Chinesen begegneten solchen Gefahren schon Jahrhunderte früher durch die Aufzucht frischer Sojabohnensprossen an Bord ihrer Schiffe. So darf es getrost als Verdienst Cooks gelten, dass er Generationen europäischer Seeleute vor dem Tod bewahrte.

Die zweite Südseereise des Entdeckers begann mit zwei Schiffen, der RESOLUTION und der ADVENTURE. Auf dem 51. Breitengrad kamen Eisberge in Sicht. Sie waren der Seefahrt lediglich aus den nördlichen Breiten der Arktis und dem Nordatlantik bekannt und wurden später auch des Öfteren bei der Umrundung von Kap Hoorn für die südlichen Ozeane ausgemacht. Es stand somit fest, dass auch der Südpol eisbedeckt sein musste. Cook drang deshalb noch weiter nach Süden vor und überquerte als erster Mensch den südlichen Polarkreis (66° 30 S). Auf der vergeblichen Suche nach dem sagenhaften Sudkontinent segelte er im Zickzack kreuz und quer durch diese unwirtlichen Breiten, ohne eine größere Landmasse auszumachen. Das war der Beweis, dass der von seinem Gegenspieler Dalrymples dort behauptete Kontinent eine Fiktion war. Mit 71° 10 S erreichte Cook seine südlichste Position. Die Landmasse des sechsten Kontinents Antarktis bekam er wegen Packeis nicht zu Gesicht. Erst 1820 entdeckte Fabian von Bellinghausen für die russische Marine das antarktische Massiv und setzte einen wahren Run von Abenteurern und Entdeckern zum magnetischen Südpol in Gang. Vorgänger dieser eisigen Expeditionen waren bereits 1599 der Holländer Dirk Gerritz und 1603 der spanische Seefahrer Gabriel de Castilla. Sie gelangten bis zu den südlichen Shetlandinseln. Ob sie die zur antarktischen Landmasse gehörenden Inseln wirklich entdeckten, ist umstritten, ebenso wie die Interpretation einer Karte des osmanischen Admirals Piri Reis aus dem Jahr 1513. Demnach soll dieser arabische Seeheld bereits aus der Auswertung von zwanzig historischen Karten die Umrisse der Antarktis angedeutet haben. Für den Schweizer Fantasten Erich von Däniken war das Grund genug, Außerirdische zu wittern. Nach seiner Überzeugung haben sie vor Urzeiten die Umrisse des Eiskontinents aus der Luft erfasst.

Nach dem Abstecher in die Kälte zog es James Cook erneut in wärmere Gefilde. Er steuerte wieder Neuseeland an. Mehrere der Expeditionsteilnehmer bekamen dabei Gelegenheit, den Kannibalismus der Maori-Bevölkerung zu dokumentieren: Während einer Stammesfehde war ein Krieger erschlagen worden. Die Sieger zerstückelten vor den Augen von Cooks Besatzung den Körper des Getöteten und begannen, die Teile »mit größter Gierigkeit« zu verzehren. Auch Tahiti stattete der Weltreisende wieder einen Besuch ab, bevor er das Tonga-Archipel ansteuerte. Da er dort sehr gastfreundlich aufgenommen wurde, gab er ihm den Namen »Freundschaftsinseln«. Heute steht allerdings fest, dass die Fremden ermordet werden sollten und der Plan nur deswegen scheiterte, weil sich die Tongaer untereinander zerstritten. So davongekommen, segelte Captain Cook abermals kreuz und quer durch den Pazifik, landete zum Wasserbunkern auf der Osterinsel an und entdeckte Neukaledonien. Dann besuchte er zum dritten Mal Neuseeland. Inzwischen hatte er das zweite Schiff der Expedition, die ADVENTURE, in einem Sturm verloren. Die Befragung der eingeborenen Küstenbewohner nach diesem Schiff brachte kein Ergebnis. Die Maori wichen ihm ganz offensichtlich aus. Mit gutem Grund, denn sie hatten ein Landungsboot mit elf Mann Besatzung attackiert und alle getötet. Nach Berichten der Crew wurden die Männer verzehrt.

Die früher nach England heimgekehrte ADVENTURE jedenfalls ging in die Annalen der Seefahrt als erstes Schiff ein, das den Globus in östlicher Richtung umrundet hat. Auf der Rückreise mit der RESOLUTION entdeckte Cook im Südatlantik noch Südgeorgien und die südlichen Sandwichinseln, beides unwirtliche Plätze. Später dienten sie allenfalls Walfängern als Stützpunkte. Über die Azoren kehrte der Entdecker 1775 heim. Von den 112 Mann Besatzung war, dank der Einnahme frischer Gemüse, keiner an Skorbut gestorben. Cook war in der Heimat fortan ein angesehener und selbst bei anderen Europäern respektierter Mann. Er wurde sogar – eine ungewöhnliche Ehre für einen Emporkömmling – in die ehrenwerte Royal Society aufgenommen.

Und schon wurde eine neue Reise mit der ADVENTURE vorbereitet, bei der als Segelmeister auch William Bligh, der spätere Kapitän der legendären BOUNTY, an Bord kam. Die Berühmtheit Cooks und seiner Südsee-Expeditionen ging sogar so weit, dass die Vereinigten Staaten, Frankreich und Spanien die Direktive erließen, Cook bei eventuellen kriegerischen Maßnahmen zu verschonen. Er habe mit seinen Entdeckungen und genauen Seekarten der gesamten westlichen Welt gedient. Auch so etwas hatte es in der Geschichte der christlichen Seefahrt noch nie gegeben.

Wieder ging die Reise in die Südsee. Bei Kapstadt stieß auch das britische Schiff DISCOVERY unter Leutnant Charles Clerke zur Expedition. Die Entdecker steuerten südlich Australiens die große Insel Tasmanien an. Dann wurden die südlichen Cookinseln erforscht und kartografiert. Schließlich dockten die Schiffe im neuseeländischen Königin-Charlotte-Sund zur Überholung an. Als nächstes Ziel stand Tongatapu, die Hauptinsel Tongas, auf dem Plan. Dort konnte eindrucksvoll eine Sonnenfinsternis beobachtet werden. Ein bewegendes Ereignis war der Abschied von Cooks polynesischem Dolmetscher Omai, der nach langer Abwesenheit auf seiner Heimatinsel Huahine abgesetzt wurde.

Der Commander kreuzte unablässig weiter, beobachtete auf Eclipse Island eine weitere Verfinsterung der Sonne. Am 24. Dezember 1777 entdeckte er Kiritimati und am 18. Januar 1778 sichtete er erstmals die hohen Berge von Hawaii. Bis zu diesem Zeitpunkt war das große Inselreich niemandem in der westlichen Welt bekannt. Cook landete auf der Insel Kauai. Besonders beeindruckte den Forscher die Tatsache, dass auf diesem, weit von Polynesien entfernten Eiland eine verblüffende Ähnlichkeit der Sprache und Kultur mit den Tausende von Meilen entfernten anderen polynesischen Niederlassungen herrschte. Er wertete diese Tatsache als Beleg dafür, dass die Polynesier einst mutige Seefahrer mit besonderen navigatorischen Fähigkeiten waren, eine Kunst, die später bei vielen verloren ging. So beklagt etwa die Regierung von Samoa derzeit, dass jedes Jahr einige einheimische Fischer in den Weiten des Ozeans verloren gehen, weil sie nur ungenügende navigatorische Kenntnisse besitzen.

Nach der Entdeckung der beeindruckenden Hawaii-Inseln mit ihrer gewaltigen Brandung und Lava speienden Feuerbergen wurde Kurs auf das von Sir Francis Drake entdeckte Nova Albion, das heutige Kalifornien, abgesteckt. Cook bekam die Küsten des nördlicher gelegenen Oregon in Sicht, legte im Nootka-Sund auf Vancouver Island einen längeren Stopp ein, segelte dann weiter nach Norden, durchquerte die Inselkette der Alëuten und kam bis zur Beringstraße, wo ihm bei 70° 44‘ Packeis den Weg versperrte. Er schwenkte ostwärts ab und gelangte am Kap Deschnjow an den östlichsten Punkt der sibirischen Küste. Erst der heraufziehende Winter trieb ihn wieder nach Süden, Ziel Hawaii. Nun lernte er die Hawaiianer, die ihn – der Überlieferung nach – zunächst für einen ihrer wiederkehrenden Götter gehalten hatten, wirklich kennen. Als ein verstorbener Matrose auf einem geheiligten, nur den Häuptlingen vorbehaltenen Territorium zu Grabe getragen wurde, kochte deren Empörung hoch. Es kam zu ersten Tätlichkeiten und Diebstählen. Der Versuch, den König als Geisel zu nehmen, kam Cook teuer zu stehen: Er wurde am 14. Februar 1779 niedergestochen und in Stücke gehauen.

Jede Nation hatte ihren pazifischen Seehelden.

Der neuseeländische Historiker John Cawte Beaglehole würdigte den Seefahrer und seine kartografischen Leistungen Anfang des zwanzigsten Jahrhunderts mit den schlichten Worten: »Die größte Lobrede auf Cook ist die Seekarte des Pazifiks«. Der Nachfolger des Seehelden, der Leutnant Charles Clerke, übernahm nach dem Tod Cooks das Kommando über die beiden Schiffe und starb noch im Sommer desselben Jahres vor Kamtschatka, vermutlich als Folge einer Tuberkulose. Sein Versuch, eine Nordwestroute zwischen Pazifik und Atlantik zu finden – Traumziel zahlreicher Seefahrer – war gescheitert. Eine solche Passage hätte einen kurzen Weg für den sich immer mehr ausweitenden Handel mit dem pazifischen Raum bedeutet und die gefährlichen Kap-Hoorn-Umrundungen erspart. Die Suche nach dem Geld sparenden Seeweg dauerte bis in unsere Zeit an. Erst die Erderwärmung der letzten Jahre lässt die Aussicht auf die schnelle Schifffahrtsstraße wachsen, nachdem zahlreiche Entdecker und ehrgeizige Abenteurer diesen Ehrgeiz mit dem Leben bezahlten und im Packeis verschollen blieben.

Der Deutsche Arved Fuchs schaffte 2004 mit seinem 100 Jahre alten besegelten Haikutter Dagmar Aaen die berühmte Nordwestpassage, nachdem er 2002 mit dem Traditionsschiff die Nordostroute vom Atlantik in den Pazifik erfolgreich abgeschlossen hatte. Inzwischen legten auch zwei deutsche Handelsschiffe der Bremer Beluga Group 2009 die 6.500 Kilometer lange Strecke zurück. Im Jahr davor waren sowohl diese Passage als auch der 15.900 Kilometer betragende Weg nach Westen erstmals zugleich eisfrei. 2010 machte sich ein Belugaschiff erneut auf den Weg. Zum Vergleich: Die traditionelle Handelsroute durch den Suezkanal nach Asien (Rotterdam—Tokio) wird mit 15.990 Kilometern vermessen, der Weg für übergroße Schiffe rund Südafrika ist weit länger und verbraucht entsprechend mehr Treibstoff.

Mehr als 200 Seefahrer und 30 Entdecker sind vom 15. Jahrhundert an erfasst, die zu einer vollständigen kartografischen Erfassung unserer Erde beitrugen. Viele von ihnen verdienten sich ihre Sporen in den Wasserwüsten des Pazifischen Ozeans. Cook war einer der Erfolgreichsten, sein Leben exemplarisch für eine Generation von beherzten Männern, die weder Eis noch Tropenstürme, weder tödliche Krankheiten noch marodierende »Wilde« fürchteten, um uns Nachfolgegenerationen mit dem Globus vertraut zu machen.

López de Legazpis (1502 bis 1572) war einer von ihnen. Von den Zeitgenossen wurde er auch El Adelanto (der Gouverneur) genannt. Dieser Konquistador aus der baskischen Provinz gilt als Erforscher der philippinischen Inseln. Sein ursprünglicher Auftrag lautete, für Spanien die Gewürzinseln der Molukken zu finden. Sein Hauptquartier schlug er jedoch in Cebu auf. 1570 nahmen 300 seiner Soldaten nach Gefechten gegen Piraten und chinesische Händler bei der Insel Mindoro das heutige Manila auf der Insel Luzon ein. Damals war der riesige Naturhafen bereits in der Hand von Muslimen unter König Rajah Sulayman, lange bevor ein Magellan die Inseln als seine Entdeckung reklamierte. 256 Jahre gehörten die Philippinen schließlich als Kolonie zu Neuspanien, dem heutigen Mexiko, und wurden von Acapulco aus mit Handelsschiffen bedient. Noch heute heißt der taifunsichere Naturhafen der Insel Mindoro »Puerto Galera«, Hafen der Galeonen.

Ein anderer dieser Seehelden hieß Abel Janszoon Tasman (1603 bis 1659). Er wuchs in den Niederlanden auf und war 1632 als Matrose (»vaerentgesel«) in Amsterdam registriert. Dann trat er in die Dienste der mächtigen Niederländischen Ostindien-Kompanie. 1638 wurde er mit dem Kommando über das Schiff ENGEL mit der Destination Batavia (heute Djakarta) betraut. Nach seiner Order sollte er von dort aus den unbekannten Kontinent Australis erforschen. Zunächst steuerte er Mauritius im Indischen Ozean an und segelte dann ostwärts. Prompt verfehlte er die australische Südküste und traf erst wieder im heutigen Tasmanien, das nach ihm benannt wurde, auf Land. Ein Abstecher nach Neuseeland, dessen Südinsel er als erster Europäer betrat, ließ ihn im Zweifel, ob er nicht die Westküste Chiles erreicht hatte – so gering waren zu dieser Zeit noch die Vorstellungen von der Größe des Stillen Ozeans. Auch ihm begegneten die Maoris feindlich und er musste gegen eine Übermacht unter Kanonendonner aus der Ankerbucht, der heutigen Golden Bay, fliehen. In seinen Aufzeichnungen nannte er sie deshalb »Mörderbucht«. Während seiner Weiterreise entdeckte Tasman dann Tonga, die Fidschi-Inseln und das Bismarck-Archipel, das erst kurz vor Anbruch des 20. Jahrhunderts seinen deutschen Namen erhielt.

Eine Besonderheit in der Phalanx der Entdecker stellt die Weltreise des britischen Forschungs- und Vermessungsschiffes HMS BEAGLE dar. Im Juni 1834 und nach einer Fahrt durch die Magellanstraße erreichte es den Pazifischen Ozean. An Bord war ein 25-jähriger Brite, der als Wissenschaftler Weltgeschichte schreiben sollte: Charles Robert Darwin. Der Naturwissenschaftler lieferte mit seinem Beitrag zur Evolutionstheorie Diskussionsstoff bis zum heutigen Tag und weckte mit der simplen Behauptung in dem Werk »Die Entstehung der Arten«, dass der Mensch – salopp ausgedrückt – vom Affen abstamme, den Zorn der katholischen Kirche. Das ließ sich mit der von den Theologen zementierten göttlichen Schöpfungsgeschichte und dem Begriff des Menschen als Krone der Schöpfung nicht vereinbaren. Die Evolutionsbiologie jedenfalls wurde durch Darwin weltweit auf eine neue Grundlage gestellt. Die Reise mit der BEAGLE sah der junge Forscher als ein Schlüsselerlebnis zu diesen Erkenntnissen an und erwarb mit den gesammelten Erfahrungen der Südsee die Grundlagen für sein späteres Schaffen. Aber auch die Geologie beeinflusste seine Arbeit.

So fand er bei einem längeren Aufenthalt in Chile Hinweise für eine Neudatierung des Erdalters und der Erdgeschichte überhaupt. Bei Abstechern in die Anden und nach dem großen Erdbeben von Valdivia im Jahr 1835, das er miterlebte, fand er in weit von der Küste entfernten Gebirgszügen etwas heraus, das für die damalige Zeit sensationell war. Teile der Berge bestanden hauptsächlich aus maritimem Gestein, mussten früher also Meeresgrund gewesen sein. Durch die Kontinentalverschiebung im Lauf von Jahrmillionen hatte er sich wie ein Teppich aufgewellt und diese Berge nach oben gedrückt.

Nächste Station der Weltreise waren die Galapagos. Während der Vermessungsarbeiten auf der pazifischen Inselgruppe fand Darwin genügend Zeit, Pflanzen- und Tierproben zu sammeln. Dann machte sich die Beagle an die Überquerung des Stillen Ozeans und erreichte 1835 das Tuamotu-Archipel und Tahiti. Auf der Weiterfahrt feilte der unermüdliche Forscher an seiner Theorie über die Entstehung der Korallenriffe. In Neuseeland erkundete er die Nordinsel, bevor es weiter nach Australien, den Kokosinseln, Mauritius, Madagaskar, Kapstadt, St. Helena und Ascension ging. 1836 fiel dann endlich wieder der Anker im englischen Hafen Falmouth. Darwin hatte den Globus umrundet und dabei Material für zwölf Kataloge seiner Sammlungen zusammengetragen. Die Notizen umfassten zusammen mit seinem Reisetagebuch mehr als 2.500 Seiten, 1.500 in Spiritus konservierte Arten sowie fast 4.000 Häute, Pflanzen und Knochen brachte er mit. »Die Reise hat meinen gesamten Werdegang bestimmt«, notierte er abschließend. Immerhin wurde er noch 1992 auf Platz vier der bedeutendsten Briten gewählt und erreichte in einer globalen Liste der weltweit wichtigsten Persönlichkeiten den 16. Rang.

Am meisten jedoch wurden nach den spektakulären Entdeckerreisen Cooks die Abenteuer des englischen Navy-Schiffes Bounty bekannt. Seine Odyssee avancierte zum Symbol für alle maritimen Südseeträume. Sie locken noch heute zahlreiche Yachtsegler in die Gewässer Polynesiens. Mehrfach verfilmt, zu Theaterstücken, Romanen und Sachbüchern ausgewalzt, ging die Geschichte des angeblich rücksichtslosen Kapitänleutnants William Bligh und seines Gegenspielers Fletcher Christian in die Annalen ein.

Zweck der spektakulären Irrfahrt dieses legendären Schiffes war, auf kürzestem Weg rund Kap Hoorn Tahiti zu erreichen, dort Setzlinge des im Pazifik heimischen Brotbaumes einzusammeln und rund Kap der Guten Hoffnung auf die atlantischen Antillen zu frachten. Dort sollten sie das Nahrungsangebot verbreitern. Im Dezember 1787 stach der 33-jährige Bligh von England aus in See und begann den Kampf gegen die widrigen Winde am Kap Hoorn. Die Jahreszeit war für einen so kleinen Segler denkbar schlecht gewählt. Wütende Stürme beutelten Schiff und Mannschaft, doch Bligh versuchte zäh, seine Befehle auszuführen. Schließlich musste er beidrehen und den längeren Weg um das Kap der Guten Hoffnung und quer durch den Indischen Ozean antreten. In Kapstadt kam sein Schiff so ramponiert an, dass die Fahrt ohne eine Generalüberholung nicht fortgesetzt werden konnte. Mehrere Zwischenfälle an Bord sorgten für eine anhaltend gespannte Stimmung. Der pazifische Zielort Tahiti wurde dann endlich am 25. Oktober 1788 erreicht, die Bounty ging in der Matavi-Bucht (einheimisch ha'apape) im Norden der Insel vor Anker. Unter Leitung des Botanikers David Nelson begann nun mit dem Einverständnis der mit allerlei Tand beschenkten Eingeborenen das Einsammeln der Brotfruchtschößlinge. Doch angesichts der Freizügigkeit polynesischer Mädchen unter der glühenden Tropensonne und dem süßen »Dolcefarniente« der Insel zerfiel die Moral. Als im Januar 1789 drei Männer mit einem Beiboot zu desertieren versuchten und wieder eingefangen wurden, verhängte Bligh die Bestrafung mit der »neunschwänzigen Katze«, einer Peitsche mit mehreren Riemen. Für die damalige Zeit darf diese Maßregelung sogar als milde gelten, Bligh hätte auch die Todesstrafe anordnen können. Um die Disziplin nicht weiter zerfallen zu lassen, ließ der Kapitän die Anker zur Rückreise lichten, Kurs Endavourstraße zwischen Australien und Neuguinea. Die Bounty hatte 1.015 Pflanzensetzlinge an Bord. Sie beanspruchten eine Menge Platz auf dem ohnehin beengten Schiff mit seinen 42 Mann Besatzung. Das heizte die Stimmung weiter an. Ein Zwischenstopp in Tonga zum Bunkern von Proviant und Wasser bescherte weiteren Ärger. Die Tongaer bestahlen die Ankömmlinge. Bligh nahm Häuptlinge als Geiseln, ließ sie wieder frei, als er bemerkte, dass dies nichts nützte. Das Hin und Her zermürbte die Besatzung, die ohnehin schlechte Laune sackte weiter in den Keller, die Autorität der Schiffsführung wurde zusehends untergraben.

Südwestlich der tongaischen Vulkaninsel Tofu kam es zur Meuterei. Bligh hatte Christian beschuldigt, sich am Kokosnussvorrat vergriffen zu haben. Sicher ist, dass sich Fletcher ungerecht behandelt fühlte, sich deswegen betrank und der Überlieferung nach mit der Mannschaft erwog, mit einem Floß ins paradiesische Tahiti und zu den lieb gewonnenen Mädchen der Südsee zurückzukehren. Stattdessen wurde Bligh gegen Morgen festgenommen und gefesselt. Der ehemalige Master of the Ship wurde in einem kleinen Boot ausgesetzt, zwanzig Mann begleiteten ihn. Mit Kompass, Log, einem Oktanten und einem kleinen Wasser- und Lebensmittelvorrat navigierte der geschasste Schiffsführer in 41 Segeltagen Richtung Timor. Dabei bewältigte er eine Distanz von 5.800 Kilometern – eine seemännische Meisterleistung. Zwölf der 18 Ausgesetzten blieben trotz der Entbehrungen und Strapazen am Leben und Bligh erntete 1790 in einem Kriegsgerichtsprozess einen Freispruch, nachdem er endlich in Portsmouth angelandet war.

Aber auch die gekaperte Bounty legte eine Irrfahrt zurück. 640 Kilometer von Tahiti entfernt, machten die Meuterer einen ersten Versuch, sesshaft zu werden. Sie gingen auf dem Korallenatoll Tubai, einer zu Französisch-Polynesien gehörenden und einst von Captain Cook entdeckten Australinsel, erstmals an Land. Doch dann segelten sie wieder zurück nach Tahiti, lasen dort ihre Frauen auf und logen, die Brotfruchtmission sei erfolgreich abgeschlossen. Auch Captain Cook hätten sie getroffen und der wünsche, dass sie auf Tuba eine Kolonie gründen. Sie begannen nun tatsächlich damit, auf dem winzigen Atoll ein Fort anzulegen, Streitereien untereinander und Kämpfe mit Einheimischen nötigten sie erneut zum Aufbruch, 66 Tote, meist Eingeborene, blieben zurück. Und wieder ging es nach Tahiti. Fletcher war dabei sehr wohl bewusst, dass sie dort schnell von einer britischen Strafexpedition aufgespürt werden könnten und ließ erneut Segel setzen. Allerdings blieben zwanzig Meuterer zurück und ergaben sich dem Gedanken, von einer allfälligen Strafexpedition nach England deportiert zu werden. Sie hofften auf einen Freispruch, da ihrer Ansicht nach Bligh die Mannschaft zu sehr geschunden und die Rebellion provoziert hatte. Nun suchten die restlichen neun Meuterer zusammen mit vier Männern aus Tahiti, zwei Männern aus Tubai sowie zwölf Frauen ein möglichst sicheres Asyl in den Weiten des großen Ozeans zu finden.

Am 15. Januar 1790 kam die Insel Pitcairn in Sicht, ein einsames felsiges Eiland im Südostpazifik, rund 5.000 Kilometer von Neuseeland und 5.700 Kilometer von Südamerika entfernt. Sie war zwar 1767 von dem englischen Seekadetten Robert Pitcairn entdeckt worden, wurde für die Nachkommen der Meuterer und ihrer polynesischen Frauen allerdings erst 1838 britische Kronkolonie. Und es gab – ungewöhnlich für diese Zeit – dort das erste Frauenwahlrecht im Vereinigten Königreich. Das Glück Fletchers und seiner Genossen war, dass die Insel in den British Admirality Charts mit einer falschen Angabe versehen war. Diese wichen 180 Kilometer von der wirklichen Position ab. Auch Cook hatte deshalb bei seinen Kreuzfahrten vergeblich nach ihr gesucht.

Das Eiland bot sich schon deshalb als ideales Versteck an. Um alle Spuren zu verwischen, wurde die BOUNTY in Brand gesetzt und sank. Ihre Wrackreste liegen noch heute in den seichten Wassern der Brandungszone vor der Insel, die gegenwärtig von 48 direkten Nachkommen der aufmüpfigen britischen Seeleute bewohnt wird. Alljährlich am 23. Januar, dem so genannten »Bounty Day«, schleppen sie ein Schiffsmodell aufs Wasser und verbrennen es zum Gedenken an die historische Auflehnung gegen die mächtige Marine des United Kingdom. Allerdings verlassen inzwischen immer mehr Insulaner zugunsten der Annehmlichkeiten der Zivilisation den einsamen Fels im Meer, sodass inzwischen rund zwei Drittel der dortigen Häuser leer stehen.

Die Admiralität der britischen Majestät sendete, wie von Fletcher Christian vorausgesehen, ein Strafschiff, die HMS PANDORA, unter Kapitän Edward Edwards in die Südsee. 1791, nur 18 Monate nach der Ankunft der Meuterer in Tahiti, erreichte Edwards die Insel, ließ die verbliebenen Rebellen in Ketten legen und sperrte sie in einen kleinen Käfig auf dem Achterdeck, der scherzhaft »Pandorabüchse« genannt wurde. Der Strafexpedition war jedoch kein großes Glück beschieden. Die PANDORA krachte bei Australien auf ein Korallenriff und sank, vier der Meuterer ertranken. Die Überlebenden, mit Mannschaft insgesamt 99 an der Zahl, machten sich mit den geretteten Beibooten auf den Weg und kamen wieder, wie schon Bligh, diesmal nach 1.100 Meilen im niederländischen Kupang auf Timor an. 1972 schließlich wurde der Rest der BOUNTY-Meuterer in England vor das Kriegsgericht gestellt. Vier der Männer wurden freigesprochen, sechs zum Tod durch Erhängen verurteilt. Drei von ihnen erhielten aber noch vor der Exekution die Begnadigung durch den König. Die anderen drei baumelten zur Abschreckung für eventuelle weitere Unzufriedene in der Navy an den Rahen des Kriegsschiffs HMS BRUNSWICK.

Bligh führte eine zweite Brotfruchtmission erfolgreich durch, kämpfte neben dem legendären Admiral Horatio Nelson in der Seeschlacht von Kopenhagen gegen die Dänen. Deren Flotte wurde in der mörderischen Schlacht fast vollständig vernichtet. Nach zwei weiteren Meutereien und Freisprüchen wurde Bligh schließlich zum Vizeadmiral befördert und starb 1817. Von der romanreifen Flucht der rebellierenden Mannschaft zeugen noch heute die gerettete Schiffsbibel der BOUNTY im Museum von Adamstown auf Pitcairn und das 1933 gefundene hölzerne Ruder, das auf Fidschi aufbewahrt wird. Dort befand sich einst der Verwaltungssitz der britischen Krone für das weit entfernte Eiland Pitcairn. Außerdem wurden inzwischen Beschlagsteile und zwei Kanonen aus der für Taucher gefährlichen Brandungszone Pitcairns geborgen.

Ein anderer Brite, der als ehemaliger Seeräuber und Buchautor bekannt wurde, rundet den schillernden Reigen der englischen Pazifikfahrer ab. Sein Name: William Dampier. Er sollte 1699 die erste Forschungsfahrt Großbritanniens in den Stillen Ozean leiten. Die Krone genierte sich, wie schon im Fall von Francis Drake, in keiner Weise, für ihre Zwecke auch zwielichtige Elemente zu bemühen. Das einzige Kriterium war, sie mussten durch ihre Untaten bewiesen haben, dass sie als gute Seeleute und beherzte Kämpfer eingesetzt werden konnten. Dampier schien diese Voraussetzungen zu erfüllen. In jungen Jahren war er nach Jamaica gereist, hatte auf Plantagen gearbeitet und sich dann, wie er in seinen Memoiren schreibt, aus Neugierde und weniger aus Gewinnsucht einer Gruppe von Freibeutern angeschlossen. Zwölf Jahre lang geisterte er von Schiff zu Schiff und von Ozean zu Ozean. Im Jahr 1686 trieb es ihn über den Pazifik, um die Manila-Schatzschiffe der Spanier zu plündern. Aus der legalisierten Kaperfahrt wurde mangels Goldschiffen aber bald nackte Piraterie. Die Männer griffen einheimische Siedlungen an. Als sie nicht viel erbeuteten, segelten sie zu den Gewürzinseln.

Dampier, der dieses Dasein bereits satt hatte, wurde mit sieben seiner Gefährten von den anderen Piraten 1688 auf einer einsamen Insel der Nikobaren ausgesetzt. Die Unglücklichen gingen von dort aus mit einem zerbrechlichen Kanu in See und steuerten das rund 150 Kilometer entfernte Sumatra an. Als ihrem Gefährt das Sinken drohte, schwor Dampier dem Freibeutertum ab und widmete sich fortan der Schriftstellerei. Seine in England publizierten Schilderungen erweckten eine solche Begeisterung und rangen der Admiralität so viel Respekt ab, dass ihn die hohen Herren zum Kommandanten einer geplanten Südseefahrt ernannten. Doch Dampier, der mangelnde Führungskraft zeigte, enttäuschte auf der ganzen Linie und erhielt kein Kommando mehr. So schlug er sich nolens volens weiter als Lotse und Freibeuter durchs Leben. Immerhin hat er dreimal die Welt umsegelt und vier Bücher geschrieben – ein Abenteurer, wie ihn nur eine abenteuerliche Welt hervorbringen konnte.

Die Vorherrschaft der Spanier, die lange Zeit den Pazifik dominierten, brach schließlich ein in Utrecht geborener Holländer, Olivier van Noorth (1558 bis 1627), ein bekannter Freibeuter. Mit der Finanzierung Rotterdamer und Amsterdamer Kaufleute im Rücken und vier Schiffen sowie 248 Mann Besatzung verließ er die Niederlande für eine angebliche Entdeckungsreise nach Indien. Seine Flaggschiffe waren die schnelle EENDRACHT vom Typ Yacht und die für ihre Seetüchtigkeit bekannte MAURITIUS. Auffallend für einen Gewürzfahrer war allerdings, dass er die Schiffe stark armierte und an der Westküste Amerikas entlangsegeln ließ. Dies geschah ganz offensichtlich mit der Absicht, spanische Schatzschiffe zu kapern.

Doch die Reise stand unter keinem glücklichen Stern. Seinen Vizeadmiral Jacob Claes setzte er schon bald wegen einer Meuterei auf einer unbewohnten Insel ab, bevor er in 116 Tagen gegen schwere Weststürme schließlich durch die Magellanstraße in den Stillen Ozean aufkreuzte. Drei Monate suchte er dort zwischen Peru und Acapulco vergeblich nach spanischen Goldgaleonen, dann machte er sich Richtung Philippinen davon und terrorisierte die nur unzulänglich verteidigten Inseln. Zwei seiner Schiffe wurden von den Spaniern versenkt, als er tollkühn auf der Jagd nach Schatzschiffen vor der Bucht von Manila auf Lauer lag, ein Schiff verlor er in einem Taifun. Auch die Gewürzinseln als nächste Station brachten ihm nichts ein. Mit nur 44 Mann kehrte er enttäuscht um das Kap der Guten Hoffnung schließlich in die Heimat zurück. Zwar waren die Geldgeber von den leeren Laderäumen wenig erbaut, der Seebär konnte dennoch einen unbezahlbaren Pluspunkt verbuchen. Er hatte gezeigt, dass die spanische Hegemonie im Pazifik zu Ende war. Und durch seinen Reisebericht ermutigt, machten sich weitere Holländer auf den Weg, sich ihren Anteil am kolonialen Kuchen zu sichern.

Der Pirat Piet Heyn, ebenfalls ein seefahrender Holländer, diente einige Zeit in der Niederländischen Ostindien-Kompanie und kommandierte das Schiff HOLLANDIA. Als Freibeuter brachte er zahlreiche spanische Galeonen auf und machte fette Beute. Noch heute wird er in seinem Heimatland als Volksheld verehrt und sogar in einem gängigen Volkslied besungen. Cornelis de Houtman (1565 bis 1599) entdeckte für die Niederländer einen neuen Seeweg nach Indonesien und leitete damit den lukrativen Gewürzhandel mit Ostasien und den Beginn der holländischen Kolonialisierung Indonesiens ein. Er wurde auf Weisung des muslimischen Sultans von Aceh 1599 ermordet. Der Niederländer Jan Carstenszoon schließlich leitete 1623 eine Expedition der Niederländischen Ostindien-Kompanie an die Küsten Neuguineas. Nach ihm ist die so genannte Carstensz-Pyramide benannt, der höchste Gipfel Ozeaniens mit 4.884 Metern Höhe und damit die größte Erhebung zwischen Himalaya und Anden im westlichen, zu Indonesien gehörenden Teil Neuguineas. Als Carstenszoon 1623 von weißen Gletscherfeldern berichtete, verlachte ihn die westliche Welt. Sie glaubte nicht an Schnee in diesen geografischen Breiten. Die damals gesichteten Gletscherzungen sind inzwischen durch die Erderwärmung bis auf Reste abgeschmolzen, ein ähnlicher Vorgang, wie er auch auf dem Kilimandscharo im kenianischen Afrika zu sehen ist.

Nahezu jede seefahrende Nation hatte ihren pazifischen Helden und Entdecker. Für die Portugiesen waren es als Vorstufe zur Inbesitznahme der asiatischen Gewürzinseln Vasco da Gama, Entdecker des Seeweges nach Indien, und Alfonso de Albuquerque (1453 bis 1515). Der Seebefehlshaber und zweiter Gouverneur von Indien, Albuquerque, eroberte unter anderem das Sultanat Malakka, nach dem auch die Malakkastraße benannt ist. Die Enge war damals schon eine wichtige Verbindung zwischen Indischem Ozean und den Randmeeren des Pazifiks. Sie verläuft zwischen Indonesien und Malaysia in die Celebes- und Sulusee, öffnet den Seeweg nach Manila, China, Vietnam und zu anderen fernöstlichen Destinationen. Die Passage galt schon in jenen Zeiten als piratenverseucht. Selbst chinesische Seefahrer mussten hin und wieder mit Säuberungsaktionen für einen reibungslosen Warenverkehr sorgen. Auch heute noch ist die Malakkastraße ein von Kapitänen gefürchteter Ort mit Piratenattacken selbst auf große Tanker.

Und während in Europa das Zeitalter der Entdecker das Leben und das Weltbild der Menschen prägten, waren auf der gegenüberliegenden Seite bereits kühne Seefahrer unterwegs, trieben transozeanischen Handel und querten Weltmeere, besaßen den Kompass, »Südfinder« genannt, und verfügten über riesige seegängige Schiffe. Nur in der Alten Welt wusste niemand etwas davon. 2005, als die chinesische Nation ihren Seehelden feierte, stach in Qingdao die GRÜNE AUGENBRAUE in See. Es war der Nachbau eines kleinen historischen Schiffes. Die Dschunke segelte die 17 asiatischen und afrikanischen Häfen ab, die Chinas berühmtester Seefahrer vor 600 Jahren besucht hat. »Allahu akbar«, Allah ist groß, so steht es auf einer Statue über einem bescheidenen Grab in der chinesischen Stadt Nanjing. Es ist die Inschrift für einen großen,jahrhundertelang im Westen nicht bekannten Admiral, einen kühnen Seefahrer und gewitzten Strategen, der in Asien ein bedeutendes Kapitel Marinegeschichte schrieb: sein Name Zheng He.

Zwischen 1405 und 1433 unternahm er sieben große historisch belegte Expeditionen in den Pazifik und den Indischen Ozean, er bekämpfte das Piratenunwesen in der Malakkastraße und in der Südchinasee, erforschte die Meere und baute den Handel aus. Und er war nahe daran, China zu einer weltbeherrschenden Seemacht aufzuwerten. Seine riesigen Dschunken, die so genannten Schatzschiffe, waren die größten jemals aus Holz gebauten Schiffe. Historiker streiten sich um die Dimensionen. Längen zwischen 120 und 160 Metern werden diskutiert. Anhand eines bei Ausgrabungen gefundenen Ruderblattes steht auf jeden Fall fest, dass es sich um solche Größenordnungen gehandelt haben muss. Auch die drei Trockendocks, in denen die Riesendschunken gebaut worden waren, existieren noch. Rund 50.000 historisch verbürgte Kilometer legte der muslimische Seefahrer und Kastrat aus der Provinz Yunnan im Dienst des chinesischen Kaisers zurück und transportierte dabei Tausende von Tonnen Handelsgüter. Zur Navigation benutzte »der größte Seefahrer aller Zeiten«, wie er von einigen Historikern bezeichnet wird, bereits einen Kompass, den so genannten Südfinder, die Zeit an Bord wurde anhand mit Markierungen versehener Räucherstäbchen gemessen. Der Orientierung dienten zudem die Sterne, wobei in diesen Breiten sowohl Polarstern als auch das Kreuz des Südens am Nachthimmel zu sehen sind.

»Wir sahen auf dem Meer Wellen, die hoch wie Berge zum Himmel aufragten, und wir sichteten die weit in der Ferne von durchsichtigem blauen Dunst verhüllten Länder der Barbaren, während unsere Segel rund und luftgebläht wie Wolken, Tag und Nacht so schnell wie die Sterne über jene wilden Wogen dahinzogen«, legte er in seinen Erinnerungen fest.

Die Expeditionen Zheng Hes, an denen bis zu 30.000 Mann (inklusive Freudenmädchen) und manchmal bis 300 Schiffe teilnahmen, führten nach Sri Lanka, Indien, Arabien und an der ostafrikanischen Küste entlang bis Sansibar. Dem chinesischen Kaiser wurde unter anderem eine Giraffe überbracht, wie auf zeitgenössischen Darstellungen zu sehen ist. In Asien selbst besuchte Zheng He nachweislich Vietnam, Java und Malakka. Seine Besatzungen rekrutierte er aus den Küstensiedlungen bei Guandong, Zhejinang und Fujian in Hainan, was von den Machthabern in Peking lange für das Ende der Welt gehalten wurde.

Von der Wissenschaft nicht anerkannt, behauptet der ehemalige US-Navy-Kommandant Gavin Menzies, dass die Chinesen bereits 1421 bis 1423 den Pazifik überquert und die Erde umsegelt hätten. Immerhin steht fest, dass zum Beispiel in der chinesischen Kunst in dieser Zeit das Jaguarmotiv auftaucht, das vor allem von den Hochkulturen Südamerikas gebräuchlich war. Auch wurden chinesische Siedlungsreste in Kalifornien gefunden. Leider ist aus dieser Epoche sehr wenig überliefert, es dürften aber im Verlauf weiterer Forschungen noch mehr Belege gefunden werden.

Auch schon vor Zheng He war die Seefahrt im Reich der Mitte sehr weit entwickelt. Chinesische Händler trieben mit ihren Dschunken einen regen Handel mit arabischen Dhaus. Zweimal hatte China mit Schiffen eine Eroberung Japans in Angriff genommen, war aber durch verheerende Taifune gescheitert. Als Kaiser Xuande, ein Förderer des Kastraten, starb, stellte sein Nachfolger Zhengtong angesichts schwerer Naturkatastrophen mit ihren Kosten 1434 den Bau und Betrieb der großen Schiffe ein und beendete damit die Vormachtstellung Chinas auf dem Indischen Ozean und den pazifischen Gewässern.

Sicher ist, dass die chinesische Armada zu dieser Zeit jeder europäischen Flotte weit überlegen gewesen wäre und die Eroberungen der Spanier, Portugiesen, Holländer und Engländer im Pazifik, im Indischen Ozean geblockt hätte. China hat durch den kaiserlichen Erlass die historische Chance zur Weltmacht vertan – eine Gelegenheit, die sich dem Reich der Mitte durch seinen ökonomischen, militärischen und technischen Boom im 21. Jahrhundert erneut auftut. Der »schlafende Riese«, wie schon Napoleon das ostasiatische Reich nannte, ist aufgewacht und nicht von ungefähr wurde Zheng Hes Geburtstag 2005 enthusiastisch gefeiert.

Zeitgleich mit dem Ende der überregionalen maritimen Interessen Chinas trieb von Portugal aus Heinrich der Seefahrer die Marineführer seines Landes zu Expeditionen nach Süden an. Um 1422 war mit der Entdeckung und erstmaligen Umschiffung von Kap Bojador, auch »Kap des Schreckens« genannt, der entscheidende Schritt für die Öffnung des Seeweges nach Indien erfolgt. Im Mittelalter galt dieser Vorsprung der afrikanischen Küste südlich der Kanaren als das westliche Ende der Welt. Die Überwindung des Landvorsprungs markiert zugleich den Beginn der europäischen Expansion über die Weltmeere. Zahlreiche Kapitäne hatten vorher kapituliert, weil sie befürchteten, mit ihren Schiffen über den Rand der Erde zu kippen. Zudem war von schrecklichen Seeungeheuern die Rede, die alles mit Mann und Maus verschlucken würden, was sich so weit vorwagte. Die Entdeckung Amerikas durch Kolumbus im Jahr 1492 scheint aus heutiger Sicht nur mehr noch ein nächster logischer Schritt, aus dem mittelalterlichen Weltbild in die Moderne aufzubrechen und die Kugelgestalt der Erde zu akzeptieren und in der Seefahrt zu nutzen.

Italien hatte mit Francesco Carletti (1573 bis 1636), einem Florentiner Kaufmann, einen gründlichen Erforscher des Lebens in Südostasien. Er verbrachte ein Jahr auf den Philippinen, bevor er nach Japan und China weiterreiste und seine Erlebnisse aus der Sicht eines Kaufmannes niederschrieb. Der Venezianer Giovanni Cabato (1450 bis 1498), hatte zuvor versucht, eine Nordwestpassage in den Pazifik zu finden, landete auf unbewohntem Gebiet und hielt es irrtümlich für China. In Wahrheit hatte er Neufundland, Neuengland und Labrador betreten. Nun wollte er mit fünf Schiffen 1498 auch Japan ansteuern. Nur eines der Schiffe kam zurück, von den anderen und von Cabato verliert sich jede Spur. Es scheint sicher, dass sie vom Packeis umschlossen wurden und die Mannschaften elendig verhungerten und erfroren. Ein weiterer Venezianer, Niccolò de Conti (1395 bis 1469) hatte mehr Glück, wenngleich auch wenig über seine Abenteuer bekannt wurde. Conti ließ sich in Damaskus nieder, heiratete eine Muslima und trat zum Islam über, um eine Reise nach Indien unternehmen zu können. Das war damals für Christen streng verboten, um das arabische Handelsmonopol mit Ostasien nicht zu gefährden. Von 1444 bereiste er dann Gebiete, die kein Europäer vor ihm gesehen hatte: Sumatra, Burma, Java, Vietnam. Vermutlich hatte er auch Kontakt mit chinesischen Händlern. Sicher ist, dass sein Reisebericht dem Kartografen, portugiesischen Ritter und Nürnberger Tuchhändler Martin Beheim die Grundlagen für die Darstellung Asiens auf dessen weltberühmt gewordenen Globus lieferte.

Neben Magellan und anderen spanischen Seefahrern, Entdeckern und Eroberern tat sich auch Juan Fernandéz (1536 bis 1604) hervor. Er gilt als Entdecker der nach ihm benannten Juan-Fernandész-Inseln, 700 Kilometer vor der chilenischen Küste. Eines dieser Eilande, auf dem der Schriftsteller Alexander Selkirk in der Tat strandete, fand in die Literaturgeschichte Eingang. Das Inselchen hieß Isla Más a Tierra und wird heute Robinson-Crusoe-Insel genannt, denn sie lieferte dem Schotten Alexander Selkirk – zeitweise einem Genossen des Piraten Dampier – die Vorlage für den Roman Robinson Crusoe, der wie kein anderer die Vorstellungen vom romantischen Einsiedlerleben auf einem einsamen Eiland prägte. Selkirk verbrachte dort vier Jahre und vier Monate. Einmal landeten Spanier an, jagten ihn, da er Brite und somit ein Todfeind war. Selkirk floh in den dichten Dschungel, wo er sich erfolgreich versteckte. 1709 warf der britische Segler DUKE unter dem von der britischen Admiralität akzeptierten Kaperkapitän Woodes Anker und brachte schließlich den halb verwilderten Schotten in die Zivilisation zurück. Roger Woodes hatte unter anderem auf seinen Kaperfahrten den gesamten Globus umrundet und reichlich Beute gemacht. Sein Ziel war es, das spanische Handelsmonopol an der südamerikanischen Küste zu knacken. Als er in England landete, brachte er 170.000 Pfund Nettoertrag mit, die Expedition hatte 14.000 gekostet. Er endete hoch geehrt als Gouverneur der Bahamas und bekämpfte nun seinerseits so erfolgreich die Piraten, dass zumindest diese Inselgruppe frei davon wurde. Den Gerüchten nach soll die berühmte Piratin Anne Bonny von ihm nur begnadigt worden sein, weil er in diesem Augenblick betrunken war.

Der jungen Nation Amerika schließlich war es vorbehalten, mit dem Robbenfänger John Davis 1820 den ersten Schritt auf antarktischen Boden zu wagen, kurz nachdem der

Balte Fabian Gottlieb Thaddeus von Bellinghausen den sagenhaften und von Eis bedeckten Südkontinent Antarktis gesichtet hatte. Allerdings bezweifeln einige Historiker den Bericht des Robbenfängers und neigen eher dazu, diese Pioniertat dem irischen Seefahrer und Forscher Edward Bransfield im Dienst der englischen Krone aus Ballinacurra in der Grafschaft Cork (1785 bis 1825) zuzuschreiben. Bransfield, einst »shanghait« und zum Dienst in der britischen Navy gepresst, diente sich schnell nach oben und wurde auf der Pazifikstation der Engländer in Valparaiso/Chile stationiert. Von dort wurde er ausgeschickt, um die südlichen Gewässer des Stillen Ozeans zu erkunden. Zunächst nahm er für die Krone die Shetlandinseln in Besitz, 1820 fand er dann die Trinity-Halbinsel, den nördlichsten Zipfel der Antarktis. Dort ist ein Berg, der Mount Bransfield, nach ihm benannt, ebenso eine Meerenge, die so genannte Bransfieldstraße. Nach dieser spektakulären Arktisreise verliert sich seine Spur im Dunst der Geschichte. Es wurde nur bekannt, dass er 1852 bei seiner Ehefrau in Brighton verstarb. Als die britische Post im Jahr 2000 zu seinen Ehren eine Gedenkmarke drucken wollte, war im ganzen Land kein Bild des Iren zu finden. Stattdessen wurde ein Forschungsschiff abgebildet, das seinen Namen trug.

Russland beteiligte sich am Pazifik-Run mit Fjodor Petrowitsch Graf Lütke, der 1817 bis 1819 an der ersten russischen Weltumsegelung unter Wassili Michailowitsch Golownin teilnahm und sich später der Erkundung Kamtschatkas, der pazifischen Ufer Russlands und Nordamerikas widmete. Er entdeckte dabei nicht weniger als 14 Inseln im Gebiet des heutigen Mikronesien. Berühmt wurde schließlich auch der Russe Adam Johann Baron von Krusestern (1770 bis 1846), nach dem in unseren Tagen ein russisches Segelschulschiff benannt ist. Vor dem Zweiten Weltkrieg war unter dem Namen PADUA für Deutschland als Handelsschiff der berühmten Flying-P-Liner der Hamburger Reederei Laeisz unterwegs. Krusenstern, zuletzt Generaladmiral der russischen Flotte und Ehrenmitglied der Akademie der Wissenschaften in St. Petersburg, leitete eine russische Weltumsegelung, erforschte die Alëuten zwischen Russland und Alaska, die Insel Hokkaido und die Verbindung zwischen Japanischem Meer und Pazifik sowie die Tsugarustraße, früher als Meerenge von Sangar bekannt. Auch die nordpazifische Insel Sachalin gehörte ebenso zu seinem Forschungsgebiet wie die Kette der Kurilen, die den Pazifik vom Ochotskischen Meer trennt.

Für Frankreich war der Comte Louis Antoine de Bougainville (1729 bis 1811) unterwegs, der als erster Franzose von 1766 bis 1769 die Erde umsegelte. Wie bei den Piraten der Karibik, wo Frauen als Männer verkleidet mitmischten, befand sich auch auf seinem Schiff, der Fregatte LA BOUDEUSE (die Beleidigte), eine solche als Mann maskierte Frau an Bord: Jeanne Baret. Sie war die Assistentin des Botanikers Philibert Commerçon. Bougainville nahm Tahiti trotz britischer Vorgeschichte offiziell in französischen Besitz. Er erforschte zahlreiche andere Inseln, wie etwa die Salomonen östlich von Neuguinea, die fast 200 Jahre nach ihrer Erstentdeckung durch Spanien in Vergessenheit geraten waren. Bougainville ist die nördlichste dieser Inseln und war Ende des 19. Jahrhunderts sogar zeitweise deutsch. Erste Besiedlungsspuren der mit Kupferlagern reich gesegneten Insel lassen sich aus einer Zeit von vor etwa 28.000 Jahren nachweisen. Bougainville unterlag dem Zauber der Südsee und bestärkte in seinem Reisebuch mit der Beschreibung der edlen, von der Zivilisation noch nicht verdorbenen Wilden die lange Zeit grassierende Romantisierung und Verklärung der pazifischen Inselwelten. Für den Romantiker Jean-Jacques Rousseau, der die etablierte Kultur und Gesellschaft seiner Zeit infrage stellte, bot er geradezu ideale Grundlagen. Auch Denis Diderot fand in den Berichten des Weltumseglers Stoff für seine

Verteidigungsschrift der sexuellen Freiheit. Bougainville avancierte zum persönlichen Sekretär von Ludwig IV. und überstand die Französische Revolution trotz seiner Nähe zum gestürzten Königshaus nur dank des Sturzes des blutigen Säuberers Robespierre unversehrt, wurde sogar noch Mitglied der französischen Akademie der Wissenschaften und ließ sich auf seinem Besitz in der Normandie nieder. Eine geplante Nordpolreise kam nicht mehr zustande. Dennoch überhäufte ihn der inzwischen an die Macht gekommene Franzosenkaiser Napoleon Bonaparte mit Ehrungen und machte ihn gar zum Großoffizier der Ehrenlegion. Mit 81 Jahren starb der Seemann und Forscher schließlich in Paris. Die in jedem tropischen Garten wachsende, meist brandrote Bougainvillea trägt noch heute seinen Namen, ebenso wie ein Tiefseegraben und ein Korallenriff in Nordostaustralien. Ein anderer Franzose, Jacques de Beauchesne, segelte schon um 1700 an der südamerikanischen Küste nach Norden, besuchte spanische Kolonien und wagte sich nur bis zu den Galapagos-Inseln in die Tiefen des Stillen Ozeans. Begleitet wurde er von dem Kartografen Duplessis, der akribisch Strömungen, Buchten und Häfen aufzeichnete und damit maritime und militärische Informationen sammelte, die der französischen Regierung so wertvoll erschienen, dass sie alles unter Geheimhaltung stellten.

Jean-François de Galaup de La Pérouse war der letzte große Entdecker in der Südsee des 18. Jahrhunderts. Auf Befehl seines Königs Ludwig XVI. sollte er im Pazifik nach neuen Ländereien suchen, »die der Aufmerksamkeit von James Cook entgangen sind«. Mit zwei mächtigen Fregatten, der ASTROLAB und der BOUSOLLE, ging er in See. Zweieinhalb Jahre verbrachte er in den pazifischen Gewässern, beschrieb mehrere große Schleifen auf Cooks Routen und weitete diese allerdings zu entlegenen Regionen Chinas, Sibiriens und Japans aus. Er fertigte während seiner Fahrten Aufzeichnungen über Sitten und Gebräuche, Nahrung und Wohnstätten an. In der Botany Bay übergab er Logbuch und Aufzeichnungen einem britischen Beamten mit der Weisung, sie nach Paris zu überstellen. Das war das Letzte, was die Welt von ihm hörte.

Sein Schicksal blieb ungeklärt, bis ein irischer Kaufmann auf den Santa-Cruz-Inseln Anfang des 19. Jahrhunderts das Stichblatt eines Degens mit den Initialen des Vermissten aufspürte. Von älteren Insulanern erfuhr er dann die Wahrheit. Sechzig Schädel von Europäern wurden ausgegraben, und es kam heraus, dass La Pérouse mit seinen Leuten von den Eingeborenen getötet und verspeist worden war. Die in Paris angekommenen Aufzeichnungen gelten als Abgesang auf die Epoche der Pazifikerforschung.

Allerdings hat die Neuzeit mit ihren technischen Möglichkeiten ein neues Zeitalter der Entdeckung eingeleitet: die Erforschung des Pazifiks in seinen Tiefen und seiner vielfältigen, kaum bekannten Unterwasserwelt mit gigantischen Gräben, unterseeischen Vulkanen und Wirklichkeit gewordenen Fabelwesen der Tierwelt. Bei satellitengestützten Vermessungsarbeiten wurden von amerikanischen Geowissenschaftlern 100 neue, bislang unbekannte so genannte »Seamounts« kartografiert. Von den insgesamt 45.000 dieser mehrheitlich im Stillen Ozean befindlichen unterseeischen Erhebungen sind gerade mal 200 erforscht, ein weites Feld für neue Entdeckungen.

Nahezu täglich geben die Weltmeere neue Geheimnisse preis und zeigen eine Wunderwelt der Evolution, von der ein Jahrhundert zuvor noch kein Mensch auch nur zu träumen wagte. Sie fordern immer wieder aufs Neue unsere Ehrfurcht vor der Vielfalt der Schöpfung ein, lassen uns über ihren Formen- und Farbenreichtum, ihre üppige Bandbreite biologischen Lebens staunen und runden unser Bild über die Entstehung des Lebens auf der Erde.

Kapitel 3

Mit dem Katamaran ins Königreich

Das legendäre und bis heute nicht lokalisierte Inselreich »Hawaiki« soll die Ursprungsinsel für die Besiedelung der Südsee sein. Das erzählen die Eingeborenen vom Stamm der Maori in Neuseeland. Der Überlieferung nach machten sich ihre Vorfahren vor Tausenden von Jahren auf, das Abenteuer und den Sprung in die Ungewissheit des großen Wassers zu wagen. Sie benutzten erst gebrechliche Einbäume und später mächtige, mit allerlei Schnitzwerk verzierte Doppelrumpfboote. Ihre krebsscherenförmigen Segel trugen sie mit den Monsunen, den Tradewinds, über das dunkle Blau des tiefen Ozeans. Sie fuhren in türkisfarbene Lagunen ein, sichteten neue, blendend weiße Strände auf einsamen Ringatollen. Sie ließen sich auf flachen Eilanden nieder und eroberten Inseln mit hochragenden, zerklüfteten Gebirgen und fruchtbarem Land zu den Füßen von Feuerbergen.

So mancher der wagemutigen Reisenden aus diesem Volk der »Nomaden des Windes« überstand die manchmal tosenden Gewalten des Ozeans und seiner mächtigen Wirbelstürme nicht, dennoch wurde von den Menschen dieser Wasserwelt zäh Insel um Insel bis an den Rand der Erde nach Süden, Osten und Norden besiedelt. Ein Licht auf diese gigantische Migrationsbewegung werfen auch DNA-Untersuchungen von Fossilien in Chile. Sie belegen inzwischen eindeutig, dass das Huhn der Inkas mindestens hundert Jahre vor Ankunft der Spanier und deren Hühnerrassen auf amerikanischem Boden gackerte. Es kann nur durch polynesische Seefahrer dorthin gelangt sein. Auf ihren Kursen brachten sie auch ihre Hühner aus Südostasien über den Ozean immer weiter nach Westen. Bestätigt wird diese Untersuchung inzwischen durch andere Genuntersuchungen.

Die antiken »Wasserratten« bauten aus Baumstämmen und mit Steinwerkzeugen hochseetüchtige Schiffe und besegelten damit zwei Drittel der tropischen Gewässer dieser Erde, meist sogar gegen die im Pazifik vorherrschenden Passate von Ost nach West. Sie transportierten ganze Familien und Stämme, nahmen ihre Haustiere und Pflanzensetzlinge oder Samen mit. Sie wagten sich in die mächtige Dünung des größten Ozeans dieser Erde, zu einer Zeit, als unsere Urväter zum Teil noch in Höhlen siedelten. Tangaroa, der Gott der See und Gebieter der Stürme, begleitete sie, manchmal mit gleichmäßig hoher, schimmernder Dünung, manchmal mit dem Zorn wütender Stürme und ihrer fauchenden Monsterwellen. Und Pele, die Herrin des Feuers und der Vulkane, ließ des Nachts rot glühende Lichter flammen, wenn einer ihrer himmelhohen Höllenschlünde Lava spie, oder sie zeigte in der Tiefe das Feuerband unterseeischer Vulkane.

Die Reisenden begegneten ihnen unbekannte, mächtige, schwimmende Tiere, die wie Geysire Atemluft ausbliesen oder mit ihrer ganzen Masse von bis zu siebzig Tonnen übermütig aus den Wellen schnellten. Sie fühlten die Gier der großen Haie und fanden Riesenmuscheln, in deren Schalen man gut und gerne ein Bad nehmen könnte. Sie lernten mit den neuen Erfahrungen umzugehen, minutenlang nach den Schätzen des Meeres zu tauchen und sich nahtlos in diese menschenleere Welt einzufügen. Noch vor Kurzem lebte auf Tonga ein alter Mann, ein »Shark-Flüsterer« gewissermaßen, der den Hai von seinem Boot aus rufen konnte. Stolze Wilde, kühne Seefahrer, gewitzte Navigatoren schickten sich an, immer neue Siedlungsräume zu erschließen. Sie orientierten sich am Lauf der Gestirne, beobachteten den Zug der Vögel, sichteten in Strömungen Pflanzenreste unbekannter Länder und folgten diesem Fingerzeig. Ihre kühnen Seefahrten um den halben Erdball fielen in eine Zeit, in der in Europa Steinzeitbauern mühsam mit hölzernen Zinken den Boden aufrissen und selbst die späteren griechischen Argonauten allenfalls noch am Ufer übten, weil sie die Kunst, hochseetüchtige Schiffe zu bauen, nicht beherrschten. Sie pflügten Tausende von Meilen über die offene See, nahmen die Kugelgestalt unseres Globus aus Erfahrung wahr, als das alte Europa die Erde noch für eine Scheibe hielt, von der aus ein Schiff hinter Gibraltar alsbald über den Rand fallen müsse.

Die hohe Kunst der Navigation, sie hatten sie im Blut, denn es gab keine mechanischen Hilfsmittel, keine kartografischen Unterlagen, wie sie Europas erste Seefahrer und auch die Chinesen benutzten. Die Seekarten der Polynesier existierten dreidimensional bis hinauf ins Sternenzelt ausschließlich in den Köpfen der Bootsleute. Später kamen einfache Gedächtnisstützen aus Bambuslatten oder Stöckchen ergänzend hinzu. Sie sahen wie kleine Gitter aus, zeigten aber Richtungen und Längen an. Mit Kreuzungspunkten und Muscheln markierten sie Inseln. Fast wäre diese uralte Kunst verloren gegangen, so wie heute die Fähigkeit des Kopfrechnens den elektronischen Kleingehirnen zum Opfer fällt.

Seit der Gründung der »Polynesischen Reisegesellschaft« 1973 wird versucht, das alte Erbe einer uralten Kultur neu zu beleben. Nachbauten der einstigen Reisekanus, wie Hokule'a auf Hawaii, und Reisen damit über die Weiten des Stillen Ozeans halten Wissen und Tradition der »ohana wa'a«, der Bootsfamilie, am Leben. Ohne Instrumente und Karten, getreulich nach dem Vorbild der ehemaligen »Pfadfinder des Pazifiks« segeln sie heute wieder im Herzen des Stillen Ozeans zu wissenschaftlichen Zwecken, touristischem Vergnügen oder als schwimmende Botschafter einzelner Inselreiche. Eine Renaissance polynesischer Kultur, die Rückbesinnung auf die durch die Kolonisatoren abgehackten Wurzeln, geht damit Hand in Hand.

Der mikronesische Bootsführer Mau Oilailug etwa steuerte 1976 das Doppelrumpfboot Hokule'a über 3.000 Kilometer von Hawaii nach Tahiti ohne jedes Hilfsmittel und nur geleitet von seinen spiritistischen Fähigkeiten. Ein traditioneller polynesischer Navigator unterscheidet mit geschlossenen Augen verschiedene Wellenformationen um Inseln, in schmalen Fahrwassern, vor Laguneneinfahrten und in Riffnähe sowie Dünungsmuster auf der offenen See. Er weiß so genau, wo er gerade ist und wie er den Kurs zu halten hat. Seine Augen sind zwar zu, er schläft aber während der ganzen Reise so gut wie nicht. 1995 navigierten sechs haiwaiianische Kanus nach diesem Prinzip und voneinander unabhängig von ihrem Aloha-Staat zu den Marquesas und blieben alle auf fast identischen Kursen. Kursbestimmung mit geschlossenen Augen – ein ausgelernter und befahrener Kapitän europäischen Zuschnitts bekäme das Grausen.

»Der Mond ist gefallen«

Die so genannten »hilo hoku« oder »kilokilo«, die Meister der Navigation, durchstreiften den gesamten Pazifik auf der Suche nach neuen Siedlungsplätzen und waren gleichzeitig verantwortlich für das Wohlergehen ihres Volkes. Während westliche Segler für ihre Navigation den Tag bevorzugen, das berühmte Mittagsbesteck beispielsweise als Mutter aller astronomischen, nautischen Standortbestimmungen zugrunde legen, liebt der Südseenavigator die Nacht und ihre ihm vertrauten Sterne. Gut und gerne kennt er 200 bis 300 mit Namen. Er zählt den Tag erst von Sonnenuntergang an. Und fragen wir uns nach dem Schiffsort zu genau dieser Stunde, so hat er nur jenen des Ziels vor sich – Zeit spielt dabei keine herausragende Rolle. Heil über die unendlich scheinende Wasserwüste ankommen, das ist wichtig. Schon der berühmte englische Navigator Cook staunte über die Fähigkeit einiger Eingeborener an Bord, nach einem Blick auf die Sterne exakt auf weit entfernte Inseln und die Richtung hinzuweisen, in der sie liegen. Im gesamten pazifischen Raum der Vergangenheit gab es keinen Sonnen-, sondern nur einen Mondkalender. Und Huna, die Mondgöttin, spielte bis zur Christianisierung durch den weißen Mann eine dominierende Rolle in der Mythologie der pazifischen Völker. Ursprünglich bildeten sie sogar ein Matriarchat. Erst später – als Ergebnis der rauen Seefahrt – wechselte die Gesellschaft zum Patriarchat und zu einer Zweiklassengesellschaft. Das Wirken der Mondgöttin glaubten sie im Atem der Gezeiten zu erkennen.

Die geduldige Grundeinstellung zur Zeit prägt das ganze Leben Ozeaniens. Der Europäer dagegen hat, so definierte es einmal ein Farbiger, zu viele Uhren und keine Zeit. In der Südsee wird dies dem Reisenden aus den umtriebigen und lärmenden Gesellschaften der USA und Europas jäh bewusst. In Apia, der samoanischen Hauptstadt, beispielsweise herrscht noch heute die Atmosphäre einer europäischen Provinzkleinstadt aus dem Jahr 1900. Wenn die Town Clock schlägt, einer der wenigen Polizisten in blauem Hemd und mit weißem Tropenhelm auf dem Kopf den dünnen Verkehr um die Mittagsstunde überwacht, schlendern die Frauen mit Blüten im Haar zum Markt. In der Bar »Ottos Reef« oder im »Don't drink the Water« schlürfen die Männer in ihren Lawa-Lawa-Röcken Bier der Marke »Vailima« oder am Sonntag im Kawa-Club der Honoratioren auch mal aus Kokosnussschalen Kawa-Kawa, den berauschenden Trank aus den Wurzeln des Rauschpfefferstrauches. Die Barmaid am Pool des Hotels »Tusitala« nimmt den Gast am Tresen und seinen Wunsch nach einem Gin and Tonic nicht wahr, sie träumt vor sich hin, summt eine Melodie und blickt durch ihn hindurch. Plötzlich kommt sie wie aus einer Trance in die Wirklichkeit ihres Jobs zurück und fragt: »Sir, was wünschen Sie?« Sie anzuschreien könnte zur Folge haben, dass sie in Tränen ausbricht.

Die Könige Zentral- und Ostpolynesiens betrachteten sich stets als Nachkommen von »Haui«, dem Sohn der Mondgöttin. In Tonga trugen sie den Titel »Herr vom Monde«, im benachbarten Samoa wurde der Tod des jeweiligen Monarchen mit dem Satz »Der Mond ist gefallen« angekündigt. Interessant ist auch eine mögliche Verbindung aus kulturhistorischer Zeit zwischen Polynesien und Assam in Indien über das Vorhandensein von Stufenpyramiden. In Polynesien, etwa in Tahiti, werden sie allerdings gerade mal 13 Meter hoch. Auch sprachliche Ähnlichkeiten weisen auf ein solches Bindeglied hin. Der rechteckige Kultplatz der Polynesier heißt »Tohua«, jener von Assam »Tehuba«. »Mahal« ist die Liebe in Indien, »mahal« heißt in Tagalog, dem Hauptdialekt der Philippinen, ich liebe dich. Auch der Doppelrumpf stammt von der Coromandelküste des Indischen Ozeans. Wie der englische Bukanier William Dampier von seinen Fahrten in die Bucht von Bengalen um 1680 berichtete, nannten die dortigen Fischer vom Stamm der Paravas ihre seltsamen Auslegergefährte »Catamaran«, in der Tamilensprache »kattumaran«, »kattu« für anbinden und »maran« für Holzstamm. Auch sie unternahmen schon in früher Zeit ausgedehnte Fahrten und Eroberungszüge über die offene See bis in die indonesische Inselwelt. Und von Südostasien aus startete die Besiedlung der pazifischen Inselwelten. Europa hat diesen spannenden Teil der Menschheitsgeschichte lange ignoriert, ja zunächst nicht einmal davon gewusst.

Das mit den salzigen Wassern des Meeres auf Gedeih und Verderb verbundene Lebensgefühl, es existiert noch in der Celebes- und der Sulu-See, zwischen Pazifik und Indischem Ozean. Dort sind die muslimischen »Badjos«, die Seezigeuner mit ihren Familien, heute noch mit winzigen Booten, den »Lipas«, unterwegs. Sie haben keinen festen Wohnsitz und sind doch nicht heimatlos. Ein ganzes Leben verbringen sie auf dem Wasser und bestatten nur ihre Toten auf eigens dafür vorgesehenen Inselchen. Selbst Stürme vertreiben sie nicht an Land. Sie verstecken sich mit ihren Booten lieber im Dickicht der Mangrovenwälder. Das unterscheidet sie allerdings von den ursprünglichen polynesischen Seenomaden, deren Ziel es stets war, neue Räume zu erkunden und dann feste Siedlungen zu errichten.

Auch der Norweger Thor Heyerdahl mit seinem segelnden Balsafloß KONTIKI und einige spätere Epigonen seien in diesem Zusammenhang nicht vergessen. Der Archäologe wollte mit seinem Experiment 1947 beweisen, dass eine Besiedlung der Südsee von Südamerika aus mit den vorherrschenden Strömungen und steten Winden von Ost nach West erfolgt sein könnte. Aber auch der umgekehrte Beweis wurde bereits gegen den Wind abgesegelt. Wahrscheinlich erfolgte im Verlauf der Geschichte ein Austausch in beide Richtungen. Nach den Erkenntnissen der Anthropologen flossen die Hauptmigrationsströme jedoch von Westen nach Osten. Der deutsche Weltumsegler Klaus Hympendahl aus Düsseldorf segelte eine der möglichen Routen mit einem original nachgebauten kleinen Boot unter dem Rubrum »Lapita-Voyage« von den Philippinen aus nach. Dabei legte er 6.000 Kilometer zurück.

Inzwischen belegen auch DNA-Untersuchungen von Magenbakterien und (unabhängig davon) der Vergleich von mehr als tausend austronesischen Sprachen, dass die pazifischen Inseln in zwei Einwanderungswellen besiedelt wurden. Beide Forschergruppen kommen zu dem Ergebnis, dies müsse von Taiwan aus erfolgt sein. Die Forschungen lassen den Rückschluss zu, dass sich vor über 30.000 Jahren ein Bakterienstamm gespalten hat. Das kann – da er mit dem Menschen als Wirt reist – nur über Siedler erfolgt sein. Wie das Wissenschaftsblatt »Science« berichtete, sind demnach Emigranten mit den für sie spezifischen Bakterien vom eiszeitlichen »Sundaland« (geologischer Ursprung Palawans, der malayischen Halbinsel, Sumatras, Javas, Borneos und Balis) bis nach Neuguinea und Australien vorgedrungen. Ein anderer Stamm kam vor 5.000 Jahren von Taiwan aus über die Philippinen nach Polynesien und Neuseeland, nach »Aotearoa«, dem »Land der großen, weißen Wolke« in der Sprache der Maoris.

Funde der so genannten »Lapita-Keramik« deuten auf die zeitliche Abfolge der Besiedlungswelle hin. Die ältesten Keramikfunde wurden auf dem Bismarckarchipel, jüngere in

Samoa und Tonga, weitere in zeitlichem Abstand auf Neukaledonien gemacht. Die Forscher sprechen deshalb von der Lapita-Kultur. Deren Menschen probierten schon 2000 v. Chr. ihre »wagas« in melanesischen Gewässern aus. Sie hatten schließlich jenen Schiffstyp entwickelt, dessen hervorstechendes Kennzeichen außer dem Doppelrumpf geschnitzte Bug- und Heckfiguren, Mattensegel und eine große Wohn- und Transportplattform waren. Die für Europäer ungewöhnliche Segelform hat zwei Ursachen. Erstens nimmt die Stärke des Windes mit der Höhe über Deck zu und zweitens, das dürfte der entscheidende Punkt bei der Erfindung sein, herrscht im Pazifik eine hohe Dünung. Ein Segler im Wellental könnte mit dem bei uns geläufigen Bermudarigg (an der Mastspitze schmal und spitz, am Mastfuß ein lang ausgezogenes Dreieckssegel) nicht genug Wind fangen, um steuerfähig zu bleiben. Das polynesische Segel hingegen löffelt trotz der Abdeckung durch die Dünungswände den Wind oben ab. Vergleichbar im konstruktiven Gedanken ist das europäische Gaffelsegel, das bei kleinen Booten im Wellental wesentlich besser als das Bermudasegel abschneidet. Bei den Cumash-Indianern in Ventura County wurde ein für ihre Welt atypisches Kanu gefunden. Der Konstruktion nach weist es auf einen hawaiianischen Ursprung hin. Auch die asiatische Baumwolle, der Flaschenkürbis und andere Pflanzen belegen ihre Herkunft aus Asien. Die Süßkartoffel wiederum muss von Amerika in den Pazifik gelangt sein. Die französische Fotografin Milda Düker dokumentierte 2000 den Bau eines hochseetüchtigen Auslegerkanus auf der Insel Panaeati in Papua-Neuguinea. Es wurde von den Eingeborenen »waga enona« genannt. Sie veröffentlichte darüber das Buch »Salomon Blue«. Und der Autor David Lews beschreibt in seinem als Klassiker gefeierten Werk »We, the Navigators«, wie die polynesischen Seefahrer nach Sternen, Wolken und Strömungen die Meere erkundeten. Der neuseeländische Film »Whale-Rider« von 2000 schließlich vermittelt mit »märchenhaft-mystischem Charme« (»Filmecho«) das Feeling für jene spirituelle Welt, die die Völker Polynesiens durch die Jahrtausende begleitet hat. In ihm setzt sich ein zwölfjähriges Mädchen über traditionelle Maori-Riten hinweg und will trotzig wegen ihrer inneren Stärke als neues Stammesoberhaupt anerkannt werden, obwohl dies nur männlichen Erben vorbehalten ist. Der Film, ein gelungenes Emanzipationsstück, basiert auf der Maori-Legende, dass vor tausend Jahren der Urahn Paikea auf einem Wal reitend an die neuseeländische Küste kam und das Dorf Whangara gründete. Seitdem trägt das jeweilige Haupt des Stammes den Namen Paikea und vererbt ihn auf seine männlichen Nachfahren.

Bereits vor 3.000 bis 4.000 Jahren soll das Volk der Lapita, das der frühen Kultur seinen Namen gab und dessen einheitlicher Keramikstil von der Migrationsbewegung Zeugnis ablegt, von Südchina aus das übrige Südostasien besiedelt haben, ebenso Melanesien und Westpolynesien. Seine Abkömmlinge haben dann rund 1.000 Jahre später Hawaii, Neuseeland und die Osterinsel angesteuert. Ihre Ankunft leitete durch intensiv betriebene Jagd vielerorts ein Artensterben ein, etwa der großen Laufvögel, von denen heute nur noch wenige existieren, darunter der neuseeländische Wappenvogel Kiwi. Auch andere exotische Vogelarten wurden ausgerottet, um die schillernden Federkronen der Südsee-Häuptlinge herzustellen.

Die Zeit dieser großen Reisen und der Wanderbewegungen endete etwa um 1500 n. Chr. Sicher ist, dass die seeverbundenen Völkerschaften des Stillen Ozeans in der Geschichte der Menschheit die erste »Bluewater-Technologie« entwickelt haben, um das Wesen seegängiger Schiffe und über die dafür nötigen Konstruktionsmerkmale Bescheid wussten. Eine

Wiederbelebung dieser Traditionen ist in vollem Gange, in Auckland/Neuseeland und auf den Cook-Inseln wurden solche Boote von über 20 Metern Länge und mit Masthöhen von 13 Metern nach Plänen von den Tuamotu-Inseln nachgebaut. In Hawaii sind sie ohnehin zum Symbol wiedererwachten Traditionsbewusstseins geworden. Die antiken Langboote allerdings waren oft über 30 Meter lang und transportierten die Einwohnerschaft eines ganzen Dorfes.

Der deutsche Weltumsegler Burghard Pieske war von Tongas verstorbenem König, Topuo IV., dazu ausersehen, ein solches Boot mit dem Namen Kalia Millenium für eine große Südseereise auf den Spuren seines Volkes als Kapitän zu führen. Er traute seinen Leuten die nötigen navigatorischen Kenntnisse der frühen Polynesier nicht mehr zu. Das 30-Meter-Doppelrumpfboot wurde eigens für die Feier zur Jahrhundertwende von Bootsbauern aus dem hawaiianischen Honolulu gefertigt. Doch dann endete das Projekt nach mehreren Probefahrten kläglich, da sich der Regent deutsche Sponsoren erhofft hatte und seine Schatulle deswegen nicht weiter strapazieren wollte. Bis 2009 lag das Boot auseinander gebaut und ungenutzt im Hafen, bis ein Hotelbesitzer es für Touristenfahrten wieder restaurierte.

Und diese Rasse, die scheinbar aus dem Nichts kam, breitete sich über den gesamten Pazifik aus, entdeckte Neuseeland und okkupierte Hawaii, wurde auf der Osterinsel ebenso sesshaft wie auf Tahiti. Die antiken Seefahrer siedelten in Samoa und auf dem tongaischen Archipel, ließen sich auf kleinen Ringatollen wie Tokelau oder großen Inselbögen nieder, wie Neukaledonien, das von der größten Lagune der Erde umkränzt ist.

So erfüllten sie mit ihrer beispiellosen Völkerwanderung auf Booten in einem Zeitraum von 2.500 Jahren Zug um Zug einen Seeraum mit menschlichem Leben, der ein Drittel der Erde bedeckt: Ozeanien, die Südsee, den wassergetragenen Kontinent voller Inseln, Geheimnisse und von einer zeitlos wirkenden Weite bestimmt, die Unrast in Frieden wandelt. Und wenn auch heute noch wie in den alten Zeiten dumpf das Muschelhorn tönt, schwindet die Hektik der lärmenden Zeit im glühenden Leuchten eines unvergleichlichen Abendrots, dem Duft exotischer Blüten und den melodischen Gesängen aus den Hütten dahin. Und die Besucher stellen sich unwillkürlich die peinigende Frage, welches nun das bessere Leben sei.

»Hawaiki«, aus dem sie einst – so will es die Überlieferung – mit vierzig Booten ausgezogen waren und »Aotearoa« für sich besetzten, bleibt im Nebel der Geschichte verschwunden. Es lebt nur als Mythos weiter und vermittelt den Maoris ihre Identität, verbindet sie mit ihren Wurzeln. Immerhin gibt es zu »Hawaiki« Namensbezüge in der Bezeichnung »Hawaii« im Nordosten des so genannten polynesischen Dreiecks und für die größte samoanische Insel »Savaii« im Herzen des Stillen Ozeans, die die Samoaner selbst als die Wiege der polynesischen Kultur bezeichnen. Mit dem Eindringen der Kolonialherren, die zum Teil die weiten Reisen in den einheimischen Kanus untersagten, um die Kontrolle über den Handel zwischen den Inseln in der Hand zu behalten, denaturierten sie die polynesische Welt dramatisch. Seefahrer und Walfänger, Kaufleute und Plantagenunternehmer sowie einer Vielzahl von Missionaren aller Glaubensrichtungen und Sekten taten ein Übriges. Die so veränderte Gesellschaft bürdet ihren einheimischen Bewohnern, die wie in Hawaii sogar in die Minderheit abgedrängt wurden, allerhand Probleme auf. So hatte beispielsweise Samoa in den achtziger Jahren die weltweit höchste Selbstmordrate unter Jugendlichen. Der inzwischen verstorbene deutsche Arzt, Dr. Thieme, ein Emigrant aus Nazideutschland, hatte in den achtziger Jahren die Aufgabe, diesen Trend, sich selbst (meist mit Insektenmitteln) grausam zu töten, zu untersuchen und möglichst zu stoppen. Sein Fazit: Rundfunk, Videos und Fernsehen gaukelten eine andere Welt in die Hütten, stellten das überkommene Mathai-System der Häuptlingsherrschaft und Besitzlosigkeit in den Dörfern zugunsten der Allgemeinheit infrage und machten die Jugend orientierungslos zwischen den Welten der Tradition und jenen der materiellen Neuzeit.

Der Polynesier ist nicht nur sehr musikalisch, er gilt auch als sehr empfindsam, und es soll vorkommen, dass junge Frauen vor Gram und Trennungsschmerz sterben, wenn ihre Ehemänner einen Auslandsjob in Kalifornien oder Neuseeland annehmen oder als Seeleute lange abwesend sind. Vieles wurde von den naturentfremdeten, aber natursüchtigen Europäern falsch verstanden, missinterpretiert und mit eigenen Sehnsüchten erfüllt. So machte der Deutsche August Engelhardt Reklame für ein Naturleben in völliger Nacktheit und mit freier Liebe sowie der Ernährung nur von der Kokosnuss. Es gelang dem Apothekerlehrling aus Nürnberg, eine kleine Kommune Gleichgesinnter in der Südsee um sich zu scharen.

»Städte sind Felsengrabanlagen, Friedhöfe des Glücks gegen mein palmengeschmücktes, ozeanumbraustes, sonnendurchglühtes Paradies«, schwärmte Engelhardt, Deutschlands erster »Hippie« 1904 auf einer Postkarte aus Kakabon, einem kleinen Eiland des Bismarck-Archipels im damaligen deutschen Kolonialreich. Die Bewegung, die ihn inspirierte, hieß in den USA »Kokovorismus«, wobei der »Kokovore« alles Gute aus der Sonne empfängt. Die Kokosnuss sei gewissermaßen der Stein des Weisen, die Frucht der Sonne. Doch Malaria und Mangelkrankheiten bereiteten den verträumten Kokovoristen ein baldiges und schreckliches Ende. Die polygame Struktur der Sonnenanbeter tat ein Übriges. Es kam zu Streitigkeiten und sogar zu Mord. Innerhalb weniger Jahre starben fünf Kokosjünglinge, Engelhardt selbst 1919 an völliger Entkräftung. Wieder ging ein falscher und überromantisierter Traum vom Südseeleben schmählich zu Ende.

Eine von der übrigen Südsee getrennte Herkunftsgeschichte haben die australischen Ureinwohner, die Aborigines, ein über Jahrtausende nomadisches Volk von Jägern und Sammlern. Sie gelten als Nachfahren einer ersten Besiedlungswelle aus Afrika vor 100.000 bis 130.000 Jahren. Ihre Ahnen hangelten sich wahrscheinlich an den Küsten Südostasiens entlang und setzten dann auf Einbäumen nach Australien über. Als Datum werden die Jahre 40.000 bis 50.000 v. Chr. genannt. Die ältesten gefundenen Gebeine des so genannten Mungo-Mannes werden auf 40.000 v. Chr. datiert. Eine genetische Verwandtschaft lässt sich allerdings mit Papuavölkern in den Bergen Neuguineas sowie der indischen Gruppe der Veddas feststellen. Die Aborigines setzen sich zudem aus einer zweiten afrikanischen Einwanderungswelle nach dem Ausbruch des Tambora-Vulkans in Indonesien zusammen.

Zwischenzeitlich gab es Berührungen mit Seefahrern, die beispielsweise den hundeähnlichen Dingo vor rund 4.000 Jahren mitbrachten. Lediglich Tasmanien blieb nach dem Absinken der Landbrücke die ganze Zeit isoliert.

Der erste Europäer, den die Aborigines erblickten, war 1616 der Holländer Willem Jansz. Die britische Kolonisation, die Australien zeitweise zu einer Strafkolonie Englands machte und das Land mit Schwerverbrechern besiedelte, begann 1788 mit der Ankunft der »First Fleet« in der Botany Bay. Doch bald sank die Anzahl der Eingeborenen aufgrund eingeschleppter Krankheiten wie Influenza, einer Pockenepidemie und von Geschlechtskrankheiten sowie durch kriegerische Auseinandersetzungen um Land von 300.000 bis zu einer Million auf 60.000 ab. Heute ist sie wieder bei etwa 460.000 angelangt. Bis zum Beginn des 20. Jahrhunderts hatten die Aborigines unter steten Diskriminierungen zu leiden. Sie wurden in Reservate verbannt, sollten ihr naturnahes Nomadenleben aufgeben. Ihre Kinder wurden ihnen weggenommen und in weiße Familien integriert, ihre Löhne zum Teil einbehalten. Erst 1997 setzte sich die Nation durch die Einrichtung eines nationalen »Sorry Tages« mit dem Thema der so genannten »Gestohlenen Generation« auseinander. Das Thema der »Gestohlenen Löhne« und eventueller Entschädigungen wird gegenwärtig noch diskutiert. Die Sensibilisierung des weltpolitischen Klimas solchen Fragen gegenüber ermutigte die Aborigines dazu, politisch für ihre Bürgerrechte zu kämpfen. Der »Racial Discrimination Act« von 1975 stellte sie endlich mit den weißen Eroberern in allen Rechten gleich. Die lange Zeit der Unterdrückung, die auf der einen Seite eine eigene Aborigines-Kunst schuf, warf auf der anderen Seite ihre langen Schatten bis in die Gegenwart: Alkoholsucht, häusliche Gewalt, höhere Sterblichkeitsrate als bei den Weißen sind einige der Folgen, mit denen die australische Gesellschaft zu kämpfen hat.

Die enge Verbindung mit den Gewalten des Meeres zeigt sich auch im überlieferten Götterglauben der Pazifikbewohner und Anrainer des Weltmeeres auf beiden Seiten seiner Ufer. Es gibt kaum andere Völker, die so viele Seegottheiten fürchten und verehren, wie die Polynesier und die Japaner. Die See spielte neben der vulkanischen Kraft aus der Tiefe eine alles dominierende Rolle. Der ozeanische Gott Tangaroa und die Feuergöttin Pele beherrschten deshalb das Denken der Südseebewohner. Die mächtigen Zyklone und Taifune mit ihren haushohen Wogen fordern Ehrfurcht ein. Ganze Atolle werden überflutet. Gläsern grün und schäumend steigen die Seen über die schützenden Riffe in die Lagunen und fegen ganze Dörfer hinweg. Pele speit feurige Lavazungen und treibt neue Vulkane aus den Tiefen des Meeres. In ihren zerbrechlichen Booten fühlten sich die Menschen ganz der Gnade der Götter anheimgegeben. Tangaroa, bei den Maoris Neuseelands auch Takaroa, bei den Tongaern Tagaloa genannt, ist nach der Mythologie der Sohn des göttlichen Ehepaares Rangi und Papa. Tawhirimatea, der Erzeuger der Stürme, gilt als sein Bruder. Eine Vielzahl anderer Göttinnen und Götter stehen für sanfte Brisen, steife Winde und Stürme, für guten Fischfang und stete Passate umgibt sie Afa, ein samoanischer Sturmgott, Apu Hau in Hawaii. Ara Tiotu erzeugt die Windhosen, Fa'atiu gilt ebenfalls als Windgott, Awha der Marois lehrt das Fürchten vor den Gewalten des Windes und der Fischgott Apu-Ko-Hai regiert rund um die Mangaia-Inseln. Aremata-Popoa und Aremata-Rorurua sind Meeresdämonen, Hanui-o-Rangi wird auf Hawaii verehrt, Pahuanui ist der Seedämon Tahitis, Namak, die Schwester von Pele, zählt ebenfalls zu den Hoheiten der See. Als bezirzende Seegöttin gilt Tara.

Auch Inkas, Mayas und Azteken beteten Seegötter an, von denen einer bis heute am Leben ist: der einbeinige Mayagott Hurakan, in dem meteorologischen Begriff Hurrikan verewigt. Der für europäische Zungen schier unaussprechliche Acuecucyoticihuatit war der Aztekengott des Ozeans, Atlacamani jener der Stürme und Cipacctli galt als Seemonster und bedrohte jene kühnen Menschen, die sich aufs offene Meer wagten. Mama Cocha nannte sich die Inkagöttin der Seefahrer und Fischer, die mit Balsaflößen und Schilfbooten den Pazifik befuhren. Die Inuits im Norden, in Alaska, verehren bis heute die Seegöttin Sedna und fürchten Aipalovik und seinen Vandalismus. Ein anderer Mächtiger des Meeres ist Nerrivik, Akhlut wird von den Anwohnern der Beringstraße ein Wesen genannt, das halb als Wal, halb als Wolf das Meer bewohnt. Sisiute ist eine gewaltige Seeschlange, die den nativen Küstenbewohnern an Amerikas Westküste auflauert. Und selbst die Navajo-Indianer sprechen von Navjo, dem König der Ozeane.

Auf der gegenüberliegenden Seite des Ozeans ängstigen sich Japans Seeleute vor Kamikaze, dem Sturmgott. Susanowa ist ein weiterer Herr des Sturmes, Fujin jener der Winde, Fundana die Göttin der Bootsleute, Haja-Ji der Beherrscher der Tornados, Ninyo eine gefährlich bezaubernde Seefrau. Eine besondere Rolle spielt Ryujin, der Drachengott. Er bewohnt am Grunde des Meeres einen riesigen Palast mit Sommer- und Winterhalle und besitzt die magischen Tidal-Juwelen, mit denen sich Ebbe und Flut rufen lassen. Siutengi ist ein Kindgott des Meeres, Susanowa, Ryo-Wo sowie Watatsumi und Owatatsumi fungieren als weitere Meeresgötter. Und dann ist da noch die grässliche Seeschlange Yofume, die jeden 13. Juni die Opferung einer Jungfrau einforderte. Koreaner, Chinesen, Vietnamesen, sie alle haben ebenfalls eine stattliche Zahl an Gottheiten des Meeres. Auf der indonesischen Trauminsel Bali steht auf dem vorgelagerten Inselchen Tamak Lot Bali ein pittoresker Tempel zu Ehren der Meeresgottheiten.

Christliche oder andere Religionen hin oder her, die alten Götter spielen noch immer eine Rolle im Bewusstsein dieser vom Meer umschlungenen Menschen. Den Respekt vor der See haben sie nie verloren, zu dicht sitzt sie ihnen auf der Haut.

Kapitel 4

Blutbad für Lampenöl und Dynamit

Mit einem weißen, unbequemen Rüschenkragen bis hoch zu den Ohren stand Anno Domini 1577 Sir Francis Drake in reichlich bestickter Höflingsmontur vor seiner Königin, Elisabeth I. von England. Die Monarchin, wegen ihrer Ehelosigkeit die »jungfräuliche Königin« genannt, erteilte ihrem Vizeadmiral unter strikter Geheimhaltung den Auftrag, die amerikanische Pazifikküste entlangzusegeln und diese für die englische Krone zu erkunden. Denn die Briten schickten sich insgeheim an, der spanischen Weltherrschaft die Stirn zu bieten und sich selbst zur globalen See- und Kolonialmacht aufzuschwingen. Bei dieser Gelegenheit gelte es, vertraute ihm die raffgierige Regentin an, möglichst viele, reich mit Gold und anderen Schätzen beladene spanische Schatzschiffe zu kapern – nacktes Freibeutertum als Regierungsdekret.

Die Ausstattung von Kapitänen mit geheimen Kaperbriefen sollte Überfälle und das Morden auf hoher See scheinbar legalisieren. Es war die Geburtsstunde der so genannten »Privateers«, der Kaperkapitäne und Freibeuter, die auf eigene Rechnung, aber mit Rückendeckung ihrer Landesherren die Schiffe anderer Nationen jagten, als Prisen nahmen und zum großen Teil auf eigene Rechnung fette Beute machten, natürlich nicht, ohne der schützenden Krone einen kräftigen Obolus zu entrichten.

Die Reise Drakes war offiziell als Expedition nach Alexandria in Ägypten getarnt, um die Spanier im Dunkeln zu lassen. Finanziert wurde sie von britischen Edlen und Privatleuten, die sich hohen Gewinn aus den erbeuteten iberischen Goldschätzen versprachen. Für seine Landsleute war Drake ein gefeierter Seeheld, der später im Englischen Kanal entscheidend zum Sieg über die mächtige spanische Armada beitrug. Den Spaniern dagegen galt er als wüster Pirat, als Teufel und Schreckgespenst der Sieben Meere. Sie verliehen ihm den Furcht einflößenden Übernamen »El Dragon«.

Der englische Drachen machte sich nach Order der Majestät sofort mit seinem Flaggschiff PELIKAN (später in GOLDEN HIND, die »Goldene Hirschkuh«, umbenannt) und vier anderen Seglern auf die Reise und umrundete Südamerika 1578 durch die berüchtigte Magellanstraße.

Schwere Stürme schüttelten die kleine Flottille, und so kam es dem Vizeadmiral sehr gelegen, dass er vor der chilenischen Küste eine kleine, ihm bislang unbekannte Insel anlaufen konnte, um Frischwasser und Proviant zu bunkern. Beim Landgang auf dieses liebliche, üppig bewaldete Eiland wurde die Expedition von Eingeborenen zunächst freundlich begrüßt. Doch schon bald erlebten er und seine Männer eine böse Überraschung: Hunderte von Kriegern vom Stamm der Lafkenches, eine Untergliederung der chilenischen Mapuche, brachen aus dem Unterholz und stürzten sich brüllend auf das Landungsboot der Engländer. Sie trieben die Truppe in die Flucht, töteten zwei Mann und verwundeten den Seehelden Drake. Ein Pfeil drang ihm unterhalb des Auges in den Kopf. Das hinderte ihn nach seiner Genesung allerdings nicht, spanische Schiffe, die sich im Pazifik sicher glaubten, weisungsgemäß zu plündern, als Beute, so genannte Prisen, zu nehmen oder zu versenken und später als zweiter Seefahrer der Welt nach Magellans Truppe ruhmreich den Globus zu umsegeln.

Das kleine Eiland seiner schmachvollen Niederlage, die Isla Mocha, erst 1544 von dem Italiener Juan Bautista Pastene im Dienst seiner spanischen Majestäten entdeckt, versank wieder im Rauch der Geschichte. Doch dann wurde »Amuche« (Auferstehung der Seelen in der Sprache der Ureinwohner) hundert Jahre später von Piraten wie Jim Hawkins, Simón de Cordobés, Joris van Spilbergen und Olivier van Noorth als Versteck genutzt. Die aufmüpfigen Einwohner waren 1658 von den Spaniern kurzerhand aufs Festland zwangsumgesiedelt worden, weil sie sich den Hidalgos partout nicht fügen mochten. 160 Jahre blieb die Idylle unbewohnt, ein ideales Versteck für die Korsaren, die sich von der Karibik aus längst auch im Pazifik auf Beutezüge wagten.

Kaum jemand sonst wusste etwas von der Existenz dieser an sich unbedeutenden Insel, die um 1850 langsam von Chilenen neu besiedelt wurde und wegen ihres ganzjährigen Durchschnittsklimas von zwölf Grad angenehme Konditionen bietet. 102 Vogelarten zwitschern, pfeifen und trällern in den üppigen Wäldern. Benachbarte kleine Inseln, wie die »Isla de los Pájaros«, werden von Robben und Seelöwen bevölkert. Das Festland ist nur 38 Kilometer entfernt und wird von Tirua angeflogen oder per Boot erreicht – heute ein Geheimtipp und eine Perle des Ökotourismus auf der Suche nach einer heilen Welt.

In der großen Zeit des pazifischen Walfangs tauchte der Name dieser nur 36 Quadratkilometer großen länglichen Insel erneut in den Annalen der Seefahrt auf und machte die »Isla Mocha« unter maritimen Kennern weltbekannt. Heute ist der Felskegel im Meer von etwa 800 Menschen bewohnt und wird vorwiegend von Wanderern, Tauchern und Seglern besucht. Rund hundert Schiffe sollen im Verlauf der letzten zwei Jahrhunderte dort gesunken sein, und manche der heutigen Bewohner glauben felsenfest, dass aus den wilden Zeiten der Piraten auf ihrem Eiland noch irgendwo ein Goldschatz versteckt sein müsse. Nur gefunden hat ihn noch keiner.

Die unergründlichen tiefblauen Gewässer rund um die Isla Mocha bergen indes Schätze ganz anderer Art: Sie sind reich an Meeresgetier, darunter große Kalmare. Und die wiederum gelten als Lieblingsspeise der Pottwale, von denen in diesen frühen Zeiten der Entdecker noch rund 1,5 Millionen Tiere den Stillen Ozean als ihr angestammtes Revier betrachteten. Sie legten in großen Herden auf ihren Wanderungen Tausende von Kilometern zurück und auf dem Weg zum Kap Hoorn und in den Atlantik nutzten sie Mochas Gewässer als willkommenes Nahrungsreservat. Im Jahr 1810 schließlich bildete das chilenische Inselchen den Grundstein für ein Meisterwerk der Weltliteratur, den dramatischen Roman über den von Hass besessenen und auf einem Walfischknochen als Beinersatz hinkenden Kapitän Ahab und seinen erbitterten Kampf mit »Moby Dick«, dem sagenhaften weißen Riesenwal.

Natürlich hatten die Kapitäne der großen Walfangflotten schnell herausgefunden, dass sich die chilenischen Gewässer jener Gegend als ergiebige Jagdgebiete anboten. Der kühle

Humboldtstrom vor der Küste schuf eine Vielfalt maritimen Lebens, eine schier unerschöpfliche Futterquelle wiederum für große maritime Räuber wie den Pottwal. Und da geschah es dann 1810, dass aus einer schäumenden Woge von aufspritzendem Wasser ein gigantischer männlicher Pottwal neben einem Fangboot auftauchte und es sofort attackierte. In Sekundenschnelle verwandelte er das Gefährt mit seinem Ehrfurcht heischenden Gebiss und den malmenden Kieferknochen zu einem treibenden Trümmerhaufen aus Planken, Segeltuch und wild um ihr Leben strampelnden Menschen. Einen solchen Wal hatten selbst die verwegensten Gesellen unter ihnen in ihrer langen Karriere als Walfänger noch nie zuvor erblickt. Von Zeitzeugen wird er als weißer Riese von weit mehr als zwanzig Meter Länge beschrieben. Ein gewöhnlicher Pottwal hingegen wird im ausgewachsenen Alter im Schnitt nur etwa 17 Meter lang.

Doch nicht alleine die imposante Länge dieser wild gewordenen Kampfmaschine aus Fleisch, Speck und Blut faszinierten die Überlebenden seiner Massaker, es war ihr außergewöhnliches Aussehen. Während die meisten Artgenossen eher bräunlich getönt sind, schimmerte der gewaltige Rücken dieses Monsters in einem hellen Grau. Seinen mächtigen Schädel zierte quer über den Kopf eine zweieinhalb Meter lange weiße Narbe, vermutlich Zeugnis eines seiner Diadochenkämpfe in der Tiefsee gegen Riesenkraken, Haie und dem Menschen vielleicht bis heute nicht bekannte Ungeheuer. Seine Augen blitzten böse und angriffslustig, erschienen den Jägern wie eine Verkörperung des Bösen schlechthin – ein fleischgewordener Rächer der von ihnen aus Profitgier gejagten Kreatur.

Und das war dieser schwimmende Heroe in der Tat. Irgendeine Harpune in der Vergangenheit musste ihm solche Verletzungen beigebracht haben, dass er von Stund an Boote und Schiffe als den Inbegriff tödlicher Gefahr erkannte, in seinem Gehirn speicherte und sofort attackierte, wenn er ihrer ansichtig wurde. Einige Biologen vermuten, dass »Mocha« ein Albino war, eine rare pigmentbedingte Erscheinung im Tierreich. Und erst jetzt wurde wieder ein solches Exemplar im Pazifik gesichtet. Diesmal ist es ein Buckelwal. Seit 1991, zuletzt im Sommer 2009, kreuzt er regelmäßig vor der australischen Küste auf. Das stolze Tier trägt den Namen Minoloo, was in der Sprache der Eingeborenen so viel wie »weißer Bursche« heißt. Seine einzige Untat bisher: Beim Auftauchen zertrümmerte er aus Versehen einen segelnden Katamaran. Doch das seltene schneeweiße Tier vermittelt auch in unserer Zeit die Vorstellung, wie »Mocha« auf seine abergläubischen Zeitgenossen gewirkt haben muss. Sie sahen im Wal ohnehin die Verkörperung des Bösen und konnten sich dabei auf entsprechende Bibelzitate stützen.

Und im Handumdrehen hatte der weißgraue Killerwal aus der großen Epoche des pazifischen Walfangs in der maritimen Szene seinen Namen »Mocha Dick« weg, benannt nach der kleinen »Isla Mocha«. Von nun an wurde der »weiße Wal« als fast übernatürliches, mystisches Wesen schon zu Lebzeiten Legende. In den Hafenkneipen von Iquique, Antofogasta und Valparaiso in Chile, über die Bars und Bordelle in Hawaii bis hin nach Yokohama auf der gegenüberliegenden Seite des Stillen Ozeans erzählten sich die Seeleute bei Bier und Rum wahre Schauergeschichten, statteten den Bösewicht mit übersinnlichen Kräften aus. In ihrem Seemannsgarn paarten sich Wirklichkeit und Fantasie. Und der Wunsch, dieses Monster im Triumph zu erlegen, nistete sich in den Köpfen der Kapitäne ein. Das waren in jener Zeit oft noch junge Leute. Mit ihrer Tollkühnheit und ihren Kenntnissen hatten sie sich schon vor Erreichen des dreißigsten Lebensjahres in den Rang eines Schiffsführers hochgerempelt.

Die eifernden Priester und Missionare jedweder Sekte, die in ihrem Gefolge in wahren Schwärmen über die Inseln des Stillen Ozeans herfielen, wurden nicht müde, von den Kanzeln die biblische Legende von Jonas und dem Walfisch zu zitieren. Denn in jenen Zeiten wurde der Wal noch zu den Fischen gezählt, lebte er doch im Wasser, hatte Flossen und bewegte sich wie ein Fisch, auch wenn er nicht mit Kiemen, sondern mit Lungen atmete. Erst langsam näherte sich die Wissenschaft im 19. Jahrhundert anhand des Studiums fossiler Skelette der Erkenntnis, dass es sich um ein vor sechzig Millionen Jahren ins Meer zurückgekehrtes Säugetier handelt und somit wie die ganze Walgattung der Delfine dem Menschen näher steht als irgendein ein anderes Meereswesen.

»Mocha« jedenfalls passte so richtig in diese Aufbruchszeit verwegener Abenteurer und Vaganten in einer heute als heroisch bezeichneten Epoche der christlichen Seefahrt. Die Glücksritter, oft von Walfängern desertierte Matrosen, schickten sich an, nach dem Zauber der karibischen Inseln den für ihr atlantisches Denken ungeheuren und noch kaum erforschten Stillen Ozean zu erobern. Mit seinen Zyklonen, Tsunamis (1960 wurde zum Beispiel die »Isla Mocha« von einer 25 Meter hohen Erdbebenwelle heimgesucht) stellte er eine neue Herausforderung dar. Die Seeleute auf den Fangschiffen kämpften mit den Stürmen und haushohen Wellen der »Roaring Fourties«, der »brüllenden Vierziger«, und mit den Orkanen der »kreischenden Sechziger«, wurden bleich beim Anblick gewaltiger Eismassen in den arktischen Regionen ihrer Fangreviere und genossen den Aufenthalt auf den äquatorialen, palmengesäumten Inselidyllen samt ihrer barbusigen Schönheiten.

Es war eine besondere Zunft, und sie wird eindrucksvoll in dem Roman »Moby Dick« des schreibenden Seemannes Hermann Melville geschildert. »Mocha Dick« inspirierte Melville schließlich zu seiner Romanlegende. Das von der Kritik zunächst übel als Gossenliteratur verrissene Werk stieg nach dem einsamen Tod des Schriftstellers 1819 in New York zur Weltliteratur auf. Es wurde fünfmal verfilmt und erlaubt einen ungeschönten und authentischen Blick auf das Leben dieser Männer in den Weiten des Pazifiks. Melville war selbst auf einem Walfänger gefahren, desertierte und lebte eine Zeit lang auf den Marquesasinseln, später auf Tahiti, wo er inhaftiert wurde, aber fliehen konnte.

Die lebende Romanvorlage »Mocha« jedenfalls wurde mit der Zeit immer kühner. Von 1840 an, dreißig Jahre nach seiner ersten Sichtung, reiht sich eine »Schreckenstat« an die andere. Das belegt das Studium der Logbücher, Zeugenaussagen und Schriften aus jener Zeit. Der Riesenwal attackierte nicht mehr nur die Fangboote, er griff die Schiffe selbst an. Offensichtlich hatte der Leviathan gelernt, dass sie der Herd des Übels sind, von dem aus auch die bösen Harpuniere zu Wasser gelassen werden.

So segelte im Juli 1840 die englische Brigg Desmond, ein zweimastiger Segler mit Volltakelung, im küstennahen Bereich, rund 190 Kilometer vor Valparaiso. »Er bläst, er bläst«, schrie der Ausguck, und die Mannschaft stürzte an die Schanz. Gut zwei Meilen entfernt war ein ungewöhnlich großer Pottwal aufgetaucht, der größte, den jeder von ihnen je erblickt hatte. Natürlich wollte sich der Kapitän einen solchen, hohen Gewinn versprechenden »Leckerbissen« nicht entgehen lassen und gab sofort Order, zwei Fangboote auszusetzen und die Jagd zu eröffnen. Das erhoffte Beutetier jedoch erwies sich als zäher Brocken. Als sich die Jäger dem Wal näherten, ging er sofort zur Attacke über. Der Riese rammte mit rascher Fahrt das erste Boot frontal, griff sich mit seinem gigantischen Maul das zweite und zerknackte es zwischen seinen Kiefern zu Kleinholz. Dann tauchte er ab. Nun bemühten sich die Überlebenden des ersten Nachens um die ins Wasser geschleuderten Kameraden. Und just in diesem Augenblick rammte der wieder auftauchende Wal das Boot erneut, diesmal von unten. Die Besatzung wurde wie ein Haufen Kirschkerne in die Luft gespuckt. Dem Kapitän der DESMOND, die sich inzwischen dem Unglücksort genähert hatte, gelang es, seine Leute aufzufischen. Doch zwei Mann waren und blieben verschwunden, der bösartige Angreifer hatte sie verschlungen. Alle berichteten später einhellig, dass der Riese durch eine mächtige weiße Narbe quer über den Kopf gekennzeichnet war. Es handelte sich ohne Zweifel um den inzwischen bereits legendären »Mocha Dick«.

Die DESMOND blieb nicht das einzige Schiff, das bei der chilenischen Insel, dem geheimen Versteck dieses einzelgängerischen Männchens, Fangboote und Männer an den schwimmenden Rammbock verlor. Neben all seiner Kampfeskraft und manchmal blinden Wut zeigte »Mocha« indes geradezu »menschliche« Gefühle, wenn es um Artgenossen ging. Mit Erstaunen registrierte die Besatzung der russischen Bark SEREPTA rund 450 Seemeilen südlicher, wie der weiße Wal am Kadaver eines Kollegen, offensichtlich ein Einzelgänger wie er selbst, Totenwache hielt. Als sie schließlich davonsegelten, strich »Mocha« noch immer um den leblosen Kameraden herum. Zuvor allerdings hatte er die Boote des Schiffes aufs Korn genommen, wie um den Tod seines Freundes zu rächen. Das erste der Fangboote drängte er vom Mutterschiff ab und zertrümmerte es völlig. Dann wandte er sich dem zweiten zu. Dessen Steuermann gelang es geistesgegenwärtig, sich hinter den toten Körper des bereits erlegten Wales zu manövrieren, bevor seine Nussschale von dem wütenden Wal auf die »Hörner« genommen werden konnte. Die Crew der SEREPTA hievte die völlig verstörten Männer schließlich an Bord und machte sich eilends davon. Ob »Mocha« wohl darüber triumphiert hat? Es ist anzunehmen.

Auch das britische Walfangschiff JOHN DAY aus dem südostenglischen Bristol machte ein halbes Jahr später unliebsame Bekanntschaft mit dem Einzelkämpfer, diesmal im Atlantik. Die JOHN DAY dümpelte in der hohen Dünung vor den Falklandinseln und war gerade daran, einen zerlegten Wal aufzubereiten. Die Trankessel kochten. Da schrie einer aus der Crew auf. Nur hundert Meter entfernt schoss »Mocha« aus dem Wasser und blies. Sofort wurden drei Boote zu Wasser gelassen. Als habe er darauf gewartet, hielt der Killer mit voller Kraft darauf zu, verfehlte sein Ziel aber im ersten Anlauf. Der Steuermann in einem der Boote jagte ihm sogar beim Passieren eine Harpune in den Leib. Der weiße Riese tauchte daraufhin sofort ab, die Leine straffte sich. Doch ein »Mocha Dick« gibt sich so leicht nicht geschlagen. Er schnellte erneut nach oben und schleppte das Boot mit rauschender Fahrt hinter sich her. Dann drehte er geschickt und pflügte auf die Unglücklichen zu. Der Wal rammte sie von der Seite und wälzte seine ganze Masse über das Boot. Dann zerschlug er es mit seiner gewaltigen peitschenden Schwanzflosse in Stücke. Zwei Seeleute fanden den nassen Tod. Nun legte sich der listenreiche Kämpfer auf die Lauer. Als einer der Männer die jetzt lose im Wasser treibende Leine der Harpune aufgreifen konnte, bekam »Mocha« einen erneuten Wutanfall, hielt auf seine Gegner zu und zertrümmerte den Boden des Gefährts. Die Matrosen wurden wie Spielbälle durch die Luft gewirbelt und »Mocha« machte sich triumphierend davon.

Er lernte den Berichten nach mit jeder neuen Attacke dazu. Bereits im Oktober 1842 griff er – ohne dass ihn ein Fangboot provoziert hatte – ein Handelsschiff direkt an. Es war ein Schoner mit einer Ladung Holz auf dem Weg zur japanischen Küste. »Mocha« donnerte mit seinem breiten Schädel und mit voller Kraft in das Heck des Schiffes, drückte es vollständig ein. Das Seewasser schoss ungehindert in den Rumpf. Unter normalen Umständen wäre der Schoner sofort untergegangen. Doch seine Holzladung rettete ihn, er schwamm deswegen weiter auf. Der Kapitän versuchte, mit allen Männern an den Pumpen, seine Reise fortzusetzen, um möglichst irgendwo in Landnähe zu geraten. »Mocha« war unterdes verschwunden, er schien mit seinem Werk zufrieden.

Es dauerte zum Glück für die bis zur Erschöpfung pumpende Mannschaft nicht lange, da kreuzten drei Walfänger auf, die britische DUDLEY, die CRIEFF aus Glasgow und die YANKEE aus New Bedford. Sie nahmen die Havaristen auf, denn die mussten inzwischen einsehen, dass ihr Schiff trotz aller verzweifelten Bemühungen nicht mehr zu retten war. Die drei erfahrenen Kapitäne der »Whaler« hörten nun staunend von der überraschenden Attacke des Riesen mit der Narbe auf der Stirn und beratschlagten sofort, wie sie den Teufelswal stellen könnten. Sie brauchten nicht lange zu warten. »Mocha Dick« tauchte gegen den Wind ungefähr eine Meile entfernt von selbst vor der Flottille auf. Sofort wurden die Fangboote abgefiert, sechs an der Zahl. Ein gefundenes Fressen für den kampfesmutigen Meeresbewohner oder eine tödliche Gefahr? Er verschwand jedenfalls erst einmal erneut in der dunklen Tiefe und blieb gute zwanzig Minuten verschwunden. Die Männer lauerten angespannt, ihre so genannten »einflügeligen Bartharpunen« wurfgewohnt in der Hand und die Stoßlanze zum finalen Stoß griffbereit. Irgendwann müsste das Tier wieder hochkommen, um Luft zu tanken. Und tatsächlich, »Mocha« schwamm erneut an die Oberfläche. Weithin leuchtete sein weißer Buckel. Sofort ergriffen die Jäger ihre Chance. Einem der Männer gelang es tatsächlich, mit einem kräftigen Wurf den Wal direkt hinter dem Kopf zu harpunieren.

Was nun allerdings geschah, ging wie das Trojanische Pferd aus der Historie der Hellenen in die Annalen des Walfangs ein. »Mocha Dick« stieß einen mächtigen Blasstrahl aus. Es klang, so berichteten die Männer später, wie das tiefe Aufstöhnen eines Schwerverletzten. Die Schwanzflosse schlug immer langsamer aufs Wasser und fiel schließlich träge mit einem letzten Klatschen ganz herab. Dann bewegte sich nichts mehr. Der von vielen gejagte und gefürchtete Teufel des Meeres, der weiße Wal, schien endlich besiegt. Die Jäger warteten trotz ihres Triumphgefühls zur Vorsicht geschlagene fünf Minuten. Dann erst pirschten sich ihre Boote an den treibenden Koloss heran. Und, siehe da, plötzlich kam Leben in die Leiche. Der listen- und tückenreiche Bursche hatte sich tot gestellt. Er zerschlug sofort mit unbändiger Kraft ein Boot der CRIEFF, schleppte dabei das Boot der YANKEE hinter sich her und nahm ein Boot der DUDLEY ins Visier. Er verfehlte es. Doch wie ein asiatischer Kämpfer wirbelte er noch im selben Augenblick herum, packte es mit seinen Kiefern und schwenkte es so heftig hin und her, dass es krachend auseinander barst. Zwei der Männer konnten nicht rechtzeitig ins Wasser springen und »Mocha« verschlang sie in Sekundenschnelle samt Kleidern und Seestiefeln.

Voller Grauen kappten nun die Matrosen der YANKEE mit fliegenden Händen die Wurfleine zu der noch in »Mocha« steckenden Harpune und strebten, so schnell sie konnten, zurück zum rettenden Mutterschiff. Die CRIEFF lag ihnen am nächsten, hatte sich am schnellsten an den Ort des Geschehens heranmanövriert. Die anderen drei übrig gebliebenen Besatzungen folgten, pullten und wriggten, was das Zeug hielt. Nur weg von dieser Bestie, die aufgefressenen Kameraden noch vor den schreckgeweiteten Augen.

Spätestens von da an glaubte jeder an den Küsten, durch die meist frommen Walfänger mit der Erzählung über dieses Desaster gespickt, an die biblische Legende von Jonas und dem Walfisch. Nur dieser hatte Jonas wieder ans sichere Land gespuckt. »Mocha« würde das allenfalls mit den eingefetteten Lederstiefeln der Unglücklichen tun, wenn sein Magen es nicht schaffte, auch sie zu verdauen. Und da ein Pottwalmagen die riesigen Tiefseekraken und Kalmare mit ihren gummiartigen Fangarmen und tellergroßen Saugnäpfen sogar mit Genuss verkraftet, würde ihm wohl auch das gelingen. Doch nicht genug des Spektakels. Jetzt kam die Bestie erst richtig in Fahrt. Als die von panischem Entsetzen gepackten Flüchtlinge an den schnell heruntergelassenen Jakobsleitern aufenterten, donnerte der entfesselte Wal, sozusagen wutschnaubend, noch einmal in den inzwischen verlassenen Holzfrachter und brachte ihn endgültig zum Sinken. Dann wandte er sich behände der CRIEFF zu, sprang das große Schiff – aus dem Wasser schnellend – an und riss ihm den meterlangen Klüverbaum samt Bugspriet ab. Danach dümpelte der Bösewicht träge im Wasser und sah blinzelnd der sich schnell davonmachenden Bark nach.

»Mocha« hatte wieder einmal einen triumphalen Sieg davongetragen. Neben der rohen Kraft wusste er, ähnlich wie einige andere Artgenossen auch, seine ganz offensichtlich vorhandene Intelligenz zu nutzen. Er plante die Attacken stets so, dass er großen Schaden anrichten musste. Dabei positionierte er sich geschickt und bot den Harpunen der Jäger nur Körperteile, deren Verletzungen er ausheilen konnte. Nicht weniger als 19 Harpunen und Speerspitzen steckten in seinem Speckpanzer, als er von einem namenlos gebliebenen schwedischen Kapitän schließlich 1895 den Todesstoß erhielt. Da war »Mocha« allerdings bereits auf einem Auge blind und altersschwach. Mehr als hundert Kämpfe mit mindestens dreißig Toten sind dokumentiert, die er alle mit Bravour überstand, seine Wunden anschließend irgendwo in den Weiten der See ausheilte, um zu neuen Attacken auf die verhassten Gegner zu starten.

Timor-Jack und Neuseeland-Tom

Der weiße Gigant war nicht der einzige Pottwal oder Spermwal, der sich bei den Walfängern einen besonderen Ruf erwarb: Vor der australischen Küste machten »Timor-Jack« und weiter östlich »Neuseeland-Tom« von sich reden. Sie waren allerdings keine Einzelkämpfer, sondern stellten sich schützend vor die ihnen folgende Herde. Die mächtigen Bullen zertrümmerten eine Unzahl Boote und bohrten sogar große Segelschiffe in den Grund, darunter die Bark ESSEX, die 1820 unter dramatischen Umständen sank und deren Untergang von einigen Zeitgenossen auf »Mochas« Konto gebucht wurde. Die PUSIE HALL sank 1835, die TWO GENERALS wurde 1838 versenkt, die POCAHONTAS bohrte ein Wal 1850 in den Grund und die ALEXANDER versank nach einer Attacke 1851 in den Fluten. Neuseeland-Tom, ein schwarzer Pottwal mit einem weißen Höcker auf dem Rücken, wurde von dem Walfangschiff ADONIS erlegt, nachdem er neun Boote kurz und klein geschlagen hatte. In der einschlägigen Literatur ist von vier weiteren Schiffen, leider ohne genauere Angaben, die Rede, die angeblich von einem einzigen Wal an der japanischen Küste angegriffen, gerammt und zwei davon versenkt worden sein sollen. »Mochas Werk«? Denn, wie der Holzfrachter beweist, der weiße Riese mit dem »Heimathafen« Isla Mocha tobte auch durch diese ostpazifischen Gewässer, an die sich, durch die siebentausend Inseln zählenden Philippinen getrennt, als Randmeer die Chinasee, das unruhige und oft von Taifunen gepeitschte »Gelbe Meer«, anschließt.

Der Walfang schließlich führte auf dieser Seite der Erdkugel zu mehr Entdeckungen als viele Forschungsreisen zuvor, ob es sich dabei um den Engländer James Cook oder den Portugiesen Magellan, den Franzosen Louis Antoine de Bougainville oder den Holländer Abel Janszoon Tasman handelt. Die Jäger der majestätischen Giganten kreuzten oft 48 Monate lang ohne Heimkehr über die pazifischen Gewässer, von Nord nach Süd, vom arktischen zum antarktischen Eisgürtel und von West nach Ost. Sie fanden immer wieder neue, noch nicht kartografierte Inseln und Korallenatolle bis an den Rand der Antarktis. Aus der Praxis lernten sie die Ausmaße dieser Wasserwüste kennen – Dimensionen, in denen sich »Mocha Dick« und seine Genossen als unumschränkte Könige fühlen konnten. Denn natürliche Feinde hatten die schwimmenden und tauchenden Riesen seit Urzeiten nicht mehr – bis der Mensch mit seinen Harpunen aus dem Dunkel der Geschichte auftauchte, um Tran für seine Lampen zu kochen, Kerzen zu gießen, das Walbein und die Barten dieser planktonfressenden Säuger unter anderem zu Korsettstangen zu verarbeiten. Aus den verharzten Kotresten wurde das kostbare Ambra gewonnen, das als Duftstoff in der Parfümindustrie begehrt war. Aus dem Hirn stammte der besonders fette Walrat. Schon die chinesische Qin-Dynastie (221 bis 206 v. Chr.) fertigte Kerzen aus dem Tran von Walen – der Fang der Tiere hatte also nicht nur in Europa Tradition, wo er schon 1.000 v. Chr. von den Basken in der Biskaya betrieben wurde. Das Wort Harpune geht auf ihren Begriff »arpoi« für den Fanghaken zurück.

Ungeachtet solcher Attacken durch den profitgierigen »Homo sapiens« hatten die gewaltigen Säuger auch bei ihrer Nahrungssuche in den Tiefen der See dramatische Kämpfe auszustehen. Die als beliebter Leckerbissen gejagten Riesenkalmare wussten sich mit ihren oft 15 Meter langen Fangarmen und tellergroßen Saugnäpfen zu wehren und rissen den Walen die Haut auf. Mancher der Recken kam aus Tauchtiefen von tausend Metern und mehr mit deutlichen Blessuren an die Oberfläche zurück. Seefahrer hatten schon immer Schauergeschichten von Ungeheuern erzählt und bei Landbewohnern und in den Stuben hockenden Gelehrten wenig Glauben gefunden. Ihre wilden Geschichten wurden als Seemannsgarn abgetan. Die Wale, an denen manchmal noch Stücke dieser Kraken hingen, belehrten zumindest die Wissenschaftler eines anderen. Selbst der von dem Schriftsteller Jules Verne in seinem Roman »Zwanzigtausend Meilen unter dem Meer« beschriebene Riesenpolyp konnte bald nicht mehr einfach nur ins Reich der Utopie verwiesen werden. Verne hatte sich vermutlich bei seiner Beschreibung auf das Zeugnis des kaiserlich-französischen Kapitäns Bouyer vom Schaufelraddampfer ALECTO gestützt. Er war 1861 rund 400 Kilometer nordöstlich der Kanaren einem solchen, von ihm auf gut und gerne 2.000 Kilogramm geschätzten Monster begegnet und wollte es nicht verfolgen, weil dessen gewaltige Fangarme für sein kleines Schiff eine Gefahr darstellten.

Irrten die Walfangkapitäne anfangs noch mehr oder weniger orientierungslos durch den Pazifik, tauschten manchmal untereinander Informationen über gute Fangmöglichkeiten aus und hofften auf den glücklichen Zufall, einer Walschule oder großen Einzelgängern wie »Mocha« in die Quere zu kommen, so sollte sich das bald durch einen kleinen, unscheinbaren Marineleutnant der US-Navy ändern: Maury Mathew, wegen einer Beinverletzung vom Borddienst befreit und ins Marinearchiv versetzt. Maury war ein Genie, ein Meister der Akribie und ein vorausschauender kluger Kopf, zudem von einem bemerkenswerten Fleiß. Der vor 200 Jahren geborene und heute fast vergessene Seemann machte mit der ersten globalen Wind- und Strömungskarte Blauwassersegeln planbar. Er bediente sich für seine Forschung der Logbücher von Tausenden amerikanischer Marineschiffe, die er im Keller des US-Marine-Archivs ungenutzt und verstaubt fand. Später trat er auch an die Handelsschifffahrt heran und wandte sich schließlich an die Walfänger. Aus diesen Aufzeichnungen, aus

Briefen und Berichten destillierte er Strömungs- und Windkarten, fand die besten Routen über die Meere dieser Erde.

»Ich habe bisher den Ozean mit verbundenen Augen überquert«, schrieb der Klipperkapitän Phinney von der GERTRUDE an Maury Fontaine Matthew, als er 1846 dessen neues Kartenwerk mit den so genannten »sailing directions« in die Hände bekam. Und in der Tat, allein die Klipperreisen von Kap Hoorn bis zum kalifornischen »Goldrush« verkürzten sich dank Maureys ozeanischem Wegweiser im Schnitt um 40 Tage; auf längeren Seereisen konnten oft sogar Monate eingespart werden. Und der Blauwasser- und Weltumsegler von heute, in dessen Bücherschapp der blau eingebundene Band »Ocean Passages and Sailing directions« keinesfalls fehlen darf, stützt sich noch immer auf die Erkenntnisse dieses jungen Yankee-Offiziers, der selbst nur wenige Jahre auf See zugebracht hatte. In einem deutschsprachigen Lexikon ist sie vergeblich, die Suche nach diesem Maury. Der »Pfadfinder der Weltmeere« fiel mehr oder weniger dem Vergessen anheim. Er hatte sich im US-Bürgerkrieg den Südstaaten angeschlossen und sich dabei die Beinverletzung zugezogen. Angesichts dieses Handicaps endete er schließlich an Land als Direktor der Militärakademie von Lexington in Virginia. Dort entwickelte er sich dank seines Fleißes zum Segen für die Segelschifffahrt und die Walfänger, bevor er 1868 verstarb.

Die Logbücher der mit allen Wassern gewaschenen Walfänger gab es allerdings nicht umsonst: Die Raubeine verlangten als Gegenleistung eigene Spezialcharts über die von der Navy gesichteten Wale. Dieses gesonderte Kartenwerk Maurys lieferte ihnen wertvolle Hinweise darüber, wo die meisten Wale standen und wie sie jahreszeitlich wanderten. Die Fangschiffe steigerten anhand der Anweisungen ihre Ausbeute, verkürzten oft die langen Reisezeiten.

Anfangs wurde das Kartenwerk des »Milchbartes« von den altgedienten Salzwasserbuckeln mit großer Skepsis aufgenommen, ja von einigen sogar als anmaßende Einmischung in die nautischen Erfahrungen im Dienst ergrauter Seebären abgetan. Erst eine Testreise überzeugte die eingeschworene Riege der amerikanischen Klipper-Navigatoren. Captain Jackson von der Bark WRIGHT machte eine Probe aufs Exempel und sparte mit Maurys Anweisungen und Karten auf der Reise Baltimore—Rio und zurück 35 Tage ein. Das sprach sich schnell herum und immer mehr Schiffsführer navigierten nun nach Matthews Erkenntnissen, denen er bald über alle Meere auf dem Globus Angaben über Wassertemperaturen an der Oberfläche, Passate, Monsune, Windstärken und ähnliche Parameter anfugte und laufend durch die nun reichlich hereinströmenden neuen Informationen der begeisterten Nautiker ergänzte. Über eine Million Logbücher wertete der maritime Bücherwurm im Lauf seiner Karriere aus und gewann so eine Erkenntnis nach der anderen.

Unter anderem wies er beispielsweise auf die Bedeutung des Golfstromes für das europäische Klima hin und gab bekannt, dass diese warme Strömung in der Mitte am höchsten ist, von dort das Wasser nach links und rechts abfließt. Somit kann durch ein an einer Schleppleine herausgelassenes Dingi festgestellt werden, auf welcher Seite des Stromes ein Schiff gerade segelt. Er fand heraus, dass der Agulhasstrom im Indischen Ozean mit 1.400 Meilen fast so breit wie der Golfstrom lang ist und dass Winde so gut wie keinen Einfluss auf solch große Meeresströmungen haben. Manchmal fließen sie sogar entgegen der vorherrschenden Windrichtung. Bis 1854 hatte er an Tausende von Kapitänen in aller Welt Fragebögen ausgeteilt, die Angaben ausgewertet und die Ergebnisse in sein Werk eingearbeitet. Unter dem Titel »Physical Geography of the Sea« publizierte er es schließlich als eine Art Lebenswerk.

Nur in einem Punkt irrte sich Matthew bis zu seinem Ableben fundamental. Er gehörte zu den eifrigen Verfechtern einer bald durch arktische Expeditionen und Walfänger widerlegten Theorie, wonach um den Nordpol herum eine eisfreie Zone existieren müsse.

Lange bevor es ehrgeizigen Seefahrern gelang, die eisstarrende Nord-West-Passage vom Atlantik zum Pazifik zu finden, scheint sie von Walen benutzt wordenzusein, wenn sie von einem Ozean zum anderen wechselten. So erlegte die CORNELIUS HOWLAND im Nordpazifik einen so genannten Nordkaper. Die Männer fanden in seinem Speckrücken eine Harpune der ANSEL GIBS, die im Nordatlantik jagte. Da Nordkaper erfahrungsgemäß nie den Äquator überqueren, kann dieser Bursche also nicht von Kap Hoorn gekommen sein, sondern musste sich unter dem Eis in den Stillen Ozean vorgearbeitet haben.

Der Walfang in diesen Zeiten kann getrost als eines der faszinierendsten ökonomischen Abenteuer in der menschlichen Geschichte bezeichnet werden. Allein 500 Schiffe aus Neuengland mit 15.000 Mann Besatzung schwärmten Mitte des 19. Jahrhunderts über den Pazifik aus, weitere 50.000 Arbeitskräfte an Land profitierten von deren Fanggeschick, erst noch mit der Wurfharpune aus den Fangbooten. Später mit zunehmender Industrialisierung uferte die Waljagd von Motorschiffen mit Harpunenkanonen in ein mechanisiertes Gemetzel aus.

Allein 1931 wurden rund 30.000 Blauwale, die größten der Gattung, erlegt. Von 1910 bis 1967 schrumpfte im selben Zeitraum ihre Zahl von einer halben Million auf 14.000. Nach Schätzungen fielen der Profitgier bis 1975 mehr als 1,5 Millionen der Meeresriesen zum Opfer. Rund 65 Millionen Jahre hatten sie für ihre Entwicklung gebraucht. Zwar ging in der Neuzeit die Nachfrage für Lampenöl als Folge des Erdölbooms zurück, doch stattdessen traten die sich rasch entwickelnde Margarineindustrie und der Verbrauch von Schmiermitteln für die Maschinen des beginnenden Industriezeitalters an diese Stelle. Walfänger drangen in die entferntesten Winkel des großen Ozeans vor. Sie waren es auch, die die Isolation Japans gegen den Rest der Welt aufbrachen. Das amerikanische Schiff MANHATTAN hatte im Jahr 1845 im Nordpazifik 21 schiffbrüchige Söhne Nippons aufgefischt und in der Heimat abgeliefert. Der neuenglische Kapitän Mercator Cooper und seine Mannschaft errangen dadurch den Respekt der Japaner. Das bereitete den Boden für Kommodore Matthew Perry, der acht Jahre später fälschlicherweise als erster Amerikaner mit Kontakten zu den überaus misstrauischen Japanern in die Annalen einging. Der Beleg für die Pioniertat der MANHATTAN ist nicht nur das Logbuch, sondern auch ein persönliches Autogramm des japanischen Kaisers. Die den Amerikanern unbekannten japanischen Schriftzeichen sahen aus, so gab ein Mannschaftsmitglied zu Protokoll, »als ob ein Huhn durch eine lehmige Pfütze gestelzt und anschließend mehrmals über raues Papier hin- und hergelaufen wäre«.

In Kopf und Herz ganz »mickionarisch«

Die wilden Gesellen auf den Walfängern veränderten mit ihrem massenhaften Einfall zum Wasser- und Proviantbunkern das Leben der Eingeborenen. So entstanden beispielsweise auf den Hawaii-Inseln schon 1819 zweifelhafte Etablissements wie etwa »Murphys Grog Shop«, in denen nackte einheimische Tänzerinnen vor der johlenden Mannschaft auftraten. Die Raubeine trafen im Pazifik eine ganz andere Welt an, als sie es von ihren Törns im Atlantik von bigotten Kapitänen und einer puritanischen Landbevölkerung gewohnt waren. Hawaiianerinnen schwammen beispielsweise oft nackt zu den Schiffen und boten sich der Mannschaft, da sie keinen solchen Moralkodex kannten, gegen kleine Geschenke an. Der

Schriftsteller Melville berichtete von seinen Fahrten, dass ihm in Tahiti ein Mädchen verschmitzt anvertraute, sie sei im Kopf und Herz ganz »mickionarisch«, aber sonst nirgendwo.

Die meisten Walfänger stammten aus dem amerikanischen Osten, wie etwa von der damals ganz auf dieses Gewerbe ausgerichteten Insel Nantucket. Aber auch Städtchen wie Bedford und Martha's Vineyard brachten es dank des Walspecks zu beachtlichem Wohlstand, während sich die todesmutigen Besatzungen der Fangschiffe aus aller Herren Länder mit Hungerlöhnen abspeisen lassen mussten. Rund 80 Prozent der weltweit operierenden Walfangflotten stammten damals von der Küste Neuenglands. Und während in der Seefahrt oft der Aberglaube herrschte, dass Frauen an Bord Unglück bringen und unerwünscht seien, die amerikanischen Walfänger sahen das anders. Um 1850 teilten zahlreiche Ehefrauen der Kapitäne mit ihnen die Koje, ein lausiges Leben an Bord und den penetranten Gestank nach Tran. Sie ritten die pazifischen Stürme ebenso wacker wie die Mannsbilder ab und ertrugen Eis und Schnee sowie die monatelange Abwesenheit von Land. Die amerikanische Kapitänsfrau Caroline Mathew hielt dieses Leben sogar 15 Jahre durch. Auch auf amerikanischen Klippern fuhren manchmal die Frauen der Kapitäne mit. Ein Fall ist überliefert, dass es die Frau eines erkrankten Schiffsführers war, die den Klipper von Feuerland bis nach San Francisco brachte und die Mannschaft fest im Griff hatte.

Begonnen hatte der Walfang im Atlantik. Doch bald reichte dieser Ozean für den wachsenden Bedarf der Abnehmer aus der sich rasch entwickelnden verarbeitenden Wirtschaft nicht mehr aus, obwohl inzwischen auf Nordkaper und Grönlandwale zusätzlich Jagd gemacht wurde. Als die Kapitäne von Kollegen aus der Handelsschifffahrt von den gewaltigen Walherden des Stillen Ozeans hörten, machten sich einige zögernd auf die beschwerliche und gefährliche Reise rund Kap Hoorn in den Pazifik. Die mit Ölfässern voll beladenden Heimkehrer steckten den Rest der Szene an. In den Folgejahren geisterten Hunderte von amerikanischen Walfangschiffen über den Pazifik, ergänzt durch zahlreiche Fangschiffe anderer Nationen, wie etwa aus Großbritannien. Ganze Küstenstriche und florierende Städte lebten von der Jagd auf die Riesen der Meere. Der Marineleutnant Charles Wilkes kommentierte diese nach Tran stinkende Armada aus den Vereinigten Staaten so: »Der Stille Ozean ist weiß von den Segeln unserer Schiffe.« 1846 kreuzten alleine 736 amerikanische Schiffe in den Fluten des Stillen Ozeans bis an den Rand des ewigen Eises in Arktis und Antarktis. Sie errichteten auf unbewohnten Inseln in den »brüllenden Vierzigern« Walfangstationen, deren Reste dort noch heute vor sich hin rotten, denn besiedeln wollte diese unwirtlichen, sturmgepeitschten Eilande sonst kein Mensch auf Dauer.

Amerikas größtes Abenteuer in der Geschichte der Seefahrt hatte begonnen. Die einfachen Seeleute rissen sich zunächst um den Job, war ihnen doch so allerhand von den fleischlichen Freuden der Südsee berichtet worden. Mit den neuen Freiheiten für die Seebären Uncle Sams war es aber bald vorbei, denn den Walfängern folgten auf dem Fuß die Missionare und verboten empört über das unsittliche und lästerliche Treiben sogar den Hula-Tanz und die Hibiskusblüte im Haar. Denn je nachdem, auf welcher Seite sie steckte, signalisierte die Dame, ob oder ob nicht. Die Gottesmänner bezeichneten manche der häufig frequentierten Häfen gar als »Blaslöcher der Hölle«.

Das böse Erbe dieser »Kolonisation« durch die »Palangi«, die Weißen, war allerdings auf einem anderen Gebiet weit schlimmer. Sie schleppten in die Inselparadiese Krankheiten ein, gegen die die einheimische Bevölkerung keinerlei Abwehrkräfte besaß: Pocken, Tuberkulose, Grippe, Cholera und Geschlechtskrankheiten. Belief sich 1770 die tahitianische Bevölkerung noch auf rund 40.000, so dezimierte sie der Einfall der Seeleute bis 1830 auf ganze 9.000. Auf Fidschi starben bei einer Massenepidemie 1875 fast 30.000 Menschen auf einmal. Manche skrupellose Kapitäne sorgten mit ihrem barbarischen und betrügerischen Benehmen auf einigen Inseln zudem bald dafür, dass es für andere gefährlich wurde, an Land zu gehen. Die übers Ohr gehauenen Eingeborenen rächten sich oft grausam an Neuankömmlingen und ermordeten ganze Mannschaften, selbst Deserteure, die sich schwimmend an den Strand gerettet hatten. Immerhin liefen nach Schätzungen amerikanischer Konsulate in diesen Zeiten jedes Jahr etwa 3.000 bis 4.000 Amerikaner von ihren Schiffen davon und sagten der harten, entbehrungsreichen Fron, oft bei arktischen Temperauren, Adieu. Sie wollten sich lieber ganz dem süßen, nichtstuerischen Leben der Südsee hingeben. Viele allerdings konnten diesen Traum nicht wahr machen. Sie wurden ermordet, andere jahrelang als Gefangene gehalten. Manchmal mussten sie sogar kannibalischen Festen beiwohnen, Kawa-Kawa, ein berauschendes, für Amerikaner und Europäer auch heute noch gewöhnungsbedürftiges, milchiges Getränk, zu sich nehmen und Trepang aus Seegurken essen. Gerade aber dieser Trepang erwies sich später bei Besuchen der Walfängerschiffe in China als wertvolles Handelsgut und lukratives Geschäft, denn die Söhne aus dem Reich der Mitte schätzten die Seegurke als Delikatesse.

Ein besonderes Kapital dieser wilden und entbehrungsreichen Fahrten schrieb der dreimastige amerikanische Walfänger Essex 1820. Er wurde von einem mächtigen Pottwal mit zwei Rammstößen angegriffen und sank. In den Schilderungen des überlebenden Owen Chase aus Nantucket war dieser Schiffbruch durch den etwa 26 Meter langen Riesen das Ergebnis »vorsätzlicher, berechneter Bosheit«. Einige Schiffshistoriker schreiben die Attacke dem legendären »Mocha Dick« zu. Zwanzig Mann konnten sich nach der Attacke in drei Boote retten. Für sie begann eine Odyssee ohnegleichen. Sie traten die lange Reise von 4.000 Seemeilen (6.400 Kilometer) bis zum südamerikanischen Kontinent an. Sie sollte 96 Tage dauern. Nur acht der Seeleute kamen mit dem Leben davon, denn Trinkwasser und Proviant gingen zur Neige. Zum Schluss verzehrten die Überlebenden das Fleisch verstorbener Kameraden. In einem der Boote wurde sogar durch Los ermittelt, wer sich opfern musste. Dennoch ließen sich fünf der vor der chilenischen Insel Santa Maria Geretteten durch das Horrorerlebnis nicht abschrecken und heuerten sofort wieder auf anderen Walfängern an.

Die Annalen des pazifischen Walfangs sind voll solcher Geschichten. So schleppte 1817 ein harpunierter Bartenwal sechs Boote der Royal Bounty mehr als 24 Stunden hinter sich her, ehe es gelang, wieder am Mutterschiff festzumachen. Das Segelschiff Ann Alexander wurde wie die Essex ebenfalls von einem blindwütigen Wal versenkt. Er versetze ihm einen so heftigen Rammstoß, dass sich sein Kopf einen guten Meter in den Bug bohrte. Das Wasser drang wie ein mächtiger Wasserfall in den Rumpf ein und es blieb der Mannschaft kaum Zeit, sich in die Boote zu retten. Die US-amerikanische Lagoda aus New Bedford gilt als der erfolgreichste Walfänger dieser unvergesslichen Epoche. In den 50 Jahren ihrer Dienstzeit lieferte sie 31.409 Fass Öl und 121.235 Kilogramm Fischbein an. Sie erlitt dann in einem Sturm 1890 so schwere Blessuren, dass sie nur mit letzter Kraft das japanische Yokohama erreichte und außer Dienst gestellt werden musste.

Das ganze Ausmaß der gnadenlosen Jagd auf die Leviathane der See zeigt sich am besten im Vergleich der Bestandszahlen zu Beginn des industriellen Walfangs mit der Jetztzeit. Die Zahl der Pottwale schrumpfte nach einer Aufstellung von Greenpeace von 1,1 Millionen auf 360.000, die des Blauwals im Pazifik von 311.000 auf ganze 2.300 und im Atlantik von

15.000 auf 1.500. Die Südkaper in den antarktischen Zonen reduzierten sich von 60.000 auf 7.000, die Buckelwale gingen von 115.000 auf 42.000 zurück. Der Finnwal wurde von 500.000 auf 25.000 reduziert. Der WWF (World Wildlife Fund) hat ebenfalls eine Tabelle veröffentlicht, wonach beispielsweise der Buckelwal wieder auf etwa 28.000 Tiere zu schätzen ist (gegenüber nur mehr 1.400 im Jahr 1966). Die Zahl für den Blauwal wird mit unter 5.000 angegeben, der Grauwal liegt bei 21.000, der Nordkaper im Pazifik unter 1.000 und im Atlantik bei 380. Nur der Pottwal weist nach dieser Statistik noch einen Bestand von über einer Million auf. Als dramatisch wird die Entwicklung beim westpazifischen Grauwal eingeschätzt. Er hat sein Stammgebiet im Ochotskischen Meer. Nur noch 130 Tiere, davon weniger als 30 fortpflanzungsfähige Weibchen, werden dort gezählt. Schuld an dieser Entwicklung ist, so der WWF, die Ausbeutung der Energievorräte vor Sachalin durch die großen Erdölkonzerne wie Shell, Exxon, BP und ihrer russischen Partner Sakhalin Energy sowie der lärmende Abtransport durch Tanker, ganz zu schweigen von den schrillen oder dröhnenden Arbeiten an Neubauten und Pipelineverlegungen.

Eine größere Population dieser Tiere hält sich im Ostpazifik vor der Küste Kaliforniens auf. Sie wird auf 25.000 geschätzt. Allerdings war auch sie früher drei- bis fünfmal größer, wie Wissenschaftler der Stanford-Universtität errechneten. Die Dezimierung hat allerdings heute nicht mehr nur mit der Waljagd zu tun, sie ist auch die Folge eines schrumpfenden Nahrungsangebots. Im Sommer reisen diese Wale in die Beringsee, wo aufgrund des Klimawandels die Nahrung nicht einmal mehr für 25.000 Exemplare ausreicht. Das wiederum hat spürbare Folgen für die Population an Seevögeln, denn mit ihren Fressgewohnheiten am Grund des Meeres wühlen die mächtigen Säuger große Mengen an Sand und Wasser auf, was Kleinkrebse und andere Nahrungsstoffe an die Wasseroberfläche befördert. Sie sind für mindestens vier Seevogelarten wiederum willkommene Nahrungsquelle. Die Forscher aus Stanford rechneten aus, dass 100.000 solcher Wale mit ihren Fressgewohnheiten mehr als eine Million Vögel versorgen könnten. Heute werden diese Säuger zum Ziel des Tourismus, der so genannten »Whalewatcher«. Rund 3.000 von ihnen kommen jedes Jahr zur dreimonatigen Paarungszeit der mächtigen Tiere in die »Baja California«.

Eine ähnliche Relation der gegenseitigen Abhängigkeiten wurde in den antarktischen Seegebieten festgestellt. Mit dem Rückgang der Walherden nahm auch der Krill, kleine und kleinste Planktonlebewesen, um 80 Prozent ab. Er war durch den Kot der Wale fruchtbar beeinflusst worden – wieder ein Beispiel für die Balance in der Natur und die Abhängigkeit der Nahrungsketten von einseitigen Entwicklungen, denn vom Krill wiederum leben andere Spezies. Und am Ende der Kette steht letztendlich der Mensch mit seinem explosionsartig wachsenden Nahrungsbedarf. So schädigt er sich also zu guter Letzt wieder selbst.

Deutschland hatte an der Jagd auf die Wale ebenfalls seinen Anteil. Er ist noch heute in Form von Gemeindewappen (Borkum, List auf Sylt, Elmshorn), Gebräuchen und Bildern vor allem auf den Ostfriesischen Inseln dokumentiert. Zentrum des Walfangs war allerdings Hamburg. Dort starteten 1611 die ersten Walfänger, denen später 6.000 Ausfahrten folgen sollten. Allerdings beschränkte sich dieser Walfang hauptsächlich auf den Nordatlantik, die so genannte Grönlandfahrt. Erst im 20. Jahrhundert weitete er sich auch auf die südlichen Meeresgebiete aus. Deutsche Ingenieurskunst allerdings hatte den internationalen Walfang perfektioniert. Mit der Erfindung der Fetthärtung durch den Chemiker Wilhelm Normann konnte das leicht ranzig werdende Walöl in eine haltbare Form überführt werden. Und sie verhalf der Margarineindustrie zum Aufschwung, sodass Deutschland zum weltweit größten

Abnehmer von Walöl wurde. Und noch eine Erfindung ließ die Jagd auf den Wal weiter ins Kraut schießen: Das Öl fand bei der Herstellung von Glyzerin Verwendung und wurde damit zum Ausgangspunkt von Nitroglyzerin als Dynamit. Im Ersten Weltkrieg mussten also Wale sterben, um Menschen töten zu können – ein perfider Kreislauf der Natur. Während der nationalsozialistischen Ära baute der Düsseldorfer Henkel-Konzern sogar eine eigene Walflotte auf. Das Mutterschiff JAN WELLEM lief 1936/37 mit der Flotte in die antarktischen und pazifischen Gewässer aus. In der arktischen Fangsaison der Jahre danach ist das Deutsche Reich bereits mit sieben Fangflotten an vorderster Front dabei. Ergebnis: Rund 15.000 Großwale werden bis 1940 erbeutet.

Nur elf der insgesamt 85 Arten aus der zoologischen Ordnung der Wale stehen inzwischen unter dem Schutz der Internationalen Walfangkommission IWF, welche die größten dieser Tiergattung vor dem Aussterben bewahren will. Sie wurde 1946 von 42 Nationen ins Leben gerufen und trat 1948 in Kraft. Heute gehören ihr 88 Nationen an. Doch der Schutz durch Fangverbote und bei anderen Walarten jährlich festgelegte Fangquoten greift nie richtig. Nationen wie Japan, Island und Norwegen verstoßen regelmäßig gegen die Quotenregelungen, Japan beispielsweise unter dem Vorwand wissenschaftlicher Zwecke. Der Hintergrund ist ein anderer, Walfleisch gilt in Japan als Delikatesse. Die jährlich tagende Internationale Walfangkommission jedenfalls konnte diese Einsätze der japanischen Walfangflotte bislang nicht begrenzen, geschweige denn verhindern. Die zum Teil umstrittenen, tätlichen und erbitterten Auseinandersetzungen mit »Greenpeace« und anderen Walschützern, wie der aggressiven Organisation »Sea Shepherd«, machen die Weltöffentlichkeit deshalb immer wieder auf die Situation vor allem in den Gewässern des Pazifiks aufmerksam.

Doch der Walfang hat bei Nippons Söhnen eine lange Tradition, ebenso wie der Verzehr des Fleisches. Bereits Ende des 17. Jahrhunderts wurde er in größerem Stil und mit völlig anderen Methoden als jener der Europäer und Amerikaner betrieben. Boote mit 30 Mann Besatzung griffen die Tiere an. Wenn sie eines harpunierten, brachten sie gleichzeitig Schwimmblasen an, sodass die Wale Schwierigkeiten beim Abtauchen bekamen und rascher erschöpft waren. Manchmal wurden sie auch mit riesigen Netzen umzingelt. Sie verhedderten sich darin und konnten an Land geschleppt werden.

Seit 2010 kreuzt ein unbemanntes Robotersegelboot durch die Gewässer des Stillen Ozeans und sendet Daten über die Walbestände. Es wurde unter der Bezeichnung ROBOAD von der Österreichischen Gesellschaft für innovative Computerwissenschaften entwickelt – wieder ein Beitrag zur Erhaltung dieser einmaligen Spezies aus den Urzeiten der Erde. Es sind Säugetiere, die vom Wasser an Land gingen und dann wieder zurück, mit einer bemerkenswerten Intelligenz und einem ausgeprägten Sozialverhalten untereinander ausgestattet. Es kam nicht selten vor, dass plötzlich zwischen den Fangbooten Walmütter auftauchten, ihre harpunierten Babys ins Maul nahmen und abtauchten. Listige Jäger verwundeten deshalb gerne die Waljungen, um die Mütter oder Verwandte des Rudels anzulocken. Sollten die fortschreitende Vergiftung des Lebens im Meer, die gnadenlose Überfischung und Vermüllung der Gewässer durch den Menschen gestoppt werden können, so böte sich auch künftigen Generationen die Chance, in freier Wildbahn die Ehrfurcht vor dem Erfindungsreichtum der Natur zu erlernen und diese wunderbaren Tiere aus den Urzeiten der Evolution zu bestaunen. Denn neben den Haien haben sich nur diese Riesensäuger so perfekt entwickelt und angepasst, dass sie die ungeheure Zeitspanne bis zum Auftreten des Menschen auf der Bühne der Weltgeschichte ohne große Veränderungen überstanden.

Andere Gattungen früherer Dekaden, wie die Saurier, dagegen sind nur noch in den Museen zu besichtigen. Die Wale, deren größter Lebensraum der Pazifik ist, aber leben noch immer als lebende Zeugen einer Urwelt. Und sie haben dabei eine Kommunikation entwickelt, die über Tausende von Kilometern und von Ozean zu Ozean eine Unterhaltung möglich macht. Zwischen 600 und 1.200 Metern Wassertiefe – so veröffentlichte jetzt der WWF – verläuft eine Grenze zwischen zwei unterschiedlichen Wasserschichten, in der sich Temperatur, Druck und Salzgehalt sprunghaft ändern und so rund um den Globus für die Walpopulationen eine Art Telefonkanal möglich machen. Die ausgestoßenen Töne werden auf ihm wie mit einem Verstärker weitergetragen.

Beunruhigend allerdings ist seit einigen Jahren das gehäufte Auftreten von Walstrandungen orientierungsloser Tiere in allen Meeren, vor allem aber im Pazifik. Die See spült oft ganze Herden an, die ihrem Leittier bedingungslos in den Untergang folgen und trotz des Einsatzes von Helfern an Land sehr oft elendig krepieren. Dazu einige Zahlen aus der jüngsten Vergangenheit: Neuseeland 125 Wale, Australien 80, Ostküste USA 46. Zwar gibt es noch keine endgültige wissenschaftliche Erklärung für das Massensterben der Riesensäuger, doch schält sich heraus, dass zumindest die Sonaranlagen von Kriegsschiffen daran beteiligt sind. Die Mittelfrequenzen solcher Anlagen von 30 bis 120 Kilohertz werden nach Ansicht der damit befassten Wissenschaftler den Tieren gefährlich, ebenso wie Lautstärken von bis zu 240 Dezibel. Die Weltmeister im Tieftauchen zeigten zum Teil Symptome, wie sie bei der so genannten Taucherkrankheit durch Bläschen im Blut auftreten. Auch das neu installierte Tsunami-Alarmsystem steht im Verdacht, mit seinen Sendeimpulsen den Orientierungssinn der Wale irrezuführen.

Hoffnung für den Fortbestand der Populationen erwecken neu geschaffene Reservate, die zur Arterhaltung der Pottwale, Buckelwale und Blauwale, der größten auf der Erde lebenden Säugetiere, sowie der Südkaper und anderer Spezies beitragen sollen. Die 2003 im Süden des Stillen Ozeans deklarierten 28 Millionen Quadratkilometer Walschutzgebiet bieten eine solche Chance, wenn es gelingt, sie entsprechend zu überwachen und gegen Raubfischer in diesen einsamen und deswegen schwer zu kontrollierenden Meeresgebieten zu schützen. Solche Ruhezonen existieren bereits seit 1979 im Indischen Ozean, in der Antarktis, im Südpazifik und in regional begrenzten Gebieten. Dazu zählen seit 2001 das Ligurische Meer, seit 2003 die Gewässer rund um Fidschi, das dafür seine exklusive Wirtschaftszone zur Verfügung stellte. Insgesamt werden von solchen Schutzzonen im Stillen Ozean 11 Millionen Quadratkilometer bedeckt, dem Nordpazifischen Grauwal wurden von den USA rund 59.000 Quadratkilometer eingeräumt, Frankreich plant bei den Antillen eine solche Zone, im Südatlantik richten die englischen Falklandinseln ein Naturreservat ein. Das könnte sich aber schon jetzt als gefährdet erweisen, weil dort seit Kurzem große Erdöl- und Erdgaslagerstätten entdeckt worden sind und der Lärm bei der Ausbeutung sicher viele Seelebewesen vertreibt.

Die Bemühungen einschlägiger Organisationen für die Einrichtung eines generellen »Weltparks für Wale« würden zu einem permanenten Walfangmoratorium führen – ein Traum, der allerdings am Widerstand einiger Nationen scheitern dürfte. Schon heute zeigt sich die Walfangkommission als stumpfes Instrument, dessen Mitglieder es bereits als Erfolg feiern, wenn sich ihre Organisation bei einer ihrer obligatorischen Jahrestagungen völlig zerstritten nicht selbst auflöst.

Kapitel 5

Wunder und Schätze der Tiefe

Die Eidgenossen am Genfer See staunten 1964 nicht schlecht, als sie zu Beginn der Schweizer Landesausstellung in Lausanne neben den herkömmlichen, betulichen Schaufelraddampfern aus der Zeit von 1900 ein merkwürdiges, futuristisch anmutendes Schiffchen entdeckten. Mit ihm konnten Wissbegierige bis auf den Grund des bis zu 310 Meter tiefen Alpengewässers abtauchen und in die Geheimnisse des zweitgrößten europäischen Sees eindringen. Die Neugierde siegte über die anfängliche Skepsis. Noch im selben Jahr beförderte die Auguste Piccard 33.000 Passagiere in die Unterwasserwelt des »Lac Leman«.

Das im Auftrag der Schweizer Regierung unter Anleitung des Forschers und Tiefseetauchpioniers Jacques Piccard entwickelte U-Boot – das größte jemals gebaute nichtmilitärische Tauchboot – war indes nur die logische Auswertung eines weitaus spektakuläreren Tauchgangs. Er hatte in die dunklen und unergründlichen Abgründe des Pazifischen Ozeans geführt und ein neues Zeitalter der Entdeckung und Eroberung eingeläutet. Er sorgte in der wissenschaftlichen Welt zudem für große Überraschungen und führte zu einer völligen Neubewertung der Theorien über die Entstehung des Lebens auf der Erde. Ein Millionenheer bislang unbekannter Lebewesen kam plötzlich ans Tageslicht. Zudem entdeckte die Menschheit einen reichhaltigen Fundus an neuen Rohstoffen und Energiequellen.

Die spektakuläre Rekordfahrt in die Tiefen des westlichen Stillen Ozeans wurde mit dem Bathyscaph Trieste unternommen, einem kugelförmigen Tiefseetauchgerät, das der Vater Piccards, der Tüftler Auguste Piccard, entwickelt hatte. Er wollte die Geheimnisse einer völlig unbekannten Unterwasserwelt in den tiefsten Meereszonen lüften und mit Halbwissen und Vorurteilen über die weißen Flecken auf dem Globus aufräumen, denn unsere Weltmeere sind uns noch immer unbekannter als die Rückseite des Mondes.

Am 23. Januar 1960 hatte Jacques Piccard zusammen mit dem amerikanischen Marineleutnant Don Walsh die stählerne Kugel bestiegen und war todesmutig im Marinanengraben zwischen den Philippinen und Guam in die feindliche Finsternis mit ihrem unvorstellbaren Druck von 1.100 bar abgetaucht. Das entspricht mehr als einer Tonne Wasserdruck auf jedem Quadratzentimeter – Belastungen, die zahlreiche in den Schlünden der Tiefsee lebende Organismen spielend bewältigen, den von Menschenhand geschaffenen Geräten jedoch schier unüberwindliche Schwierigkeiten auferlegen. Nach Piccards Bericht gab die von ihm benutzte Stahlkugel unter den Belastungen Geräusche von sich, die entfernt an in einer Pfanne brutzelnden Speck erinnerten. Ein Fenster aus 14 Zentimeter dickem Panzerglas im Einstiegsschacht hielt nicht ganz durch und bekam mit ohrenbetäubendem Knall einen Riss.

Im so genannten Challenger-Tief des tiefsten Grabengebiets auf dem Globus, in das bisher lediglich die Schallwellen der Echolote vorgedrungen waren, erreichten die beiden Männer im Auftrag der US-Navy als erste Menschen in der 14 Tonnen schweren Metallkugel aus bei Krupp in Essen geschmiedeten Chrom-Molybdän-Stahl eine Tiefe von 10.910 Metern. Das war damals eine Weltsensation, die – und da sind sich die Wissenschaftler aller Nationen einig – ungleich schwerer zu erreichen ist, als eine Rakete in die Umlaufbahn der Erde zu schießen. Die zwei Männer hatten während der neun Stunden dauernden Fahrt wegen der Vielzahl an Messinstrumenten gerade mal je 90 mal 90 Zentimeter Platz für sich selbst. Beim Aufsetzen auf dem flachen Meeresgrund erblickten die beiden Abenteurer als Erstes einen etwa 30 cm langen Plattfisch, der sich erschreckt davonmachte. Später leuchteten ihre Scheinwerfer eine knallrote Garnele an. Damit war endgültig bewiesen, dass sich selbst in diesen ungeheuerlichen Tiefen lebende Kreaturen aufhalten und den unvorstellbaren Druck spielend aushalten.

»Von den höchsten Bergen bis zu den eisigen Polen
gab es keinen einzigen Ort mehr,
zu dem den Menschen der Zutritt verwehrt blieb.«

Bis heute sind die beiden verwegenen Männer die einzigen Menschen, die sich in eine solche Tiefe wagten und dort immerhin zwanzig Minuten lang aufhielten. Natürlich wurde auch diese Glanzleistung in den Zeiten des Kalten Krieges sofort propagandistisch genutzt. Es galt, bei jeder Gelegenheit dem Kommunismus gegenüber die Überlegenheit des westlichen Systems zu demonstrieren. Der Pionier Piccard starb 2008 im Alter von 86 Jahren. Sein Resümee aus der legendären Rekordfahrt: »Von den höchsten Bergen bis zu den eisigen Polen gab es keinen Ort mehr, zu dem den Menschen der Zutritt verwehrt blieb.« Zur gleichen Zeit hatten bereits die Vorbereitungen für eine andere Bestmarke menschlichen Ehrgeizes begonnen, einem Höhenrekord in den Weiten des Alls. Die bemannte Mondlandemission von Apollo 11 sollte dem Sowjetstaat endgültig zeigen, wer die besseren Karten hat und die Sputnik-Schlappe der Amerikaner wettmachen. Apollo startete am 16. Juli 1969. Fast zeitgleich ging Piccard vor der Küste Floridas erneut in die Tiefe. Diesmal benutzte er das Tiefseetauchboot FRANKLIN mit sechs internationalen Wissenschaftlern an Bord. In etwa 300 bis 350 Meter Tiefe ließ sich das Team mit dem Golfstrom treiben. Die Erfahrungen der Menschen auf so engem Raum und mit den Materialien wurden später auch bei der Konzipierung der Skylab-Mission und beim Space Shuttle eingebracht. Wernher von Braun, der damalige Top-Raketenbauer der NASA, hatte Piccard persönlich an Bord des Unterwasserraumschiffes FRANKLIN besucht.

Was kein Mensch zuvor geglaubt hatte, stellte sich bei solchen und ähnlichen Tauchgängen als biologische Sensation heraus: Auch in den größten Meerestiefen leben in völliger Dunkelheit Lebewesen, große Tiere wie Tintenfische sowie winzige Kreaturen wie Flohkrebse und zahlreiche Bakterien. Die Kleinstlebewesen halten sich sogar in Zonen auf, die keinen Sauerstoff enthalten, kochend heiß und voller giftiger Chemikalien sind, und lassen so Rückschlüsse auf ein anderes, mögliches Leben im All und auf für den Menschen eher feindlichen Planeten zu. 400 Meter unter dem Meeresboden wurde bei Bohrungen der Nachweis für dort seit 16 Millionen Jahren lebende Bakterien erbracht. Das eröffnete eine neue Perspektive für all jene Forscher, die nach dem Ursprung des Lebens auf dem Blauen Planeten fahnden.

2.000 Wissenschaftler aus 80 Nationen bemühen sich derzeit, eine Art Zensus für dieses reichhaltige Leben auf dem Boden der Ozeane zu erarbeiten. Sie wollen herausfinden, was diese Populationen für den Gesamtzusammenhang der Nahrungsketten und der Evolution bedeuten. Die Biomasse dieser Mikroben und Lebewesen wird populär mit dem Gewicht von 240 Milliarden afrikanischen Elefanten verglichen. 18 Millionen DNA-Sequenzen sollen den Forschern Rückschlüsse über genetische Entwicklungen und Zuordnungen liefern. Allein der Mikrobiologe John Baross von der Universität Washington beziffert die Zahl der von den Wissenschaftsteams isolierten und charakterisierten Marinemikroben auf mehr als 20.000. Die Gesamtzahl der Bakterientypen gibt er mit 20 Millionen an. Alle Minilebewesen zusammen dürften nach seiner Einschätzung an eine Milliarde neuer Spezies herankommen – eine Unterwasserwelt, die wenige Jahrzehnte früher noch nicht einmal annähernd für möglich gehalten worden ist. Sicher scheint schon jetzt, dass deren Vielfalt und Masse einen entscheidenden Einfluss auf die Regulierung der gesamten Erdatmosphäre hat, das Klima beeinflusst, zum Recyceln von Nährstoffen beiträgt und Gifte abbaut. Die Forscherin Linda Amaral Zettler, Programm-Manager von ICoMM: »Die enorme Vielfalt auf dem Meeresgrund haben wir gerade erst zu entdecken begonnen. Je tiefer wir kommen, desto weniger wissen wir.« An der Westküste Südamerikas im Pazifik bedecken ganze Matten von der Größe Griechenlands den Meeresboden und liefern ständig neue Erkenntnisse.

Erst 2009 startete wieder ein neu in den USA entwickeltes unbemanntes Tauchgerät, die Nereus, zu einer zweiwöchigen Erkundungsfahrt in den Marianengraben, um dessen tiefste Stelle mit 11.034 Metern auszuloten. »Nereus wird uns helfen, in den tiefsten Regionen der Erde nach unbekannten Lebewesen, Anpassungsstrategien und Ökosystemen zu suchen«, kommentierte Tim Shank, Biologe an der »Woods Hole Oceanographic Institution« bei Boston.

Herkömmliche Forschungsroboter, wie sie nach Piccards Rekord zu wissenschaftlichen, kommerziellen und militärischen Zwecken entwickelt wurden, können in der Regel nur bis etwa 6.500 Meter absinken, da der Druck der darüberliegenden Wassersäule dann so ansteigt, dass die Gefahr des Zerquetschtwerdens droht. Zum Teil erledigen diese ferngesteuerten Unterwasserfahrzeuge Spezialaufgaben wie die Reparatur an Bohrinseln oder Unterseekabeln sowie die Aufklärung von Flugzeugabstürzen und die Auffindung von Schiffswracks. Militärisch werden sie auch zum Aufspüren von Seeminen und nicht zuletzt bei der Schatzsuche eingesetzt, beispielsweise erfolgreich vor Brasilien. Dort wurde ein Wrack mit einer millionenschweren Ladung entdeckt.

Für rein wissenschaftliche Zwecke tauchen gerade mal zwei Hände voll Tauchroboter in die dunklen Tiefen der Sieben Meere, für interessierte Industriefirmen und Bergbaukonzerne, wie etwa für den fünftgrößten Energie- und Chemieriesen Total mit Sitz in Frankreich oder De Beers als größter Diamantschürfer der Welt, sind es bereits einige Hundert. De Beers lässt solche Geräte beispielsweise vor der Küste von Namibia operieren, Total im Golf von Guinea.

Wissenschaftler der Uni Kiel setzen seit einiger Zeit den fünf Millionen Euro teuren Tauchroboter ROV Kiel 6000 ein. Er erreicht Tiefen von rund 6.000 Kilometern und kann damit rund 95 Prozent aller Meeresböden erforschen. Seinen ersten Einsatz absolvierte er auf der Suche nach neuen Organismen vor der neuseeländischen Küste. KIEL 6000 gilt als das weltweit modernste Gerät und wird vom deutschen Forschungsschiff SONNE aus gestartet. Der Roboter QUEST erreicht 4.000 Kilometer Tiefe und kann mit seinen Greifarmen bis zu 250 Kilo schwere Proben vom Meeresboden mitbringen. Weitere hoch technisierte Geräte dieser Art sind CHEROKEE und SENTRY aus den USA. Das Münchener Fraunhofer-Institut für Fertigungstechnik und Angewandte Materialforschung entwickelte in Zusammenarbeit mit dem Deutschen Forschungszentrum in Bremen inzwischen äußerst sensible Sensoren, die einen Unterwasserroboter befähigen, von sich aus Hindernissen aus dem Weg zu gehen. Bislang geschieht die Steuerung meist von Bord der Mutterschiffe und über Bildschirme aus. Das 2,3 Millionen Euro teure Gerät ABYSS arbeitet im Auftrag des deutschen Leibniz-Instituts für Meeresforschung in Leipzig, taucht bis 6.000 Meter und kann 24 Stunden unter Wasser bleiben. ABYSS hält damit den europäischen Rekord für Geräte ohne Kabelverbindung und ist darauf spezialisiert, heiße, unterseeische Quellen zu untersuchen. Das Bremer Alfred Wegener Institut setzt für seine Erforschung der Meere unter den arktischen Eismassen am Nordpol und unter dem Schelfeis der Antarktis den Roboter AUV (Automatic Underwater Vehicle) ein. Das Tauchgerät VICTOR wird von einem französischen Spezialschiff, der POURQUOI PAS (warum nicht?) zu Wasser gelassen. Einem kleinbusgroßen japanischen Gerät gelang es trotz rauer See, Aufnahmen vom Epizentrum jenes Bebens an die Oberfläche zu senden, von dem aus der mächtige Tsunami ausgelöst wurde, der im Dezember 2004 in Thailand, Indonesien und Sri Lanka verheerende Zerstörungen anrichtete. Der britische Tauchroboter SCORPIO befreite mit seinen Schneidwerkzeugen nach drei Tagen sieben Mann Besatzung eines russischen U-Bootes aus einer Tiefe von 200 Metern. Sie wurden unversehrt auf der Halbinsel Kamtschatka abgeliefert. Das neuseeländische Tiefseetauchgerät JASON machte von sich reden, als er in der Tasmansee nach fossilen Überresten von Korallen suchte und stattdessen bei 14 Tauchgängen bis 4.000 Meter Tiefe eine so vielfältige Form maritimen Lebens aufspürte, dass die Forscher völlig überrascht waren. Sie hatten eine kahle Mondlandschaft erwartet. Stattdessen erblickten sie ein vielfältiges und buntes Leben: lila gepunktete Seeanemonen, einen halben Meter große fleischfressende Seescheiden, spinnenähnliche, 30 Zentimeter große Gliederfüßler und riesige Schwämme. In 1.700 Meter stießen sie sogar auf eine im Scheinwerferlicht rot aufleuchtende stachelige Korallenart. Die ursprünglich anvisierten fossilen Reste fanden sie schließlich auch. Ihr Alter wird auf 10.000 Jahre geschätzt. Und sie sahen ganz anders aus, als es sich das Team um Ron Tresher vorgestellt hatte. Sein Schluss: »Da unten muss etwas Seltsames vor sich gehen und das wollen wir herausfinden.« Der japanische Ingenieur Tamaki Ura schließlich entwickelte ein Tauchgerät, das die Walforschung weiterbringen soll. Das legendäre Tauchboot ALVIN half, 1977 bei den Galapagosinseln vor Chiles Westküste die ersten »Schwarzen Raucher« zu entdecken, jene senkrecht aufragenden Schlote in großen Tiefen, aus denen die Gluten aus dem Erdkern ausdampfen.

Die Erfolgsstory der neuen Entdecker des 20. und 21. Jahrhunderts hört nicht auf. Japans Tauchroboter KAIKO beispielsweise traf im Challengertief des Marianengrabens in 8.000 Meter Tiefe auf ein wimmelndes Leben. Selbst 10.896 Meter unter dem Meeresspiegel zeigte sich, so berichtete Professor Yuko Todo von der Universität Shizuoka, in den nach oben gebrachten Sedimentproben die Existenz großer Mengen von winzigen einzelligen Meereskreaturen sowie so genannte »Kammerlinge« oder »Foraminiferen«, einkammerige röhrenförmige Tiere, die sich wahrscheinlich vom Herausfiltern im Meerwasser gelöster Substanzen ernähren. Selbst für Spielernaturen gibt es – angeregt durch die rege Forschertätigkeit auf allen Meeren – den virtuellen Tauchroboter Gnom. Eines der Pioniergeräte, der Autonomous Benthic Explorer, allerdings ging vor der chilenischen Küste 2009 nach 15 Jahren erfolgreicher Einsätze für die »Woods Hole Oceanographic Institution« verloren. Plötzlich brach bei diesem 222. Tauchgang der Kontakt ab. Es wird vermutet, dass vielleicht Materialermüdung unter dem ungeheuren Druck eine Implosion auslöste.

Die Tiefseegräben der Ozeane, von denen die meisten im Pazifik existieren, gehören zu den spektakulärsten Phänomenen auf dem Globus. Sie bergen ohne Zweifel Geheimnisse, die für das Verständnis vom Entstehen des Lebens von Bedeutung sind und zur weiteren Entschlüsselung der Gesetze der Evolution beitragen können. Auch lässt sich dort vor Ort der Mechanismus der Plattentektonik weiter aufklären. Die Meeresbiologen jedenfalls sehen in der Tiefsee ein »Labor der Evolution«. Möglicherweise, so mutmaßen sie, entstand in diesen eigentlich eher lebensfeindlichen Räumen das biologische Erdenleben überhaupt. Fische, Plankton, Muscheln, Bakterien, die zum Teil ohne Sauerstoff neben rauchenden Vulkanschloten gedeihen und deren schwefelhaltige Mineralien in »Lebensmittel« umwandeln, werfen bislang ungeklärte Fragen auf – auch über ein mögliches Leben auf anderen Himmelsgestirnen.

Immerhin wurden bislang rund 300 Tierarten aus den Tiefen dieser Gräben ans Tageslicht befördert und mit jedem Forschungsgang kommen neue hinzu, meist aus einer der tiefen Narben im Erdmantel. Französische Forscher schätzen die Artenvielzahl auf etwa zehn Millionen Lebewesen. Oft handelt sich um lokal isolierte Populationen, aber es existieren auch über Tausende von Kilometern voneinander entfernte untereinander verwandte Arten, wie Würmer, Seegurken und Flohkrebse. Weiße Wolken von Bakterien, augenlose Krabben, Würmer ohne Darm, Riesenmuscheln, mit Leuchten ausgestattete Fabelwesen haben sich rund um die rätselhaften unterseeischen Schornsteine versammelt und bilden dort eine archaische Lebensgemeinschaft aus Jahrmilliarden der Entwicklung. Sie leben in einer brodelnden Giftbrühe, die vor allem Schwefelverbindungen enthält. Der bis zu drei Meter lange Riesenbartwurm »Riftia« beispielsweise verdaut sie ohne Weiteres, der Wurm »Alvinella«, der in der höchsten Giftkonzentration gedeiht, ist mit einer dichten Hülle von Bakterien umgeben, die ihm die lebensbedrohenden Stoffe wegfiltern. Die Riesenbartwürmer dominieren den Pazifik, während es im Atlantik augenlose Krebse sind. Auch diese Verteilung der Kreaturen aus der Urzeit wirft Fragen auf.

Seit es Wissenschaftlern der Carnegie Universität in Washington gelungen ist, aus Nitrat, Wasser und Eisensulfid bei 500 Grad Celsius und einem Druck von 500 Atmosphären Ammoniak herzustellen, scheint die These, dass in den Tiefen der Meere die Ursuppe des biologischen Lebens gekocht wurde, immer wahrscheinlicher, denn Ammoniak ist die Vorstufe für die Bildung komplexer Moleküle. Erst 1977 bis 1979 wurden die ersten so genannten »Schwarzen Raucher« oder »Black Smoker« bei den Galapagos-Inseln entdeckt. Sie entstehen in Tiefen von mehreren Tausend Metern an den Nahtstellen der Erdplatten. Es sind kaminartige Säulen auf dem Meeresgrund, denen bis zu 400 Grad heiße Quellen entströmen. Die Kamine selbst, die mittlerweile in allen Weltmeeren gefunden wurden, bestehen aus Metallsulfiden oder -sulfaten, manchmal aus Metalloxiden. Nach oben dringende vulkanische Hitze vermengt sich mit durch kilometertiefe Spalten in den Meeresgrund eingedrungenem Seewasser. Es reagiert chemisch mit Gesteinen, löst Metalle, reichert sich mit Gasen an. Wegen des unerhörten Drucks kann das austretende Wasser nicht kochen.

Das Meerwasser um den Schlot herum weist dagegen Temperaturen von etwa 2,8 Grad auf. Unter Bildung schwarzen Rauches, der der Erscheinung den Namen gab, fallen die gelösten Mineralien wieder aus und wachsen zu tropfsteinähnlichen Kaminen an. Hier begann, so mutmaßt die Wissenschaft heute, vor vier Milliarden Jahren durch hitzeliebende Bakterien die Evolution des Lebens auf der Basis von Wasserstoff, Schwefel, Sulfiden und Phosphaten.

Im Dunkeln liegt auch noch die ungleiche Verteilung der Schlotfelder auf den Mittelozeanischen Rücken. Die hydrothermalen Kamine häufen sich an einigen Stellen. An anderen, die scheinbar ähnliche Voraussetzungen bilden, aber geschieht nichts. Eine Antwort findet sich vielleicht, wenn die insgesamt 50.000 Kilometer unterseeischer Gebirge vollständig erforscht sind. Bisher ist das nur bei einem geringen Prozentsatz gelungen. Auch verändern die Auswürfe der Höllenschlote, dieser Geysire der Unterwelt, manchmal überraschend ihre gesamte chemische Struktur, ein ebenfalls ungelöstes Rätsel. Zudem wächst die Erkenntnis, dass die zahlreichen Kamine in allen Weltmeeren nicht nur lokale Biotope bilden, sondern wie globale Umwälzpumpen wirken. Die Wassermengen, die sie speisen, entsprechen nach den Berechnungen der Geowissenschaftler in etwa der Jahresdurchflussmenge des südamerikanischen Amazonastroms. Sie sollen zu 34 Prozent an der Aufwärmung des Wärmestroms der Erde beitragen, somit auch die Meeresströme beeinflussen. Im Lauf von Jahrmillionen wälzt sich die gesamte in den Meeren gebundene Wassermenge einmal um. Galten die Sedimente, die von Flüssen ins Meer gespült werden, bislang als entscheidend für die Zusammensetzung der Ozeanchemie, so scheint diese Erkenntnis inzwischen ebenfalls überholt. Es sind auch die Kamine aus der Unterwelt, die diesen Kreislauf maßgeblich beeinflussen.

Neben den Biologen spekulieren schon die Ökonomen mit dem Potenzial der »Schwarzen Raucher«. In der Bismarcksee vor Papua-Neuguinea etwa werden die bereits entdeckten Rohstofflager an Gold, Silber und Kupfer eines solchen Schlotgebietes von 5.200 Quadratkilometern auf mehrere Milliarden Dollar geschätzt. Und trotz der Schwierigkeiten durch hohe Tiefe und enormen Druck wurden bereits erste Claims abgesteckt. Ein australischer Konzern will in den kommenden fünf Jahren vor Neuguinea mit dem Abbau beginnen. Die Technik dazu ist vorhanden.

Der seit Anbeginn der Menschheitsgeschichte stattfindende Run auf Rohstoffe und Reichtümer materieller Art macht also auch vor der Tiefsee und ihren Wundern keinen ehrfürchtigen Halt. Vor allem der riesige Stille Ozean rückt dabei in den Fokus der Konzerne und gilt bereits jetzt als die Rohstoffkammer der Zukunft: Große Lager von Manganknollen mit ihrem Gehalt an Mangan, Kobalt, Kupfer, Nickel, Gold und anderen Edelmetallen, Methanhydrat (gefrorenes Methangas) als Energielieferant, Erdöl- und Erdgasblasen in den Randmeeren und Schelfgebieten versprechen eine reichhaltige Ausbeute. Schon heute beziehen die USA mehr Erdöl aus Quellen im Meer als beispielsweise aus den Ölfeldern Kuwaits. In der Bundesrepublik rechnen Experten in etwa zehn Jahren mit einem kommerziellen Abbau, wobei die »Schwarzen Raucher« selbst geschont werden sollen und eine Rohstoffgewinnung nur in ihrem Umfeld geplant ist.

Dieser Run, dieser Rausch, dieses Tiefbohrfieber, es birgt auch hohe Risiken. Deutlich wurde das im April 2010 im Golf von Mexiko. Die Ölkatastrophe der Plattform »Deepwater Horizon« offenbart die Schwachstellen: Es mangelt oft aus Kostengründen an der nötigen Sicherheit. So genannte »Blow-out-Preventer« sollen über ein kompliziertes Ventilsystem sicherstellen, dass bei einem unkontrollierten Austritt von Gas oder Öl alles automatisch abgeschaltet wird. Dieses System hat bei »Deepwater« versagt, die Aktivierung über Schallwellen war nicht möglich, da das rund 500.000 Dollar teure System nicht eingebaut worden war. Bei den Tiefbohrungen und -förderungen in den Ölgebieten Norwegens und Brasiliens ist es inzwischen vorhanden. Mit der Deepwater-Explosion und dem unkontrollierten Austritt von wahrscheinlich Milliarden Litern Erdöl in den Golf von Mexiko kam auch eine der größten Umweltkatastrophen auf die Menschheit, aber vor allem auf das maritime Leben zu. Es liegt auf der Hand, dass eine solche Katastrophe genauso gut im Pazifik möglich ist. In der Timorsee ist schon Ähnliches passiert, konnte aber schneller gestoppt werden. Eine andere schleichende Gefahr ist bereits Wirklichkeit: Es sind die riesigen, erst vor Kurzem in ihrem ganzen Ausmaß entdeckten Müllstrudel des Pazifiks und des Atlantiks, die das Leben im Wasser gefährden. Sie bedecken inzwischen eine Fläche von der Größe des USA-Bundesstaates Texas (695.621 Quadratkilometer, zum Vergleich: die Bundesrepublik umfasst 357 Quadratkilometer).

Der 1978 geborene britische Umweltaktivist David Mayer de Rothschild von der Organisation »Adventure Ecology« ist es, der die Welt auf diese Sünden der Konsum- und Verpackungsgesellschaft spektakulär hinweist. Ende März 2010 stach er in Sausalito, Kalifornien, mit einem aus Plastikmüll zusammengebastelten Katamaran zur »Expedition Plastiki« in See. Er überquerte den Pazifischen Ozean bis Australien, nicht ohne dem teuflischen Müllstrudel einen Besuch abgestattet zu haben. Der Name PLASTIKI knüpft an das legendäre Balsafloß KONTIKI des Norwegers Thor Heyerdahl an. 12.000 mit Trockeneis aufgefüllte Plastikflaschen wurden zu den Rümpfen des Bootes verarbeitet.

Die Folgen der Vergiftung des Meeres sind noch nicht absehbar, aber sicher brandgefährlich, denn die Millionen Tonnen Plastikmüll zersetzen sich langsam zu Kleinstteilen, die von den Fischen für Lebewesen gehalten und gegessen werden. Am Ende der Nahrungskette steht der Mensch. Entdeckt und publik gemacht wurde das Desaster schon um 1997 durch den amerikanischen Segler Charles Moore. Nach der so genannten »Transpac-Regatta« wollte er mit seinem Katamaran ALGUITA auf der Heimreise eine Abkürzung nehmen und wählte die Route durch die meist windstillen Rossbreiten zwischen Hawaii und Nordamerika. Zunächst hielt er das bunte Geflimmer für Fischschwärme, bis er entsetzt die Wahrheit erkannte: die größte Müllhalde der Erde mit einer Dicke bis zu zehn Metern. Der Unrat treibt mit den herrschenden Strömungen im Kreis – und der Nordpazifik ist nicht der einzige Mülleimer auf dem Globus für den Unrat aus den Flüssen und den Abfall eines ständig zunehmenden Schiffsverkehrs. Ein weiterer Strudel treibt im Südpazifik, ein anderer schwappt durch den Indischen Ozean und zwei »versauen« den Atlantik. Von rund 225 Millionen Tonnen jährlich produzierter Kunststoffe werden etwa zehn Prozent in die Weltmeere geschwemmt. Die Vereinten Nationen vermuten bereits 100 Millionen Tonnen in den Ozeanen, und die politische Welt ignoriert vor lauter hausgemachten Katastrophen bis heute das Problem. Die Gelder, die Milliardenbeträge, die beispielsweise in Afghanistan verknallt werden, würden vielleicht noch reichen, die Lebensbasis Meer zu säubern, und das ist ohne Zweifel ein weit größeres Problem für die Menschheit als der Hindukusch. Es fehlt trotz aller Umweltaktivisten und ihrer mahnenden Aktivitäten an politischen Initiativen, auch der Vereinten Nationen. Die mangelnde Erkenntnisfähigkeit der meisten Politiker wird erst dann – wie jetzt im Golf von Mexiko vorexerziert – unterbrochen, wenn dem Präsidenten der Vereinigten Staaten die Öllachen vor die Haustür schwappen.

Des ungeachtet geht das Rennen um die letzten Ressourcen des Globus, um die neuen »Bonanzas« weiter. Gestanden bislang Wirtschaftszonen von 200 Seemeilen den jeweiligen

Anliegerstaaten das Recht auf Ausbeutung zu, so fordern einige Länder bereits eine Exklusivzone von 350 Seemeilen. Das geltende Recht erlaubt eine Ausdehnung der Wirtschaftszone auch über die 200 Seemeilen hinaus, wenn ein Staat nachweist, dass der Festlandssockel entsprechend weit reicht. Und das reklamiert Russland im Fall der Arktis für sich. Der so genannte Lomonossow-Rücken wird als Verlängerung des Urals für diesen Anspruch bemüht. Von den anderen drei Anrainernationen, Dänemark, Kanada und USA, wird er nicht anerkannt, ein Konfliktstoff ohne Ende. Lediglich mit Norwegen kam Anfang 2010 eine Einigung über eine gemeinsame Ausbeutung zustande. Ansonsten überlappen sich die Gebiete und so kommt es zu Streitigkeiten, gerade mit Russland, das seine Flagge unter dem Eis auf den Nordpol pflanzte. Auch in der Antarktis treten ähnliche Probleme bei der Festlegung der Interessen auf. Noch gilt der weiße Kontinent als gemeinsames Welterbe, doch dürften die Tage der entsprechenden Konvention bei den Vereinten Nationen bald gezählt sein. Deutschland hat im Übrigen 1952 freiwillig darauf verzichtet, obwohl es Claim-Ansprüche aus der Hitlerzeit auf ein Gebiet mit Namen »Neuschwabenland« besaß.

Ein ungezügelter Raubbau in diesen Gebieten, von denen wichtige Meeresströmungen ihren Lauf beginnen, könnte das ökologische Gleichgewicht eines ganzes Ozeans, der Weltmeere überhaupt, ins Trudeln bringen. Zu wenig noch wissen wir über die globalen Zusammenhänge der Unterwasserwelt mit dem Erdklima, mit Strömungen und dem Mechanismus der Nahrungsketten, über das neu entdeckte gewaltige Reservoir an Biomasse der Tiefsee. Deshalb fordern umweltbewusste Meeresgeologen, diese so genannten »Vents« generell zu Schutzgebieten zu erklären, denn zudem beginnen auch die Pharmakologen, mit den Tiefseeorganismen und ihrem massenweisen Einsammeln zu Forschungszwecken zu liebäugeln. Sie träumen – vor realem Hintergrund – von »Neptuns Apotheke« und deren neuen Wunderkräften. Gleichwohl schloss bereits in den siebziger Jahren ein Forschungslabor von Hoffmann La Roche aus der Schweiz am Großen Barriere-Riff wieder seine Pforten. Nach Ansicht des Meeresbiologen Laszlo Beresch nur deswegen, weil damals einige der entdeckten Substanzen für bereits bestehende chemische Produkte eine ernsthafte Konkurrenz darzustellen drohten. Denn die widerstandsfähigen Lebewesen der Meere und besonders der Tiefsee eröffnen ganz neue Perspektiven, gelingt es jene Stoffe zu enträtseln, die sie mit all den Widrigkeiten dieser finsteren Welt umgehen lassen. Ob es sich um hochtoxische oder radioaktive Stoffe handelt, sie verdauen alles – ohne Schaden.

Bei den Vereinten Nationen wurde 1994 die »International Seabed Authority« mit Sitz ins Kingston, Jamaika, gegründet. Diese Meeresbodenbehörde hat einen Tiefseebergbaukodex ausgearbeitet. Er regelt zum Beispiel die Prospektion und Exploration der Manganknollenvorkommen und verteilt Lizenzgebiete zum Abbau. Der schon 1982 eingerichtete Internationale Seegerichtshof in Hamburg soll eventuelle Streitigkeiten schlichten oder richten. Doch trotz der akuten Auseinandersetzungen ist die so genannte Meeresbodenkammer bislang noch nicht ein einziges Mal in diese brisante Problematik eingeschaltet worden. Lediglich in Fragen der Fischereirechte wurde sie mehrfach angerufen. Während Russland und China in dem Gremium vertreten sind, halten sich die USA fern, wie sie ohnehin aufgrund ihrer Weltmachtposition so manchen internationalen Beschluss ignorieren.

Unser Globus beherbergt 30 Tiefseegräben oder -rinnen. Die tiefsten befinden sich im westlichen Pazifik, so der schon erwähnte Marianengraben mit 11.034 Metern, der Tongagraben mit 10.882 Metern, der Boningraben mit 10.554 Metern (zwischen Japangraben und Marianenbecken), der Kurilengraben (Nahtstelle von Nordamerikanischer Platte und Russland) mit 10.542 Metern, der Philippinengraben mit 10.540 Metern und der Kermadecgraben (zwischen Tongagraben und Nordneuseeland) mit 10.047 Metern. Zehn weitere Gräben sind tiefer als 8.000 Meter. Als längster Graben gilt der Alëutengraben im nördlichen Pazifik. Er erstreckt sich über eine Strecke von 3.000 Kilometern. Auch die meisten der Gräben unter der magischen Grenze von 6.000 bis 10.000 Metern Tiefe finden sich im Stillen Ozean. Zum Vergleich: Anfang des 20. Jahrhunderts wurde im Atlantik als tiefste Stelle der Puerto-Rico-Graben aufgespürt. Seine Tiefe beträgt 8.648 Meter.

Die Erforschung der Tiefsee begann zögernd erst im 19. Jahrhundert. Davor herrschte die Meinung der Wissenschaft, unterhalb einer Tiefe von 750 Metern sei das Meer eine tote, stockdunkle Wasserwüste. In ihr könne Leben nicht existieren. Die britische Dampfkorvette CHALLENGER räumte auf einer über dreieinhalb Jahre angelegten Exkursion mit diesem durch nichts begründeten Vorurteil auf. Der englische Biologe Wyville Thompson wies während dieser Forschungsreise nach, dass noch in einer Tiefe von 4.500 Metern Lebewesen existieren – eine Sensation für die Meereswissenschaften. Die CHALLENGER kreuzte durch 354 Seegebiete, worüber 32 voluminöse Bände erstellt wurden. Das US-Vermessungsschiff TUSCARORA schließlich entdeckte in derselben Zeit 1874 die erste Tiefseerinne nordöstlich von Japan. Es war der Kurilengraben. Bald schon folgten weitere Erkenntnisse. Die CHALLENGER lotete dann 1874 am Rand der Marianen eine Tiefe von 8.164 Metern. Es dauerte allerdings bis 1957, um zu erkennen, dass dies noch lange nicht die tiefste Stelle des mächtigen Pazifischen Ozeans ist. Das sowjetische Forschungsschiff WITJAS fand sie schließlich und seine Messergebnisse wiesen 11.034 Meter aus. Das Resultat war exakt und wurde später durch neue Verfahren über Satellit bestätigt. An dieser Stelle schiebt sich die dünnere ozeanische Kruste unter die dickere und schwerere kontinentale Scholle. Es entsteht ein so genannter Subduktionsgraben. Die gewaltigen Kräfte dieser Bewegungen führen zu einem solchen Druck auf den Erdmantel, dass an einigen Stellen heißes Magma nach oben gepresst wird und zu einem vulkanischen Auswurf führt. Für diesen Prozess ist der so genannte Ring of Fire im Pazifik das beste Beispiel.

Es war schon immer ein Menschheitstraum, in die Tiefen der See abzutauchen und dort fremde, bizarre Welten zu entdecken, jene Ungeheuer aufzuspüren, von denen die frühen Seefahrer, vor allem die Portugiesen, fabelten. Doch die Eroberung der Lüfte kam letztlich schneller voran, mittels Stratosphärenballons etwa, wie jenem des Schweizer Physikers Auguste Piccard, und mit speziellen Flugzeugen, später mit immer leistungsfähigeren Raketen.

Ein Menschheitstraum, in die Tiefen der See abzutauchen

Inzwischen teilt die Wissenschaft die Ozeane in Tiefenzonen ein: Sie beginnen mit der Sonnenlichtzone. Sie reicht bis etwa 200 Meter. Hier ist das Unterwasserleben reichhaltig und verschwenderisch mit Farben ausgestattet, Rosatöne, knallrote Lebewesen, gelbe, orangene, blaue, grüne, violette, gepunktete und gestreifte übertreffen die Farbenvielfalt an Land um ein Weites. Bunte Fächer- und Hirnkorallen, knallrote Seesterne, perlmuttern changierende Muscheln und Schnecken, Fische mit geradezu absonderlichen Formen oder mit einem grazilen, beinahe durchsichtig erscheinenden Körper prägen das Bild – da wo die ökologischen Bedingungen noch in Ordnung sind. Den ersten tauchenden Menschen tat sich ein solcher Reichtum an Formen und Farben auf, dass er Millionen faszinierter Sporttaucher unter Wasser lockt. Ungefähr ab zwanzig Meter Tiefe verblasst dieses Spektrum – scheinbar nur, denn nimmt der Taucher einen Scheinwerfer zu Hilfe, erlebt er auch dort dasselbe Farbspektrum. In der Zone des Sonnenlichts sind sowohl die kleinsten als auch die größten Lebewesen zu Hause, der Krill und der Blauwal. Mit zunehmender Tiefe erhöht sich der Wasserdruck auf den Körper und setzt dem Menschen Grenzen. Schon bei knapp dreißig Metern haben die Lungen nur noch ein Drittel ihrer Kapazität.

Die nächste Zone wird als »Mesopelagic-Zone« oder Zwielichtzone geführt. Sie reicht bis zu einer Tiefe von 800 Metern. Hier enden auch die Lebensbedingungen für das Plankton und Algen, die Ernährungsgrundlage vieler anderer Lebewesen. Stattdessen siedeln sich Bakterien an, die den von oben kommenden »Abfall« verwerten. Hier herrscht bereits wegen des Mangels an Sonnenlicht eine solche Kälte, dass sich Taucher nur noch mit speziell isolierten Druckanzügen für kurze Zeit zur Wehr setzen können. In der Zwielichtzone existieren bereits Lebewesen, die ihr eigenes Licht erzeugen, in der Regel zur Anlockung von Beute, aber auch als eine Art Infrarot zur eigenen Orientierung. Ein ständiges Absinken, ein wahrer »Regen« toter Organismen aus den Bereichen des Lichts liefert die Nahrung für lichtlose, oft zudem augenlose Lebewesen. Und auch hier gibt es Jäger, die diese Nahrungsquelle nicht nutzen, sondern stattdessen die Verwerter der Nahrungskette verspeisen.

Nun folgt der Sektor der ewigen Nacht, die Midnight Zone. Sie umfasst Tiefen ab 2.000 Meter bis zum Grund. Und genau diese Zone ist so gut wie gar nicht erforscht. Nach dem heutigen Stand wurde erst ein Millionstel dieses unterseeischen Raums dem menschlichen Auge zugänglich gemacht. Es warten auf die Entdecker der Neuzeit also mit ziemlicher Sicherheit noch einige unbekannte »Wunder der Tiefe«. Um die Dimensionen zu verdeutlichen, ist es notwendig sich vorzustellen, dass 97 Prozent des bewohnbaren Raumes auf unserem Planeten hier konzentriert. Alle auf der Erde lebenden Tiere, Menschen und Pflanzen, Insekten und Mikroorganismen stellen nur ein Prozent der Biomasse auf der gesamten Erde dar. Die Tiefsee kann deshalb biologisch als die erfolgreichste Umgebung für die Erzeugung von Leben gelten. Nach dieser letzten Zone in den Weltmeeren folgt noch die so genannte Trench-Zone, verantwortlich für die seismischen und vulkanischen Vorgänge aller am Meer liegenden Länder und darüber hinaus.

Die für die Erforschung der Tiefsee notwendigen High-Tec-Geräte wurden erst in den vergangenen dreißig Jahren entwickelt, als der Mensch längst hoch technisierte Stationen im Raum unterhielt. Er schoss mit superstarken Raketen Raumfahrzeuge hoch, die sogar eine Landung auf dem Mond erlaubten, später auf dem Mars möglich machen und zudem unbemannt mit ihren Messgeräten und Kameras bis in die entferntesten Winkel unserer Galaxie reisen. Was im Verlauf der letzten Jahrzehnte in den Meeren dem menschlichen Auge zugänglich wurde, stellt sogar die Fantasie früher Seefahrer und in Utopien vernarrter Schriftsteller in den Schatten. Es wurden Lebewesen entdeckt, die so schrecklich aussehen, dass selbst ein Dinosaurier noch »zivilisiert« dagegen wirken würde. Besonders wurde das bei Ausgrabungen in China ersichtlich, wo in den Resten einer ehemaligen unterseeischen Platte Versteinerungen entdeckt wurden, die in Form und Aussehen, etwa mit meterlangen Augenstielen und Beleuchtung, so grotesk wirken, dass sie Science-Fiction-Filmen entsprungen zu sein scheinen. Und auch die jetzt noch lebenden Kreaturen erstaunen nicht minder. So wurde lange Zeit die Existenz von Riesenkalmaren bezweifelt. Ein gewaltiger Oktopus, der Jule Vernes Fantasieschiff NAUTILUS mit seinen Fangarmen und Saugnäpfen zu vernichten drohte, wurde ins Reich des Fantastischen verbannt. Heute wissen wir, dass es ihn gibt. Einzelne Exemplare konnten sogar gefangen oder angeschwemmt aufgefunden werden. Lange Zeit wurde der Riesenkalmar für das größte Exemplar seiner Gattung gehalten, doch auch das erwies sich als Irrtum. 1925 wurde erstmals ein noch größerer ausgemacht. Seeleute fanden im Magen eines Spermwals zwei Arme, die alles bisher da Gewesene in den Schatten stellten. Sie wurden einer Spezies zugeordnet, die die Bezeichnung »Colossal Squid« (wissenschaftlich Mesonychoteuthis hamilton) erhielt. 2003 wurde dann in der Antarktis ein lebendes Exemplar in über 2.000 Meter Tiefe geortet und ans Tageslicht gebracht. 2007 folgte ein weiteres Exemplar. Es ging einem neuseeländischen Fischerboot ins Netz. Das Tier aus der nassen Unterwelt war 10 Meter lang und wog 1.089 Pfund. Da es sich um ein Männchen handelte und erfahrungsgemäß die Weibchen größer ausfallen, kann also mit noch einer größeren Ausführung gerechnet werden. Bereits 1887 wurde bei einem in Wellington/Neuseeland angespülten Tier eine Länge von 20 Metern gemessen. Ohne Weiteres erreichen diese Spezies ein Gewicht von über einer Tonne. Sie unternehmen ihre Raubzüge, ähnlich wie ihre Feinde, die Spermwale, über Distanzen von Tausenden von Kilometern.

Auf dem Grund der Ozeane lebt auch der Riesen-Grenadierfisch, der sowohl lebende Organismen als auch absinkende tote als Nahrungsquelle nutzt. Bis auf Tiefen von 5.000 Metern wurde er schon geortet. Ebenfalls in der Tiefsee zieht der haarige Anglerfisch seine Kreise, der wirklich furchterregend aussieht und mit Leuchtantennen Beute anlockt. Im Jahr 2008 entdeckte ein Forscherteam im Japangraben den Rekordhalter unter den Tiefseefischen, den »Snailfish«. Er wurde auf über 8.000 Metern Tiefe gefilmt. Und die Forscher erwarten seither, in noch größeren Tiefen ebenfalls Fische anzutreffen, die den ungeheuerlichen Drücken trotzen und statt Augen Sensoren benutzen, um sich zu orientieren oder Beute aufzuspüren. Der Tiefseewurm »Osedax«, erstmals vor der kalifornischen Küste gefunden, stammt aus einer erdgeschichtlichen Epoche vor etwa 30 Millionen Jahren. Er ernährt sich von auf den Meeresgrund abgesunkenen Walknochen – zum Leidwesen der Walforscher, denn die Bohrwürmer haben zahlreiche Fossilien aus der Frühzeit der Entwicklung dieser Riesensäuger zerstört. Allein im Challenger-Tief der Marianen wurden bisher 129 verschiedene Lebewesen, darunter 4,5 Zentimeter lange krabbenähnliche Krustentiere, entdeckt.

Im so genannten »Hadeep-Projekt« arbeiten Wissenschaftler des englischen »Aberdeen's Oceanlab« mit dem »Research Institute of Tokyo's Ocean Research Institute« zusammen. Sie forschen speziell in den Tiefseezonen zwischen 6.000 und 11.000 Metern. Bislang wurden fast nur unterseeische Canyons untersucht, die an den Rändern des Festlandes liegen. Nun haben Wissenschaftler der Hawaii Pacific University und der Universität von Hawaii in Manoa die Gräben rund um ihr Archipel ins Visier genommen. Hawaii liegt gewissermaßen mitten im offenen Wasser des Pazifiks. In bislang 36 Tauchgängen stellten sie fest, dass im tiefen Wasser rund Hawaii eine Megafauna von Lebewesen existiert, Fische, Krabben, Krebse, Seegurken und Seeigel. 41 Arten davon waren ihnen bislang rund Hawaii noch nicht begegnet. Immerhin hatte noch die Bushregierung eine Gruppe von zehn Inseln und acht Atollen nordwestlich Hawaii zum größten maritimen Schutzgebiet der Erde erklärt, Schiffsverkehr und Tourismus aus Gründen des Artenschutzes eingeschränkt. Es umfasst fast 12.000 Quadratkilometer und ist größer als das ebenfalls geschützte Große Barriere-Riff Australiens. In dem neuen Reservat leben mehr als 7.000 Tierarten, wovon ein Viertel, darunter die Hawaii-Mönchsrobbe und die grüne Meeresschildkröte, vom Aussterben bedroht ist.

Viele Spermwale der antarktischen Gewässer sind gezeichnet von den Narben, die die Haken solcher Riesen erzeugen. In der Tiefsee spielen sich allem Anschein nach Diadochenkämpfe ab, von denen der Mensch lange Zeit nicht die geringste Ahnung hatte. Auffallend ist auch, dass diese Tentakel-Giganten die größten Augen besitzen, die in der Tierwelt bisher gefunden wurden, größer noch als jene des Blauwals. Im Oktober 2001 beispielsweise wurden die Überbleibsel eines riesigen Oktopus von einem neuseeländischen Forschungsschiff des »New Zealand's National Institute of Water and Atmospheric Research« aufgefischt. Zunächst hielt der Biologe Dr. Steve O'Shea die Reste für Überbleibsel eines 8,6-Meter-Riesenkalmars, doch dann stellte er bei genauerer Untersuchung fest, dass es sich um einen Oktopus handelt, der normalerweise, so glaubten die Forscher bislang, im Pazifik gar nicht heimisch ist. Auch Quallen haben sich bis in große Tiefen vorgewagt, eine Art lockt ihre Beute mit Rotlicht an, das wie kleine Lämpchen am Ende ihrer Tentakel aufleuchtet. Ging die Forschung früher davon aus, dass Tiefseeorganismen kein Licht wahrnehmen können, so ist das zumindest teilweise damit widerlegt. In der Arktis wurden Quallenexemplare mit Tentakellängen von bis zu 40 Meter festgestellt.

»Es dauert ungefähr eine Stunde oder mehr, um 2.200 Meter tief in die Dunkelheit abzutauchen«, berichtete die Geologin Carol Hirozawa-Reiss vom US-Geological Survey nach einem Tauchgang im so genannten Juan de Fuca Ridge im nördlichen Pazifik, wo zwei ozeanische Platten auseinanderdriften. Das Tauchgerät hieß TURTLE und sollte den beteiligten Wissenschaftlern Gewissheit darüber verschaffen, wie und mit welcher Geschwindigkeit diese Art von Plattentektonik vor sich geht. Carol gehört zu jenen US-Forschern, die sich direkt ein Bild vor Ort verschaffen, wie auch ihr Kollege Chris Malzone, der beispielsweise mit einem speziellen Schwimmanzug unter dem antarktischen Eis taucht. Zu den bei solchen Tauchgängen untersuchten Phänomenen gehören die so genannten »Hotspots« und ihr Vulkanismus, wie er auf Hawaii und in Island mitten auf Platten und nicht wie sonst üblich an deren Rändern und Reibungszonen mit anderen Platten auftritt. Ein Hotspot ist stationär und wird aus dem Erdinneren gespeist. Die langen Inselketten im Südpazifik erklären sich deswegen, dass sich die über diesem heißen Punkt liegende Lithosphäre der Erdkruste darüber hinwegbewegt. Die Vulkanschlote des Hotspots durchschlagen dann regelmäßig den sich bewegenden Ozeanboden und führen in einer halbmondförmigen Kette zur Entstehung neuer Inseln und Vulkane. Neuere Forschungen haben diese Theorie relativiert. Nach diesen Erkenntnissen soll sich bei Hawaii der Hotspot selbst bewegen. Immerhin wird die so genannte Hawaii-Emperor-Inselkette von 80 Vulkanen gebildet, die auf einer Strecke von 5.800 Kilometern tätig sind. Das entspricht einer Luftlinie von Hammerfest in Nordnorwegen bis an den Südrand des Staates Libyen.

Der hawaiianische Mauna Kea mit seinen 4.205 Metern über dem Meeresspiegel ist der höchste Berg dieser Perlenschnur aus Feuer und Lava. Viele der Erhebungen liegen allerdings unter der See, so der Meiji-Guyot, der nördlichste in diesem Gebirgszug. Sein Alter wird auf 82 Millionen Jahre geschätzt. Es handelt sich dabei um ein sich 2.000 Meter über dem Meeresboden erhebendes Plateau. Weitere Berge dieser Kette sind der Detroit Tablemount, der Tenji Seamounte, der Winnebago Seamount oder der Showa Guyot. Ihre Entstehungsgeschichte ist um so jünger, je weiter sie in südlicheren Breiten angesiedelt sind. Das Kure-Atoll ist zwar das älteste der Hawaii-Inseln, aber es ist vergleichsweise »nur« 30 Millionen Jahre alt. Die hawaiianischen Eilande gehören zum ethnologisch und geografisch definierten Gebiet Polynesien, das insgesamt weit über 1.000 Inselgruppen und Eilande umfasst.

So interessant die Forschungsfahrten für das Verständnis der Evolution auf der Erde auch sind, sie haben nicht zuletzt einen kommerziellen Hintergrund. Der Mensch mit seiner unermüdlichen Suche nach Rohstoffen hat längst auch das Meer erfasst. Und er macht dabei vor der Tiefsee nicht halt. Wenn das so genannte Phytoplankton und abgestorbene Algen auf den Meeresgrund absinken, werden sie unter dem hohen Druck in Jahrtausenden zu Erdöl und Erdgas verarbeitet. Längst wird danach gebohrt, auch bereits in Tiefen von bis zu 12.200 Metern, wie auf der russischen Halbinsel Kola. Diese Peninsula weist mit die ältesten Gesteinsformationen auf (bis 2,5 Milliarden Jahre). Das Unternehmen musste allerdings abgebrochen werden, da in dieser Tiefe unerwartet hohe Temperaturen herrschten. Auch bei anderen Tiefenbohrungen kam es schon zu Problemen, sie lösten beispielsweise in der Region Basel Erderschütterungen aus. So gesehen ist der Traum der Wissenschaftler, den Erdmantel ganz zu durchstechen, unter Umständen mit unkalkulierbaren Risiken behaftet.

Eine weitere pazifische Besonderheit entdeckten US-amerikanische und japanische Wissenschaftler 2006 in rund 5.000 Meter Wassertiefe. Sie spürten eine ganze Kette kleiner Vulkane auf, gerade um die 50 Meter hohe Gebilde, und nannten dieses Phänomen am Japangraben »Petit Spots«. Der Meeresboden dort ist mehr als 130 Millionen Jahre alt, die Minivulkane wesentlich jüngeren Datums, der jüngste nur rund 5 Millionen Jahre. Nach einigem Rätselraten sahen die Forscher die Ursache in einer Grenzschicht zwischen Erdkruste und Erdmantel, in der teilweise geschmolzenes Gestein eingeschlossen ist und ausgast. Bilden sich durch Verbiegungen der Platten Risse, so werden diese Kräfte frei, der Petit Spot ist geboren.

Als anderer Schatz der unterseeischen Natur gelten die »Schwarzen Trüffel«, die Manganknollen, die sich auf dem Grund der Ozeane gebildet haben. Sie enthalten durchschnittlich einen Anteil von 25 Prozent Mangan, dem etwa drei Prozent Kupfer, Nickel und Kobalt beigemischt sind. Diese Wertmetalle werden als eine der wichtigsten Rohstoffquellen für die Zukunft der Menschheit betrachtet. Seit 1970 hat vor allem die Bundesrepublik ihre intensive Erforschung betrieben. Ihre Wissenschaftler stellten dabei klar, dass die entsprechenden Gebiete im Pazifik, nördlich des äquatorialen Gürtels, sowohl nach Belegung als auch nach Wertgehalt ergiebig genug sind, um einen kommerziellen Abbau zu gewährleisten. Auch das so genannte Methanhydrat scheint es in den Tiefen der See ausreichend zu geben. Es wird geschätzt, dass die Vorkommen solch gefrorenen Erdgases den Energiebedarf der Menschheit auf Jahrzehnte hinaus decken können. Allein vor Indien wurde eine 300 Meter mächtige Schicht lokalisiert. Geologen schätzen die weltweiten Vorkommen auf 70 bis 350 Billionen Tonnen. Zum Vergleich: Die weltweiten Ölreserven werden mit nur 500 bis 800 Milliarden Tonnen angenommen. Vor allem die Chinesen mit ihrem wachsenden Energiehunger planen den Abbau in großem Stil. Ökologisch könnte das sogar einen Vorteil bringen, sollte sich die Erderwärmung fortsetzen. Werden riesige Mengen des Gases aus dem gefrorenen Zustand frei und entweichen ungenutzt in die Atmosphäre, so würde die Klimaerwärmung in immer rascherem Tempo vorwärts schreiten, denn Methan schädigt das Klima etwa 23-mal stärker als Kohlendioxid. Im Gelben Meer kam es wegen solcher Methanhydrat-Vorkommen im Seegrenzgebiet zwischen Japan und Korea bereits zu ersten Zwischenfällen. Erst mit dem demonstrativen Aufmarsch von Flottenverbänden fanden sie ein vorläufiges Ende.

Die internationale Meeresbodenbehörde ISA, die solche Ressourcen im Auftrag der UNO verwaltet, hat bereits acht Lizenzgebiete vergeben, darunter an die Bundesrepublik, vertreten durch die Bundesanstalt für Geowissenschaften und Rohstoffe in Hannover. Diese

Tiefsee-Claims liegen an der so genannten »Clarion Fracture Zone« im östlichen Pazifik, 530 Kilometer südlich Hawaii. Sie hat eine Länge von 5.200 Kilometern und wurde 1949 von dem US-Schiff SERRANO entdeckt.

Primär erforscht die deutsche SONNE passive und aktive Kontinentalränder, zurzeit mit Billigung der Regierung in Wellington die Gewässer Neuseelands.

So genannte passive Ränder entstanden, als frühere Großkontinente zerbrachen. An diesen passiven Rändern finden gegenwärtig keine geologischen Bewegungen mehr statt. Als aktive Ränder werden dagegen die Subduktionsgebiete am »Ring of Fire« gewertet, an den Pazifikküsten vor Mittel- und Südamerika, rund Japan und den Philippinen, bei den Kurilen und Alëuten. Ihre jeweiligen Sedimentbecken versprechen ein großes Nutzungspotenzial von Erdöl- und Erdgasvorkommen sowie Gashydrat (gefrorenes Erdgas) wie beispielsweise in der Südchinasee. Dort werden zurzeit immer neue Lager entdeckt. Die deutsche Bundesanstalt beteiligt sich in diesem Zusammenhang auch an dem internationalen »Integrated Ocean Drilling Programm« mehrerer Nationen, das 2003 gestartet wurde. Von diesen Tiefseebohrungen (bislang etwa 2.000 Stück) werden auch für andere Wissenschaftsdisziplinen Rückschlüsse erwartet. Neunzig Prozent aller Erdbeben auf dem Globus entstehen in den Meeren. Zudem werden aus den Ablagerungen auf der ozeanischen Erdkruste Erkenntnisse über die Entwicklung der marinen Lebenswelt abgelesen und Klimadaten aus der Erdgeschichte ermittelt. Das mikrobielle Leben in den Meeren stellt einen bemerkenswerten Anteil an der gesamten globalen Biomasse dar und dürfte erdgeschichtlich die älteste Stufe der Entwicklung sein.

Natürlich wird dabei auch auf das weitgehend unerforschte Potenzial an mineralischen und Energierohstoffen spekuliert. Mit der rasanten Entwicklung des Wissensstandes steht unseren Gesellschaften also ohne Zweifel eine neue Branche menschlicher Betätigung zur Ausbeutung des Erdballs ins Haus. Und wehe, wer dabei die Nase nicht vorn hat. Es ist der technisch aufwändige und noch im Entwicklungsstadium befindliche Tiefseebergbau, Überraschungen inbegriffen. Ein Jahrhundert früher hatte die Gier des Menschen schon einmal eine Umweltkatastrophe erzeugt. Das Walöl für die Lampen der Zivilisation, das durch den Erdölboom ersetzt wurde, war der Grund dafür, dass die großen Meeressäuger beinahe ausgerottet wurden. Die Bohrstangen der Konzerne ersetzten plötzlich die Harpunenkanonen und stoppten die kommerzielle Waljagd in großem Stil, sonst würde heute kein einziges dieser majestätischen Tiere mehr durch die Weltmeere wandern.

Kapitel 6

Turbinen des Schreckens

Lange Zeit verschwiegen die australischen Meteorologen ein sensationelles Ergebnis ihrer Messungen. Sie konnten es selbst nicht glauben, was die Instrumente im Jahr 1996 angezeigt hatten, misstrauten ihren Geräten und sich selbst.

Erst gute 13 Jahre später, zu Beginn des Jahres 2010 und nach neuen Auswertungen der damals gesammelten Daten, stand dann übereinstimmend fest: Es gibt einen neuen Weltrekord der Windgeschwindigkeiten. Mit unglaublichen 408 Stundenkilometern in der Spitze war der Zyklon »Olivia« im April 1996 an der australischen Küste entlanggeschrammt. Es war für die dort lebenden Menschen ein Glück, dass er das Festland des Fünften Kontinents verschonte, sonst hätte er unvorstellbare Schäden angerichtet. Einem solchen Orkan hält auch ein normales Steinhaus kaum mehr stand. Lastwagen fliegen wie Streichholzschachteln durch die Luft. Große Bäume werden samt ihren Wurzelballen wie faule Zähne aus dem Boden gerissen. Ein solcher Orkan entlaubt Wälder, stellt geparkte Flugzeuge auf den Kopf, pustet Züge vom Gleisbett. Ganze Hallen- oder Fabrikdächer segeln Hunderte von Metern davon, Penthäuser torkeln von im Sturm wankenden Hochhäusern in die Straßenschluchten. Selbst Flussläufe können zeitweise aufgestaut werden. Die See kocht und keult manchmal selbst große Schiffe in den Grund. Ganze Fischereiflottillen, wie beispielsweise immer wieder auf den Philippinen, bleiben verschollen. Der Luftdruck sinkt unter 920 Hektopascal (hPa). Der tiefste Stand des Barometers wird für einen pazifischen Zyklon mit etwas über 800 hPa angegeben. Normalerweise liegt der Luftdruck auf Meereshöhe bei 1.013 hPa. Dieser jähe Druckabfall ist das zuverlässigste Zeichen für ein herannahendes Orkantief. Je rascher er sinkt, umso kräftiger wird der zu erwartende Sturm. Die Seefahrer früherer Zeiten waren auf diese frühen Alarmsignale angewiesen, während heute Satellitenaufnahmen die Bildung von Sturmzentren rechtzeitig zur Erde funken. Bei Taifun »Forrest« wurde im September 1983 ein Druckabfall von 100 hPa innerhalb von 23 Stunden registriert – wieder ein Weltrekord im Pazifik. Goldene Regel für Seebären: Fällt der Druck innerhalb einer Stunde um ein bis zwei Hektopascal, so steht Starkwind oder mehr ins Haus.

Ein weiteres Monster mit dem Namen »Monica«

Im Jahr 2006 hatte nach dem Rekordsturm von 1996 ein weiteres Monster mit dem Namen »Monica« die nordaustralische Stadt Darwin in Schrecken versetzt. Mit 350 Stundenkilometern zog die Sturmbraut schließlich über eine zum Glück spärlich besiedelte Gegend hinweg, nur fünf Wochen nach dem zerstörerischen Wirbel »Larry«, der im Staat

Queensland mit seinen 300 Stundenkilometern erhebliche Verwüstungen anrichtete. 2009 war es »Laurence« an der australischen Nordwestküste. Mit der Einstufung als Wirbel der Kategorie 5 war er der stärkste der Saison und wie alle der Zyklone in Australien trug er einen Frauennamen. Feministinnen fordern deshalb seit Langem, den Schreckenswinden auch mal Männernamen zu geben.

Schon bei geringeren Windgeschwindigkeiten sieht es auf dem Pfad eines solchen Sturmes aus, als ob ein Krieg das Land verwüstet hätte. In manchen der betroffenen und oft schwer erreichbaren Regionen muss der Notstand ausgerufen werden, weil die durch unerhörte Regenmengen ausgelösten Fluten Straßen zerstören, Brücken und Schienenwege hinwegschwemmen. In Taiwan beispielsweise stürzten 2001 durch den Taifun »Nari« mit 800 Millimeter pro Quadratmeter an einem Tag solche Regenmengen vom Himmel, wie in Deutschland sonst in einem ganzen Jahr. Der Taifun »Mireille«, der 1991 Tokio heimsuchte, ging als weltweit fünftteuerster Schaden der letzten 50 Jahre in die Annalen der Versicherungsgesellschaften ein. »Hauch Gottes« und »Göttlicher Wind« nannten die Söhne Nippons jene beiden Taifune in ihrer Geschichte, die im 13. Jahrhundert zwei Eroberungsversuche Japans des Mongolenkaisers Kublai Khan durch Vernichtung der Invasionsflotten zunichte machten. Erst vor wenigen Jahren wurden die Reste der kaiserlichen Dschunken von Tauchern entdeckt und somit die Überlieferung bestätigt.

Bisheriger Rekordhalter auf der Liste des Schreckens war ein Sturm im Jahr 1934, der mit 372 Stundenkilometern über Teile der USA brauste. Nur die gefürchteten Tornados im Mittleren Westen der Vereinigten Staaten erzeugen in ihrem Trichterschlauch noch höhere Geschwindigkeiten. Diese Satansthromben sind jedoch auf kleine Areale beschränkt, während tropische Wirbelstürme, die »Könige der Winde«, Flächen von bis zu 2.000 Kilometer Durchmesser und mehr beharken können. Den Rekord an Langlebigkeit hält der tropische Wirbelsturm »John«, der im Jahr 1994 immerhin 31 Tage dauerte. Er entstand über dem östlichen Pazifik, fetzte bis zum westlichen Stillen Ozean und trieb Wellenberge von über 20 Metern vor sich her. Insgesamt führte er zu 100 Sturmwarnungen der verschiedenen Zentren, bis er auf der Insel Unalaska am Rand der Beringsee in kälteren Luftschichten endgültig seinen Geist aushauchte. Die Länge seiner Zugbahn wurde mit 13.000 Kilometern berechnet. Sie ist damit die zweitlängste in der Geschichte der Wetterbeobachtung. Den Rekord der Zugbahnen hält der Supertaifun »Ophelia« von 1960. Die größte Fläche bedeckte 1979 »Tip«, ein Taifun der Stärkeskala 5, mit einem Durchmesser von 2.200 Kilometern. Er wütete über weiten Teilen Japans und versenkte zahlreiche Schiffe. Der Luftdruck sank auf 870 Millibar. Zum Vergleich: Hätte er über den westlichen USA getobt, so wäre ein Gebiet von Kanada bis Mexiko bedeckt worden. Zuweilen werden solche Wirbelwinde an den Rändern zusätzlich von Tornados in Form von Wasser- oder Windhosen begleitet.

Eine Ausnahmeerscheinung bildete 2008 »Alma«, ein pazifischer Hurrikan, der sich schon Ende Mai in der Passatwindzone vor der Küste Costa Ricas erhob und zum ersten tropischen Wirbel der Geschichte wurde, der die Küste Nicaraguas traf. Nie zuvor hatte es ein solches Phänomen so weit im Osten und so küstennah gegeben, denn normalerweise verhindert in diesen Regionen und weiter südlich der kalte Humboldtstrom aus antarktischen Gewässern die Bildung entsprechender Sturmzellen. »Alma« war auch der erste Wirbel seit 1968, der nicht den Gesetzen der Corioliskraft folgend über den Ozean abzog, sondern an der Pazifikküste Zentralamerikas einen Landfall machte.

Australien wird neben den Philippinen, China und Taiwan mit am meisten gebeutelt. In der Regel entstehen die von den Australiern manchmal als »Willy-Willy« bezeichneten Zyklone auf der warmen Timorsee im Nordosten des kleinsten Kontinents. Manche werden aber auch weiter östlich in den Weiten des Pazifiks geboren, ziehen an Neuseeland vorbei und fallen dann im Nordosten Australiens ein. Sie werden von den Bewohnern als Queensland-Hurrikane bezeichnet. Die sich aus ähnlichen Naturkräften speisenden Wirbel der Karibik sind uns Europäern spätestens seit »Katrina« aus dem Jahr 2005 mit bis zu 344 Stundenkilometern ein Begriff und durch die Verwüstung und Überschwemmung von New Orleans in mahnender Erinnerung – eine Ausnahmeerscheinung in der atlantischen Wetterküche. In der Regel gebiert sie nur Hurrikane geringeren Ausmaßes als die ihrer pazifischen Schwestern. Die Menschen im zentralen Stillen Ozean, auf den Philippinen und die Anrainer des Randmeeres Chinasee indes haben mit solchen Monsterdimensionen seit Jahrhunderten zu leben. Die tropischen Wirbelstürme auf dieser Seite der Weltkugel treten zudem häufiger auf, als auf der gegenüberliegenden Halbkugel im Bereich des Atlantischen Ozeans. Und sie fallen im Schnitt stärker aus, als die Windzentrifugen der Karibik und im Golf von Mexiko. Der riesige Stille Ozean bietet ihnen mehr Raum, ihre zerstörerische Kraft zu entfalten. Die Windungeheuer des nordwestlichen Pazifiks entstehen westlich der Datumsgrenze und nördlich des 5. Breitengrades, meist im Gebiet der Inselreiche Palau und Guam, rund um die Marianen- und Karolineninseln. Sie heißen bei den Filipinos auch »Baguios« oder »Ciclones«, im Chinesischen Meer »kü-fun« und bei den Japanern »reppu«. In manchen Jahren entstehen ganze Ketten von Taifunen. Ein Wirbel folgt dem anderen und die Bewohner der Zielgebiete kommen über Wochen kaum zur Ruhe, Fischerei und Seefahrt sind gelähmt.

Rund eine Milliarde Menschen allein im nördlichen Westpazifik werden jedes Jahr von den Auswirkungen solcher Wetterextreme betroffen. Je einfacher die Behausungen der Menschen – meist aus finanziellen Gründen – gebaut sind, umso größer die Zerstörung. Dennoch, es kann auch als sicher geltende Gebäude treffen. So stürzte 2009 als Folge des Taifuns »Morakot« in der chinesischen Provinz Taitung ein sechsstöckiges Hotel ein und verschwand krachend in den Fluten eines angrenzenden Flusses. In den benachbarten Provinzen Zhejiang und Fujian müssen zuweilen über eine Million Menschen evakuiert und in Sicherheit gebracht werden.

Nach einer Aufstellung des Deutschen Wetterdienstes in Offenbach tobten von 1939 bis 2004 im Jahresschnitt mehr als zwanzig Taifune mit Windgeschwindigkeiten von deutlich mehr als 200 Stundenkilometern über den Nordwestpazifik, während es in derselben Zeit im Atlantik nur sieben bis maximal zwölf Hurrikane mit jeweils kleineren Windgeschwindigkeiten gab. Zum Vergleich: In Europa gelten nach der so genannten Beaufortskala schon Winde mit 120 Stundenkilometern als schwere Orkane. Allerdings decken auch sie bereits Häuser ab, blasen Kirchturmhelme von den Türmen und nieten ganze Waldgebiete, etwa im Schwarzwald, um. Ergänzend zur für die Seefahrt geschaffenen Beaufortskala musste für die tödlichen Wirbelstürme in den Weltmeeren eine eigene Messskala ersonnen werden. Es ist die erst Anfang der siebziger Jahre von dem Ingenieur Herbert Saffir und Bob Simpson, einem früheren Direktor des US-amerikansichen National Hurrican Center, eingeführte Saffir-Simpson-Skala. Sie reicht von 1 bis 5, wobei 1 mit Windgeschwindigkeiten von 118 bis 153 Stundenkilometern (also nach Beaufort bereits Windstärke 12) die schwächeren Wirbel bezeichnet, 4 dann die sehr starken und 5 schließlich die verwüstenden mit über 250 Stundenkilometern.

Gregory Peck und John Huston
bei den Dreharbeiten
zu »Moby Dick« von Herman Melville.

Die Seaman's Bethel Church,
die durch den Film berühmt wurde
(Fotos: wikipedia)

Die legendäre Meuterei auf der Bounty
(rechts: Filmplakat aus dem Jahr 1962, Warner Brothers;
unten: Robin Dodd, 1790)

Paul Gauguin (Portrait links),
Herrliches Land (Te nave nave fenua), 1892
(aus: The Yorck Project; 10.000 Meisterwerke der Malerei)

Doppelrumpfboote dienten in fast allen Archipelen Polynesiens zur Überwindung großer Distanzen. Der Nachbau Hokulea vor Yokohama
(Foto: wikipedia)

King Kalaniopuu begrüßt Cook 1781
(Bild: John Webber, 18. Jahrhundert)

Riesige Dschunken, die so genannten Schatzschiffe zum Vergleich die Santa Maria von Columbus
(THE OJAI POST)

Zheng He an Bord seines Schatzschiffes zu Beginn des 15. Jahrhunderts
(Bild: Zheng He Institute)

Links: Núñez de Balboa, Entdecker der Südsee 1513
(Bild: wikipedia)

James Cook
von Nathaniel Dance
(National Maritime Museum,
United Kingdom)

Der Tod von Kapitän James Cook
in der Kealakekua Bay, Hawaii
(aus: »A Collection of Voyages round
te World ... Captain Cook's First,
Second, Third and Last Voyages ...«
Volume VI, London, 1790)

Der junge Charles Darwin auf einem Aquarell von George Richmond (1809–1896) aus dem Jahr 1840

Graswurzeln, gesammelt von Charles Darwin auf Galapagos während seiner Reise mit der HMS BEAGLE

(Bilder: wikipedia)

Der alte Charles Darwin auf einer Fotografie von Julia Margaret Cameron, 1868

Galápagos-Inseln

Endemische Tierarten von oben nach unten:

Galápagos-Riesenschildkröten
(Foto: Andreas Hobi),
Fregattvogel (Foto: Sommer-Fernreisen),
Meeresechsen,
rote Klippenkrabben
(Fotos: Marc Figueras),
topografische Karte der Inseln
(Bild: wikipedia)

(großes Foto: C. Ciccullo, Tahiti Tourisme;
kleine Fotos: wikipedia)

Bewohner der Südsee

Die Artenvielfalt macht die Südsee zum Taucherparadies, z.B. Mantarochen, Kuhfisch, Doktorfisch, giftige Seeschlangen, Seeigel und Seesterne ...

Rechte Seite oben:
Plättchenseeschlange
Gestreifte Seeschlange
Gebänderte Seeschlange

(großes Foto: Aloaiza
Foto: Jon Hanson
Foto: Jens Petersen)

Fächerkoralle (links) und Beispiele der Seeigel- und Seesternarten (Seeigel, *Echinometra viridis;* unten Dornenkronenseesterne)
(großes Foto: Solomon Touristic Office, kleine Fotos: wikipedia)

Anak Krakatau, Ausbruch 2008 (Foto: Thomas Schiet)

Ausbruch des Pinatubo 1991 (Foto: D. Harlow)

Pyroklastischer Strom, Vulkan Mayon (Foto: C.G. Newhall)

Vulkane

Die unruhigste Zone der Erde:
der pazifische Feuerring – Ring of Fire

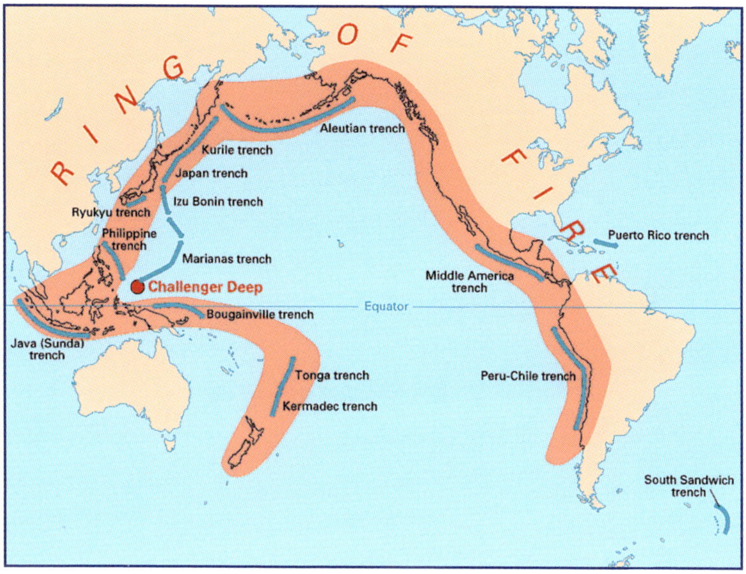

Ausbruch des Mount Redoubt am 21. April 1990 (Foto: R. Clucas)

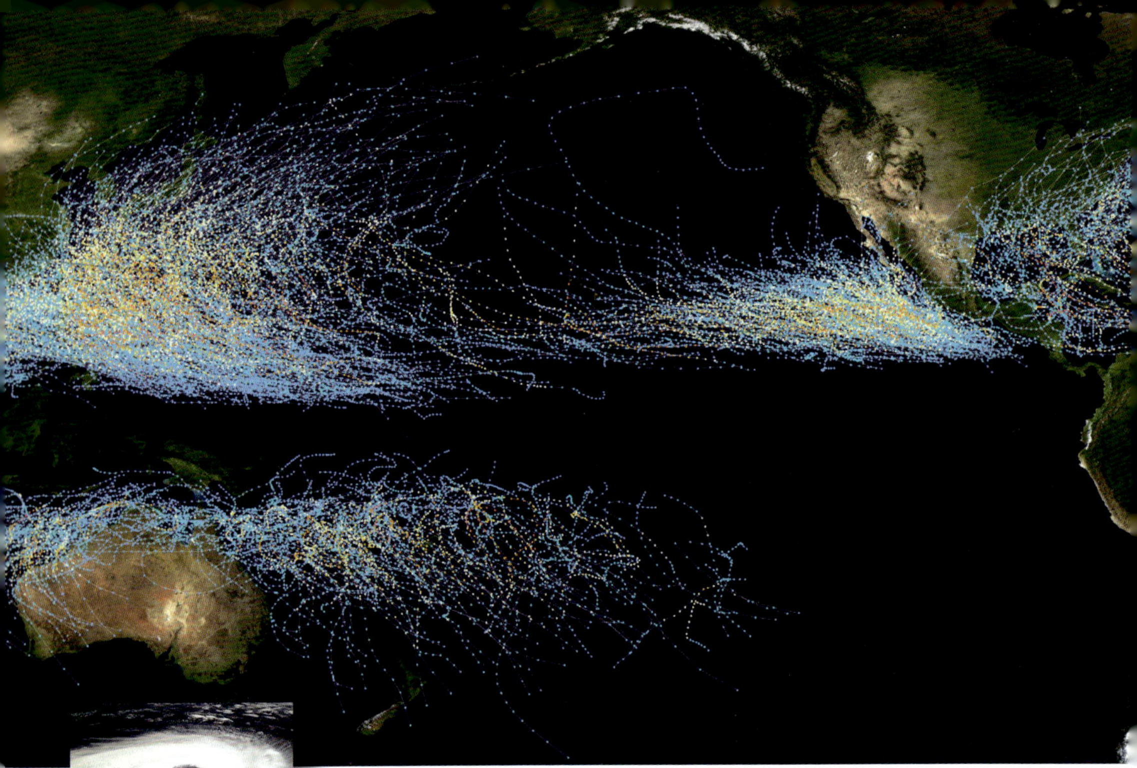

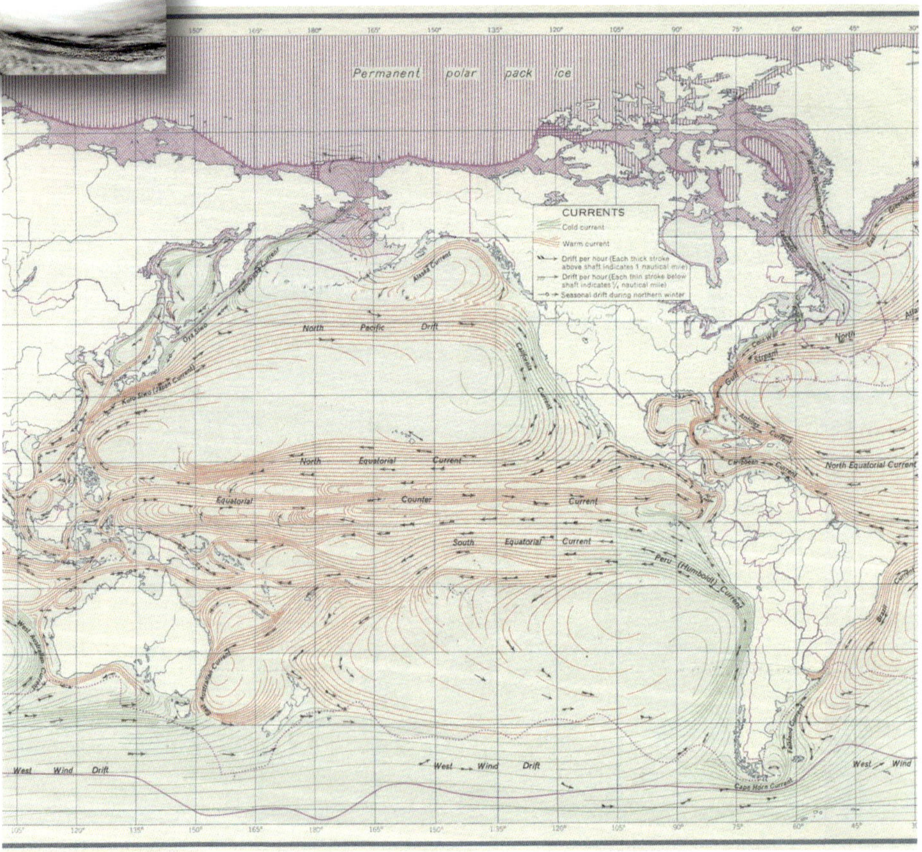
Permanent polar pack ice
CURRENTS
Cold current
Warm current
Drift per hour (Each thick stroke above shaft indicates 1 nautical mile)
Drift per hour (Each thin stroke below shaft indicates ½ nautical mile)
Seasonal drift during northern winter
North Pacific Drift
Alaska Current
California Current
Kuro Siwo (Japan Current)
North Equatorial Current
Equatorial Counter Current
South Equatorial Current
Peru (Humboldt) Current
Gulf Stream
North Equatorial Current
Caribbean Current
West Wind Drift
West Wind Drift
Cape Horn Current
West Wind

Strömungen und Stürme

Linke Seite:
Bahnen der tropischen Wirbelstürme im Stillen Ozean

Kleines Bild:
Das Auge eines Wirbels
Bezeichnungen der Windturbinen von Ost nach West:
Hurrikan, Zyklon, Taifun

Das Förderband der äquatorialen Meereströmungen

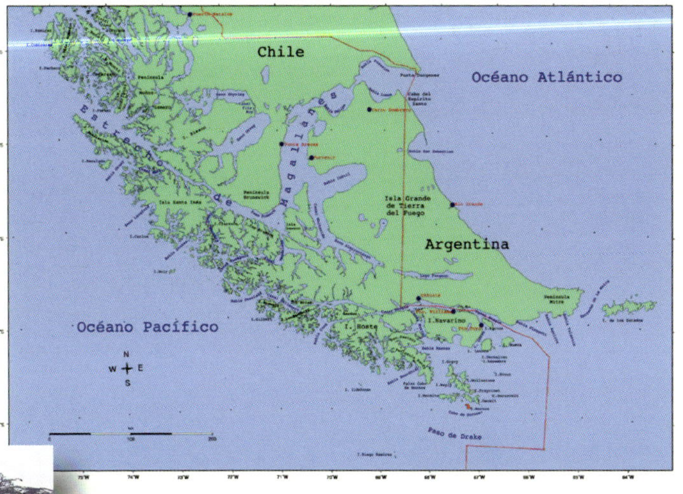

Feuerland mit Magellanstraße und Kap Hoorn (Bild unten)
Gletscher im Beagle-Kanal
(Bilder der Doppelseite: wikipedia;
Bild Wirbelsturm: NASA)

Die tektonischen Platten der Erdkruste

Der »Blaue Planet«: Ausdehnung des Pazifiks

(alle Karten: wikipedia)

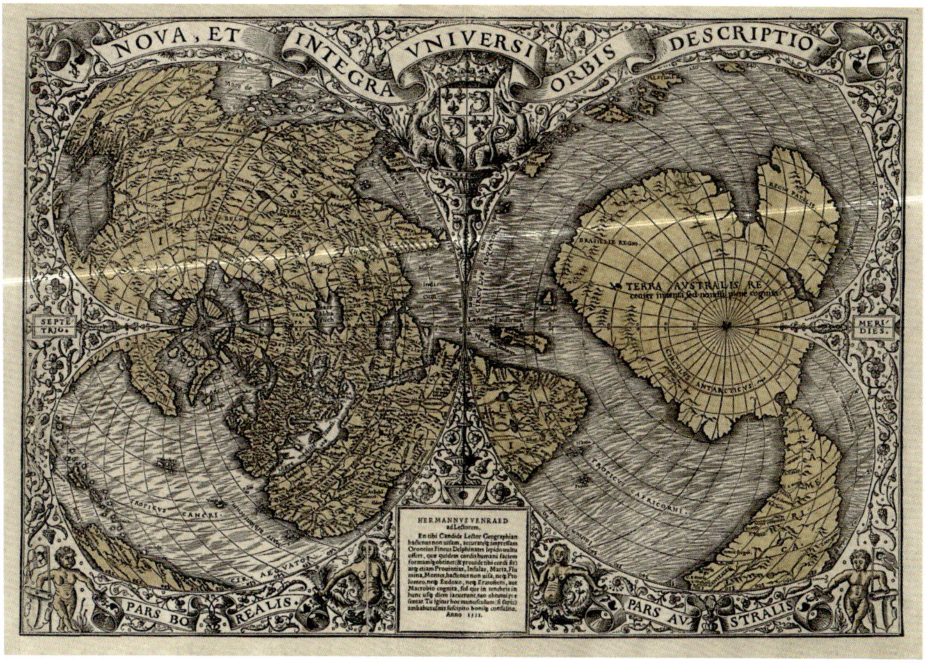

Linke Seite:
Palmenstrand auf den Cook-Inseln
(Foto: Cook Islands Tourism Corp.)

Tangragebirge in der Antarktis
(Foto: Lyubomir Ivanov)

Oben: Antike Karte von Oronce Fine.
Darstellung der »Terra australis incognita«,
des sagenhaften Südkontinents
(Bild und Foto unten: wikipedia)

Antarktis

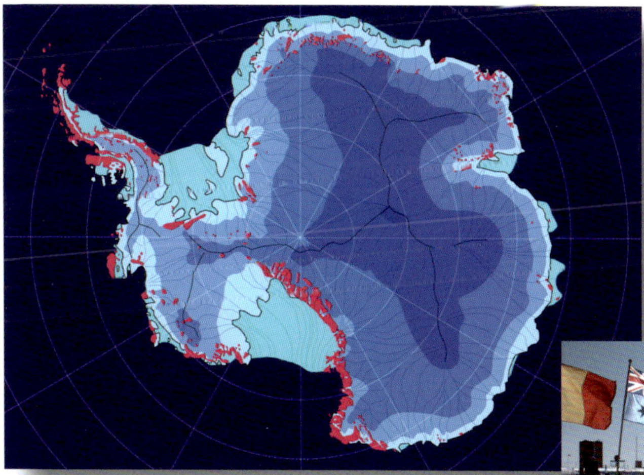

Ausdehnung und Struktur des antarktischen Eisschildes; dicke Linien: Eisscheiden, dünne Linien: Fließlinien des Eises, türkisfarben: Schelfeis, rote Bereiche: nicht von Eis bedeckt (2,8 % der Gesamtfläche), dunkler werdende Blautöne zeigen die Eisdicke in Schritten von 1.000 m

Amundsen-Scott-Südpolstation

Der Fryxellsee in der Antarktis
(Foto: Joe Mastroianni)

Kaiserpinguin (oben) und
Adeliepinguin (Fotos: Samuel Blanc)

Humboldt Pinguin (unten)
(Bild: R. Lydekker)

Insgesamt, so weisen die Statistiken der amtlichen Zyklonbeobachter in Hawaii und Guam aus, toben im Jahresschnitt 29 Taifune über den westlichen Nordpazifik, von denen zwischen 1964 und 1999 immerhin je elf als Supertaifune einzustufen waren. Die Höchstzahlen wurden 1961 mit 42 und 1996 mit 43 Wirbeln erreicht. Im südlichen Pazifik und dem südlichen Indischen Ozean sind es durchschnittlich etwa 29 jährliche Zyklone. Auch die Anzahl der so genannten Landfälle im Pazifik war mit 14 bis 18 wesentlich häufiger, als in der Karibik und an den Küsten Mittel- und Nordamerikas. Sie wurden mit vier bis neun ermittelt. Ihre Zerstörungswut ist im Stillen Ozean zudem ungleich größer, auch wenn sie für die Versicherer weniger materielle Schäden verursacht. Das liegt daran, dass im Vergleich zu den Küsten der USA längst nicht so hohe Kapitalinvestitionen auf dem Spiel stehen.

Die Inselkette der Philippinen gilt neben den Küsten Chinas weltweit als die Region, die von den meisten Wirbelstürmen heimgesucht wird. Allein 2009 bretterten vier Supertaifune kurz hintereinander über das Land. Die dortigen Taifune mit einheimischen Namen wie »Reming« oder »Auring« nehmen zunächst auf dem östlichen Pazifik einen langen Anlauf und haben dann auf der Hauptinsel Luzon mit verheerender Wucht ihren Landfall. Regelmäßig hinterlassen sie eine Schneise der Zerstörung, fordern zahlreiche Menschenleben, setzen die Hauptstadt Manila unter Wasser und lösen Schlammlawinen aus, die ganze Dörfer unter sich begraben. Auf den Bergketten rund um den Vulkansee Taal benannte einst Diktator Ferdinand Marcos nicht von ungefähr ein ursprünglich für den Besuch des Papstes geplantes Gästehaus »Palace of the Winds«. Ganz schlimm war die Sturmlage auf den Philippinen nach dem 1992 erfolgten Ausbruch des Vulkans Pinatubo, der ungeheure Aschenmengen in seine Umgebung blies, die sich dann nach heftigen Regenfällen als schmutzig grauer, zähflüssiger Strom (»Lahar« genannt) zu Tal wälzten und alles unter sich meterhoch begruben, was ihnen in den Weg kam. Denn außer den Windschäden richten die von den unerhörten Regenmengen ausgelösten Überflutungen während oder noch nach dem Vorbeiziehen der Taifune ein noch viel größeres Chaos an. Todesopfer und Zehntausende Obdachloser sind regelmäßig die Folge auf den Philippinen, in Teilen Indonesiens, in China, Vietnam und Taiwan.

Neuerdings sieht es so aus, als ob sich die Zugbahn dieser Sturmmonster weiter nördlich verlagert, somit sind auch Taiwan, die chinesische Küste bei Shanghai und der Süden Japans vermehrt betroffen, während Hongkong meist nur von Taifunen (tai fung = großer Wind) geschüttelt wird, die ihren Ursprung nicht auf dem Pazifik, sondern in der Südchinasee nehmen, gleichwohl aber verheerend genug sind. Auch Vietnam hat jährlich mehrfach unter dem ungeliebten Besuch aus den Weiten des Ozeans zu leiden. Einige der Taifune erreichten abgeschwächt sogar die Halbinsel Sachalin und die Kurilen.

Viele der verheerenden Wirbelorkane des Pazifiks nördlich und südlich des Äquators fetzen brüllend und wie eine gigantische Orgel brausend zum Glück nur über offene Wasserflächen und treffen erst gar nicht auf dichter besiedelte Gebiete. Allerdings sorgen sie auf einigen Archipelen für große Zerstörungen, so in der Südsee, zwischen Tahiti und den Tuamotu-Inseln, auf Samoa, auf Tonga und Fidschi. Auch die nördlich Neuseelands liegenden Inselgruppen Ozeaniens erhalten häufig ihren zerstörerischen Besuch. Die Brecher setzen ganze Atolle unter Wasser und können sie mit der Zeit sogar völlig vernichten. Besonders gefährdet ist das Rose-Atoll südöstlich der Insel Tutuila (American Samoa). Dieses einmalige, unbewohnte und fast unberührte Korallenatoll, der südlichste Punkt von Amerikas Staatsgebiet, stellt mit seinen Korallenriffen ein – noch – einmaliges Naturreservat dar. Ein neuer Superzyklon allerdings könnte es zusammen mit dem Ansteigen des Meeresspiegels bald gänzlich verschwinden lassen.

Die Wirbelstürme, die vor der Pazifikküste Mexikos aufstehen, schaffen es gerade noch bis in die kalifornische Bucht und schütten an ihrem nördlichen Rand Unmengen Regen über Kalifornien, bevor sie aufgrund der Erdumdrehung in nordwestliche Richtungen über den offenen Pazifik abziehen. Allenfalls ist die Schifffahrt davon betroffen, bis sie weiter nördlich in kalter Luft ihren bösen Geist aufgeben. Nur über der offenen See tropischer Breiten können sie aus dem aufsteigenden Wasserdampf ständig Energie nachtanken und ihre zerstörerische Kraft aufbauen. In den Berichten der Wetterstationen werden diese namenlosen Drehwinde des Stillen Ozeans für die Statistik und die Schifffahrtswarnungen nur mit einer Nummer versehen. Das gilt auch für den Indischen Ozean. Jene Wirbel, die bewohnte Gebiete mit ihrem Schreckensszenario überziehen, erhalten eigene, oft weibliche Namen, die – typisch für den Nordpazifik – in einem jeweils anderen territorialen Einzugsgebiet dann erneut umbenannt werden, wie bei den Japanern oder Chinesen.

In Taiwan, so ergaben Messergebnisse, lässt sich sogar ein Zusammenhang zwischen Taifunen und Erdbeben herstellen. In der an Taifunen armen Jahreszeit bebt dort die Erde seltener. Aus diesem Grund wird von einigen Seismologen vermutet, dass die Erschütterungen durch Wirbelstürme Einflüsse auf die Verschiebungen der Erdplatten nehmen und in diesem Fall bremsend wirken. Taiwan liegt auf der Schnittstelle zwischen Philippinischer und Eurasischer Platte. Aus Erfahrung klug geworden, sind die Alarmsysteme in all den von solchen Katastrophen jährlich mehrmals betroffenen Ländern gut ausgebaut. Hurrikanwarnzentren existieren auf Hawaii (Joint Typhoon Warning Center der US-Navy und Air Force in Pearl Harbour und Guam), in Neuseeland, Australien, als Organisation »Pagasa« auf den Philippinen, zudem in China, Taiwan und Japan (Japan Meteorological Agency).

Ein Sturm ist ein Sturm und ein tüchtiger Dampfer muss ihn aushalten.

Als größte Herausforderung des 21. Jahrhunderts empfinden es die Wetterforscher im Pazifik, genauere Wettervorhersagen zu erstellen, denn noch immer kommt es, trotz Satellitenüberwachung, bei den Zugbahnen zu erheblichen Abweichungen, die bis 440 Kilometer vom tatsächlichen Pfad betragen können. Das liegt daran, dass die pazifischen Taifune interagieren, das heißt, sie lassen sich von anderen Wetterlagen beeinflussen. So geschieht es durchaus, dass ein Taifun von dem ihm durch die Naturgesetze vorgeschriebenen Weg in Westnordwestrichtung abweicht und sogar manchmal von West nach Ost ziehen kann. Er kommt dann gegen ein anderes Tief- oder Hochdruckgebiet nicht an und wird entsprechend abgelenkt. Das ist im Atlantik lange nicht so ausgeprägt.

»Alle diese Regeln, wie man einem Sturm ausweichen und die Winde des Himmels überlisten soll, erscheinen mir, bei Licht betrachtet, als die größte Tollheit. … Ein Sturm ist ein Sturm und ein tüchtiger Dampfer muss ihn aushalten. Es gibt viel schlechtes Wetter auf der Welt, und das Beste ist, sich hindurchzuschlagen«, lässt der Autor Joseph Conrad, selbst als Seemann auf den Ozeanen unterwegs gewesen, in seinem Roman »Der Taifun« den irischen Kapitän MacWhirr sagen und ihn sein Schiff NAN-SHAN direkt auf das Auge eines Wirbelsturms steuern. Der altgediente Seebär wollte den Rat des Offiziers Juke nicht annehmen, durch eine Kursänderung dem Desaster aus dem Weg zu gehen und es zu umfahren. Selbst die Lektüre eines nautischen Fachbuches mit entsprechenden Hinweisen lässt ihn kalt: »Wenn ich all das glaubte, was in dem Buche steht, so müsste ich eine ganze Zeit damit zubringen, auf dem Meere hin und her zu fahren, um dem Wetter auszuweichen. Man sollte meinen, ein altes Weib habe all das Zeug geschrieben.« Die sture Haltung des ergrauten Seebären zeigt, dass es noch nicht lange her ist, dass die Gesetzmäßigkeiten tropischer Wirbelstürme von den Nautikern ignoriert und beim Abstecken des Kurses nicht berücksichtigt wurden. Und sicher ging so manches Schiff aus diesem Grund in den Weiten der See verloren. Dabei lässt sich heute der ungefähre Weg des Wirbels vorhersehen, ein Kapitän ist dem Phänomen also nicht mehr nur blindlings ausgeliefert.

Auf der Nordhalbkugel dreht der Wind gegen den Uhrzeigersinn um das Zentrum, das Auge wandert mit einer »Marschgeschwindigkeit« um 36 Kilometer in der Stunde in nordwestlicher Richtung. Auf der Südhalbkugel ist es umgekehrt und der Pfad des Sturms führt nach Südwest. Und es ist dabei gleichgültig, ob die Sturmmonster Taifun, Hurrikan oder Zyklon heißen, sie gleichen sich in ihren Entstehungsgeschichten und Gesetzen wie ein Ei dem anderen. Denn sie sind zwischen dem südlichen und nördlichen 25. Breitengrad das Ergebnis über mehr als 25 Grad warmen Oberflächenwasser (bis 50 Meter Tiefe) aufsteigender, mit Feuchtigkeit gesättigter Meeresluft der Tropen in den so genannten innertropischen Konvergenzzonen (ITC). Aus einer anfänglichen tropischen Depression entwickelt sich ein Tropensturm. Auf seinem Weg über das Wasser saugt er immer mehr Energie in Form von Wasserdampf auf und wird zum Wirbelorkan. In kälteren Höhenschichten schließlich kondensiert er und wird als Regen mit Orkanböen ausgeschleudert. In einer spiralförmigen Drehung von unvorstellbarer Gewalt saugt er gleichzeitig weiteres Kondenswasser trichterförmig um sein windstilles Auge nach oben.

Der frühere US-Präsident und Naturwissenschaftler Benjamin Franklin erkannte um 1750 das Wesen dieser Wirbelorkane als einer der Ersten. Zunächst waren die Meteorologen jener Zeit davon ausgegangen, dass der gewaltige Trichter vom Himmel fällt und dann Wasser ansaugt. Es verhält sich aber gerade umgekehrt, der aufsteigende Wasserdampf drängt zum darüberliegenden Tiefdruckgebiet, wird durch Passatwinde und die so genannte Corioliskraft, die eine Folge der Erddrehung ist, zum Wirbel angestoßen und lutscht weitere Dampfmassen nach oben. Diese Saugwirkung ist so kräftig, dass sich in der Mitte des Taifuns oder Zyklons der Meeresspiegel wie unter einem gigantischen Staubsauger auf einer Quadratkilometer großen Fläche um mehrere Meter hebt. Nähert sich ein solches Auge einer Insel und der Zeitpunkt fällt zugleich mit einem Tidenhöchststand zusammen, so steigt die See flaschengrün über die schützenden Korallenriffe und macht alles kurz und klein, was sich in Strandnähe befindet. Straßen und Brücken werden weggewaschen, Schulen und Hospitäler zertrümmert, wie Anfang der neunziger Jahre in Samoa, als der Inselstaat gleich dreimal hintereinander vom Landfall eines Zyklons betroffen war. Vor der Insel Savaii bildete sich dabei eine viele Kilometer lange Bank losgerissenen Korallengesteins und zeugte von der Gewalt der tropischen Stürme.

Davor hatte Samoa praktisch hundert Jahre Ruhe gehabt. 1889 allerdings vernichtete ein solches Windungetüm des deutschen Kaiser Wilhelms II. Kanonenboot ADLER, das in der zum Meer nach Norden hin offenen Bucht von Apia ankerte. Die ADLER und ihr Begleitschiff EBER, die den kolonialen Machtanspruch des schnauzbärtigen Regenten gegen Amerikaner und Engländer demonstrierten, wurden weit ins Land gespült. Rund 150 brave Seeleute fanden den nassen Tod.

Die Energie, die einen solchen ausgewachsenen Supersturm für nur einen Tag am Leben erhält, übersteigt – so ergeben entsprechende Hochrechnungen – die Zerstörungskraft aller in den Waffenarsenalen der Großmächte gelagerten Atombomben. Erst das Auftreffen auf Landmassen oder der Eintritt in kältere Zonen schwächt ihn ab und lässt ihn schließlich ganz sterben.

Die Wucht der apokalyptischen Winde beschreibt keiner besser, als der selbst befahrene amerikanische Schriftsteller Jack London. Der Kopraschoner PETITE JEANNE muss in seiner Erzählung »Der Heide« auf einem Törn von Rangiroa nach Tahiti ein solches herannahendes Orkantief durchqueren. London schildert das faszinierende und zugleich Schreck einflößende Schauspiel: »Es schien, als sei der ganze Ozean in den Schlund des Orkans gesogen und durch den Teil des Raumes hochgerissen worden, den zuvor die Luft eingenommen hatte. Ich war durch den ständigen Winddruck am Ende meiner Kräfte, fühlte mich wie betäubt und gelähmt und war wohl drauf und dran, aufzugeben und mit dem Leben abzuschließen, als uns das Sturmzentrum traf.« Der Schlag, den die Besatzung dann spürte, so schreibt London weiter, bestand aus absoluter Windstille. Nachdem der Winddruck gewichen war, bäumte sich die See auf. »Sie sprang, schnellte geradewegs auf die Wolken zu. Es waren Spritzer, monströse Spritzer – mehr nicht. Fünfundzwanzig Meter hohe Spritzer. Fünfundzwanzig!« Er korrigiert sich und meint, sie hätten sogar wie Fontänen über den Masttopp gereicht. Sie seien gewissermaßen irgendwo und überall entstanden, hätten sich gegenseitig angerempelt und seien wieder wie tausend Wasserfälle auf einmal zerstoben. Alles sei nichts anderes als ein Hexenkessel tobenden Seewassers gewesen, das die PETITE JEANNE buchstäblich auseinanderriss und zu Kleinholz zermalmte.

In seinen »Südseegeschichten« beschreibt London in der Erzählung »Parlays Perlen« die Wirkung eines solchen Naturereignisses auf Atolle: »Die Grashütten waren verschwunden und Parlays Haus wankte wie ein Betrunkener. Hier und da hatten sich Menschen oben in den Kokospalmen festgebunden.« Eine Stunde später sei es so weit gewesen: »Die Ruine von Parlays Haus wurde hochgehoben, in Richtung Lagune geschleudert und flog auf sie zu. An der MALAHINI vorbei stürzte sie auf die PAPARA, die eine Viertelmeile achteraus lag.«

Im März 2010 raste ein Taifun-Doppelgespann durch die östliche Südsee. »Tomas« wütete über Fidschi, das jährlich im Schnitt zehn solcher Monster zu verkraften hat. Windgeschwindigkeiten von 270 Kilometer pro Stunde machten »Tomas« zu einem der gefährlichsten Wirbel am Ende der Taifun-Saison. Zeitgleich fegte »Ului« mit 320 Stundenkilometern über die benachbarten Salomonen. Die Wirkung solcher Zyklone auf den Menschen ist gewaltig. Er hat das Gefühl, einem apokalyptischen Geschehen ohnmächtig ausgeliefert zu sein. Joseph Conrad versuchte es in Worte zu fassen: »Ein Erdbeben, ein Erdrutsch, eine Lawine überfallen den Menschen sozusagen zufällig – leidenschaftslos. Der Sturm dagegen greift ihn an wie ein persönlicher Feind, lähmt seine Glieder, betäubt seine Sinne, sucht ihm die Seele aus dem Leib zu reißen.« Der Seemann Juke muss in Conrads Roman »Der Taifun« mit ansehen, wie der Orkan das Schiff zur Beute nimmt: »In sinnloser Zerstörungswut betrieb der Sturm die Plünderung der NAN-SHAN. Lukenbezüge wurden aus den Luken und Seisings gerissen, doppelt befestigte Sonnensegel weggeblasen, die Brücke reingefegt, Brückenkleider zerschlitzt, Oberlichtdeckel zerschmettert. Zwei von den Booten hatten sich schon davongemacht, ohne dass es jemand gesehen oder gehört hätte.«

Im Bereich der Südchinasee kommt es immer wieder zu einem atypischen Verhalten der Teufelswinde. Sie irren scheinbar entgegen allen geltenden Naturgesetzen hin und her, werden von Festlandswetterlagen erst einmal abgestoßen, drehen zurück auf See und pumpen sich mit neuer Energie voll. Exemplarisch dafür war 1994 »Miding«. Dieser Orkan entstand aus einer so genannten »tropical depression« auf dem Südchinesischen Meer und zog zunächst als tropischer Sturm »vorschriftsmäßig« in Nordwestrichtung auf Hongkong zu. Dann drehte er plötzlich nordostwärts ab, fetzte an der Küste Vietnams entlang, tankte sich zum Orkan voll und fegte nach Osten an der Südküste Taiwans entlang auf den Pazifik, drehte dort wieder um und passierte erneut die Südspitze Taiwans in Richtung der damaligen Kronkolonie, machte kurz vor ihren Toren wieder kehrt und jagte auf die Nordspitze der Philippinen zu, passierte sie auf seinem Ostweg zum Pazifik, drehte erneut um und suchte den Norden der Philippinen heim. Dann wanderte er weiter westwärts und schwächte sich – ganz und gar ungewöhnlich – über der offenen See so weit ab, dass er das asiatische Festland nicht mehr erreichte. Seine Zugbahn glich einer abgeflachten Acht. Die Wetterfrösche Südostasiens waren platt, ihre Vorhersagen und Warnungen mussten ständig korrigiert werden, der Taifun spielte ein teuflisches Spiel mit ihnen. Kaum hatten sie seinen Pfad erfasst, wartete er mit einem neuen Schlenker auf, schwächte sich zum tropischen Sturm ab oder blies sich erneut zum Orkan auf. Die bedauernswerten Seeleute in dieser tobenden Hölle verloren schließlich vollends den Überblick.

Der Stille Ozean, er ist immer wieder voller Überraschungen und also beileibe nicht so still, wie es Magellan in seinen ersten Eindrücken beschrieb. Die Vernichtung zweier chinesischer Invasionsflotten vor Japan schon in historischer Zeit spricht eine deutliche Sprache über die Zerstörungsgewalt seiner Stürme. Und sie ist heute eher noch stärker geworden.

Kapitel 7

Die globale Wetterküche

»Alle Jahre wieder kommt das Christuskind«, singen die Kleinen in Deutschland zu vorweihnachtlicher Zeit. Und der Eintritt des himmlischen Wesens in das Erdenrund bedeutet für all die Menschlein auf dem Globus – je nach Wohlstandsgefälle – mehr oder weniger üppige Geschenke und Süßigkeiten auf dem Gabentisch. Doch es gibt noch ein anderes Christkind, ein sehr böses sogar. Es beschert manchen Regionen der Erde Wetterkapriolen, Tod und Verderben. Es führt Dürren, Fluten und Kälteeinbrüche mit sich und raubt vielen Fischern den Fang. In jedem Fall aber zeitigt es globale Wirkung.

Meist wird es mit seiner spanischen Bezeichnung gerufen. Peruanische Fischer auf Südamerikas Pazifikseite haben ihm den »Kosenamen« verpasst: El Niño, das Christkind, denn es handelt sich dabei um ein Wetter- und Strömungs-Phänomen, das in periodisch verschieden starken Schüben und in Fristen von zwei bis sieben oder acht Jahren und seit etwa 300 Jahren gehäuft stets zur Weihnachtszeit auftritt. Die Wissenschaftler kreierten dafür den Namen El Niño Südliche Oszillation (ENSO). Doch so neu ist die Erscheinung nicht, denn bereits die präkolumbialen Inkas hatten darunter zu leiden. Manche Historiker glauben sogar, dass einige Kulturen Südamerikas, wie die der Moche, an den durch El Niño ausgelösten Dürrekatastrophen zugrunde gingen. Und es gibt Hinweise, dass schon vor rund 10.000 Jahren starke El Niños auftraten. Kühne Hobby-Meteorologen behaupten gar, dass der Untergang der TITANIC letztendlich eine indirekte Folge von El Niño gewesen sei, welches im Jahr 1912 für eine extreme Ausbreitung von Eisbergen in weit südliche Bereiche des Nordatlantiks gesorgt hatte. Der Sturz des äthiopischen Kaisers Haile Selassi sei demnach ebenfalls auf eine durch El Niño verursachte Dürre in der Sahelzone zurückzuführen. Nach weiteren Spekulationen verursachte das »Christkind« als mittelbare Folge selbst die Französische Revolution durch witterungsbedingte Missernten. Ebenso sei die irische »Potato Famine«, die Kartoffelfäule, von El Niño mit ausgelöst worden. Sie zwang 1845 Millionen von Iren zum Auswandern und ließ Tausende verhungern. Sogar Grippe-, Pocken- und andere Epidemien, ja selbst die schwarze Pest im 14. Jahrhundert werden mit dem »Christkind« in Verbindung gebracht. Unter solchen Aspekten lassen sich schließlich – unbewiesen natürlich, da genaue Jahreszahlen fehlen – auch biblische Ereignisse als Folgen von El Niño identifizieren.

Das gefürchtete Wetterphänomen mit dem christlichen Namen ist nichts anderes als eine ungewöhnliche Strömung im ozeanografisch-meteorologischen System des äquatorialen Pazifik. Schlicht gesagt lässt El Niño mit einem gigantischen Wärmetransport den sonst ganzjährig kühlen, von kaltem und aufsteigendem Tiefenwasser gespeisten Humboldtstrom aus dem arktischen Süden plötzlich schwächeln oder manchmal an der Küste Südamerikas sogar ganz zum Erliegen kommen. Die Folge: Die Meeresoberfläche erwärmt sich in den sonst reichhaltigen Fischgründen atypisch stark. Das wiederum hemmt das Wachstum von Plankton, unterbindet es schließlich ganz und lässt die Fischschwärme in andere, nährstoffreichere Gebiete abwandern. Die Nahrungskette bricht zusammen, wird manchmal sogar von einem Fischsterben begleitet. Der wirtschaftliche Schaden für die Küstenanrainer ist enorm. Ohne El Niño sind gerade diese Zonen um zehnmal fischreicher als andere Gebiete im übrigen Pazifik und die Menschen an seinen Gestaden leben davon. Allerdings hat dieser Reichtum, diese biologische Produktivität auch eine Schattenseite. Da die Organismen absterben und absinken, entsteht ein tödlicher Zyklus. Die toten Kleinlebewesen, das Zooplankton, werden von Bakterien zersetzt. Sie verbrauchen bei diesem Prozess fast allen Sauerstoff und es entstehen schon in fünf Metern Tiefe extrem sauerstoffarme Zonen. Dem Ozean geht dann im wahrsten Sinn des Wortes die Luft aus. Die weltweite größte Todeszone findet sich derzeit vor den Küsten von Ecuador, Peru und Chile, verstärkt noch durch den Stoffwechselabfall der dort immer mehr kultivierten Lachsfarmen im Seewasser.

Deutsche Wissenschaftler an Bord des Forschungsschiffes METEOR haben diesen Effekt, der sich bei einer weiteren Erwärmung der Meere durch den Klimawandel noch fortsetzen dürfte, vier Monate lang untersucht. Südlich von Lima, der Hauptstadt Perus, stellten sie in fünf Metern Tiefe eine hohe Konzentration von Schwefelwasserstoff fest, der beim Abbau organischer Substanzen gebildet wird. Im Gegensatz dazu gedeihen in derselben Zone, etwa an Australiens Barriere-Riff oder im Roten Meer, ausgedehnte Korallenbänke mit einer Vielzahl leuchtend bunter Fische. Die gegenwärtig in Chile und Peru zunehmenden Touristenströme des »Whalewatching« ergötzen sich an einer Vielzahl von Walen, Delfinen und anderem Seegetier. Allerdings erkennen die maritimen Trendsetter auf Fotosafari nicht die wirkliche Natur des Schauspiels: Die sichtbare Üppigkeit an Meeresbewohnern kommt nur deswegen zustande, weil sich das Nahrungsangebot in den oberen Wasserschichten konzentriert und ein tieferes Abtauchen nutzlos wäre. Denn dort herrschen lebensfeindliche Todeszonen.

Vor dem Hintergrund der Erwärmung des Weltklimas werden diese Zonen seit Kurzem regelmäßig überwacht. Um zukünftige Veränderungen und Trends zu registrieren, wurden zehn so genannte »Floats« ausgebracht. Sie messen in Tiefen zwischen 400 und 1.000 Metern Salz- und Sauerstoffgehalt, stellen die jeweilige Temperatur fest und übermitteln die Daten via Satellit nach Kiel an das Leibniz Institut für Meereswissenschaften und die Christian-Albrechts-Universität. Modernste Technik macht es möglich. Zudem wurden durch den Tauchroboter BIGO-LANDER Bohrkerne zur Untersuchung der Klimageschichte entnommen, denn es ist inzwischen unbestritten, dass der Ausstoß an Treibhausgasen nicht nur verheerende Wirkungen an Land zeitigt, sondern auch das Ökosystem Meer in Gefahr bringt. Die Gewässer werden seit Jahren wärmer und saurer, Kalkschalen von Seegetier lösen sich auf, Plankton wird dezimiert. Somit fallen wichtige Schadstofffilter aus. Zahlreiche der zigtausend Einzellergattungen, so genannte Foraminiferen, sind davon betroffen. Eine der wichtigsten Nahrungsquellen in der maritimen Nahrungskette scheint vom Verschwinden bedroht.

Unsere Ozeane nehmen pro Jahr rund ein Drittel des menschengemachten, von seinen Maschinen und Kraftwerken ausgestoßenen Kohlendioxids auf. Ein gestörtes Gleichgewicht in den Weltmeeren schmälert diese Funktion. Tritt dann zusätzlich noch eine lang anhaltende El-Niño-Wetterlage ein, potenziert sich der negative Effekt. Weltweit ist bereits festzustellen, dass durch diese Vorgänge rund 20 Prozent der Korallenriffe abgestorben und weitere 24 Prozent in Gefahr sind. Die involvierten Wissenschafter befürchten denn auch eine Art Dominoeffekt für die Entwicklung in allen Meeren, die wir mehr denn je endlich als die Wiegen des Lebens verstehen sollten, als Geburtsstätten aller Evolution und des biologischen Seins auf unserem Blauen Planeten.

Während normalerweise die Oberflächenströmung des Pazifiks warmes Wasser von Südamerika nach Indonesien transportiert, dreht sich die Richtung dieses mächtigen Stromes während einer El-Niño-Wetterlage um. Warmes Seewasser blockt für Monate den kalten Humboldtstrom, würgt gewissermaßen seinen Motor ab, ebenso wie den des Südäquatorialstroms. Kühleres Meerwasser umspült dagegen das indonesische Archipel. Das geschieht im Wechselspiel mit einer entsprechenden Veränderung des Windsystems im äquatorialen Passatgürtel. So kann der Südostpassat ganz aussetzen oder sogar in umgekehrter Richtung blasen. Die normalen Passatwinde lassen den Wasserspiegel in Südostasien um bis zu 60 Zentimeter höher als vor der Küste Südamerikas auflaufen. Das führt dann irgendwann zu einem gigantischen Zurückschwappen und der Auslösung von El Niño. Populär vereinfacht lässt sich das Wechselspiel dieses Phänomens so beschreiben: Die von Ost nach West verlaufende Hauptströmung des Pazifiks und die entsprechenden Monsunwinde transportieren das sich immer mehr erwärmende Meerwasser bis vor die Küsten Indonesiens, wo es sich gewissermaßen zu einem Berg auftürmt. Irgendwann laufen diese Wassermassen wieder ab, um zurück zum Normalnull des Meeresspiegels zu gelangen. Unter diesem Druck dreht sich nun die Richtung in West-Ost um. Das aufgeheizte Wasser kommt vor Chiles Küsten an und stoppt den kalten und nährstoffreichen Humboldtstrom, die Fische finden kaum mehr Nahrung. El Niño ist geboren und der Prozess beginnt von Neuem. Die Wissenschaft spricht von einer Kelvinwelle. Sie geht einher mit mächtigen, gegen Südamerika ziehenden Wolkenbändern, die sich beim Aufstieg vor den Anden in unerhörten Güssen entladen. Wissenschaftler haben errechnet, dass sich im Stillen Ozean zu dieser Zeit die Energiemenge von 300.000 Atomkraftwerken oder einer halben Milliarde Megawatt speichert. Regelmäßige Temperaturmessungen werden mit einem Netzwerk von fest verankerten Messbojen vorgenommen. Auch Satelliteninfrarotbilder tragen dazu bei, den Fortgang der jeweiligen Phase, El Niño oder des später wieder gegenläufigen La Niña, zu verfolgen. Dadurch, dass sich bei einer fortschreitenden Klimaerwärmung der östliche Pazifik nach Modellrechnungen wesentlich stärker als der Westpazifik erwärmt, erwarten die Ozeanologen in Zukunft eine weitere Zunahme des El-Niño-Effektes.

Die erneute Umkehr der Strömung und das Ende von El Niño wird als La Niña (kleines Mädchen) bezeichnet. Die Dame schleudert ein ausgedehntes Tiefdruckgebiet über Indonesien. Eine regenreiche Zeit mit besonders ausgeprägten Passaten und Auswirkungen bis in die Südchinasee beginnt, während in Peru analog extreme Trockenheit eintritt. In der Höhe fließt die Luft als so genannte Walkerzelle wieder zurück über den Stillen Ozean, sinkt über dem Ostpazifik ab und bewirkt ein sehr trockenes Klima, führt zur Bildung von Wüsten wie der 3.500 Kilometer langen Atacama in Chile.

El Niño ist ein immer noch rätselhaft mächtiges Phänomen, eine globale Wetterpumpe, die regulierend die über dem Westpazifik aufgestaute Wärme nach Osten abtransportiert und polwärts ableitet – mit weitreichenden Auswirkungen für die gesamte Erde. Die Wissenschaft hat festgestellt, dass drei Viertel des Globus von dieser Naturerscheinung beeinträchtigt ist. Nach zwanzig Jahren intensiver Beobachtung gibt es klare Beweise, dass sich die Meere auf der Nordhalbkugel und im Westpazifik mehr erwärmt haben, während sie auf der Südhalbkugel und im Ostpazifik abkühlten. Solche Veränderungen werden durch die globalen Förderbänder der Meeresströmungen nur sehr langsam weitergegeben, bleiben aber mit Sicherheit nicht ohne Auswirkungen auf das Weltklima an Land, etwa auf die Menge tropischer Regen. Von den Galapagos-Inseln bis an die Küsten des südamerikanischen Kontinents gießt es dann wie aus Kübeln. Überschwemmungen sind die Folge, selbst die Ostküste Südamerikas bekommt das zu spüren. Der Regenwald am Amazonas leidet plötzlich an Trockenheit, dann wieder unter sintflutartigen Güssen. Vor den Küsten Mexikos bilden sich mächtige Wirbelstürme. Über Südostasien und Australien fällt Dürre her, Buschfeuer und Waldbrände brechen aus. Wer in dieser Zeit von Neuseeland nach Hongkong fliegt, sieht aus 12.000 Kilometer Höhe die riesige Rauchglocke, die über Teilen Indonesiens, beispielsweise über Borneo und Neuguinea, ähnlich wie bei einem Vulkanausbruch den Himmel verdunkelt. Diese massive Glocke verhindert zusätzlich, dass die erlösenden Regenwolken in das Gebiet eindringen können. Sie werden abgelenkt und gehen anderswo nieder.

Der Arm des »Christkindes« und die extreme Aufheizung des pazifischen Oberflächenwassers im Bereich des Äquators reichen sogar weiter und über den Indischen Ozean hinweg. In Kenia und Tansania regnet es stärker, in Simbabwe und Botswana dagegen wird es trocken. El Niño lässt ganze Korallenpopulationen sterben (Korallenbleiche), Fischschwärme verenden und Seevögel verhungern. Robbenpopulationen wandern ab, Walschulen ändern ihre Standorte. Und manchmal wird sogar Europa vom »Christkind« unsanft in die Arme genommen, wie etwa im Winter 2009/10 oder während des Zweiten Weltkriegs im ungewöhnlich bitteren Winter 1941/42 mit Rekordtemperaturen von bis zu minus fünfzig Grad Celsius. Der Vormarsch von Hitlers Truppen kam dadurch ins Stocken, die deutschen Landser waren im Gegensatz zu der Kälte gewohnten Sowjetarmee den Temperaturen nicht gewachsen und zudem ungenügend dafür ausgerüstet. Die klimatischen Auswirkungen reichten im Norden bis nach Alaska, wo es zu dieser Zeit ungewöhnlich warm wurde und als Folge mächtige Waldbrände wüteten – alles Zeichen, dass die klimatischen Vorgänge nicht isoliert zu betrachten sind, sondern sich wechselseitig bedingen. In diesen Kriegsjahren verregneten in Südostasien gleichzeitig die Ernten und halb Afrika vertrocknete ebenso wie Australien. Während der Süden des indischen Subkontinents bei solch speziellen Wetterlage in Regenmassen ertrinkt, sind die Regionen des Himalaja von Trockenheit bedroht, ebenso Teile der Karibik und der Osten Südamerikas. Dafür aber gießt es in Brasilien. In früheren Jahren, wie etwa 1789 bis 1793, kam es, so nehmen einige Meteorologen an, wegen des pazifischen Christkindes in Europa sogar zu erheblichen Ernteeinbrüchen. Von 1990 bis 1994 trat El Niño in außergewöhnlich schneller Reihenfolge auf. 1997/98 lagen die Wassertemperaturen in den betroffenen Meeresgebieten des Stillen Ozeans sieben Grad über den Normalwerten – so viel, dass das Meerwasser auch die darüber liegende Luft aufheizte. Damals sollen 16 Prozent der weltweiten Riffe abgestorben sein.

Die ökonomischen Verluste durch das »Christkind« summieren sich also in die Milliarden: Getreideernteausfälle in Australien, abnehmende Ernte von Kakao und Palmöl in Südostasien, sinkende Produktion von Fischmehl im vor allem darauf angewiesenen Peru, Zusammenbruch ganzer Infrastrukturen durch ausgelöste Naturkatastrophen, Einfluss auf die Warenterminbörse in Chikago und ihre weltweiten Kontrakte. Unwetter und Hurrikane richten zudem Millionenschäden an. Überschwemmungen und Erdrutsche kosten Tausende das Leben, die Ozonwerte in der Stratosphäre schnellen in die Höhe. Eine veränderte atmosphärische Zirkulation kann schließlich auch die Ströme der so genannten Höhenwinde beeinflussen. Die großflächige Erwärmung von Meerwasser bleibt zudem nicht ohne Einfluss auf den arktischen Ringozean und führt vermehrt zur Abkalbung von Gletschern, lässt unter Umständen Eisfelder bis in die südlichen Schifffahrtsrouten treiben.

Bei der Auswertung von 33.000 Wetterberichten aus aller Welt fand der Züricher Klimatologe Stefan Brönniman immer neue Hinweise auf solche Billardeffekte. Auch der in Kiel lebende Meteorologie-Experte Mojib Latif aus Pakistan hat sich um die Jahrtausendwende im Auftrag des Max Planck Instituts eingehend mit El Niño beschäftigt, um zu einer einigermaßen verlässlichen Voraussage zu kommen. Er warnt vor den Möglichkeiten, im Gefolge solcher Wetterkapriolen und der Erderwärmung könnten tropische Krankheiten weiter nach Norden vordringen. Sicher ist bereits, dass während El Niño in Kolumbien die Malaria-Erkrankungen deutlich zunehmen, weil die Erreger besonders günstige Bedingungen vorfinden. Bislang jedoch hat sich trotz all dieser Forschung noch kein zuverlässiges Muster der Vorhersage ergeben und 2003, als die Wissenschaftler mit einem El Niño rechneten, blieb das Christkind sogar ganz aus.

Andere Experten wiederum wollen einen Zusammenhang von El Niño mit den Eruptionen der Sonne, also der Sonnenfleckentätigkeit, ausgemacht haben. Diese traten in der Vergangenheit in einem etwa elfjährigen Zyklus auf und scheinen durch die ausgeschleuderten Protuberanzen, ihre bis auf die Erde verstärkten Sonnenwinde mit deren gebündelter Energie, das El-Niño-System anzukurbeln.

Die US-Weltraumbehörde hat inzwischen den so genannten Topex/Poseidon-Satelliten ins All geschossen. Er soll helfen, den Zusammenhang zwischen Atmosphäre und Meeren weiter zu erfassen. Ein anderer Satellit im Rahmen des Forschungsprogramms »NASA/European Surface Topography Mission/Jason-2« meldete Anfang 2010 eine Abschwächung des diesmal lang anhaltenden El Niño. »The last hurrah«, meinte der amerikanische Ozeanograf Bill Patzert, der darauf hinweist, dass seit Juni 2009 das »Christkind« zahlreiche andere globale Wetterereignisse angestoßen hat, wie den extrem langen und kalten Winter 2010 in Mitteleuropa und im Mittelmeerraum. Auch die westliche Pazifikregion hatte in den ersten Monaten 2010 unter einer besonders lang anhaltenden Dürreperiode zu leiden. Rund ein Drittel weniger Regen fiel auf das für ihr Trinkwasser sehr stark von regelmäßigen Tropengüssen abhängende Guam und andere mikronesische Inseln. Die plötzliche große Trockenheit führte außerdem dazu, dass zwölf Prozent der Insel Guam durch so genannte »grass fire« abbrannten. Erhebliche Einbußen erwartete die Fischereiindustrie an Amerikas Westküste wegen eines wesentlich stärkeren Zuflusses an warmen tropischen Wasser. In Nordamerika wurden mehrere schwere Blizzards auf El Niño zurückgeführt. Killerfluten in Mexiko und eine verheerende Dürre in Ecuador und Südaustralien waren ebenfalls böse Geschenke des »Christkinds«. Im Februar 2010 konstatierte die Regierung der Philippinen, dass der Verlust für die Landwirtschaft des Inselstaates bei über 400 Millionen Dollar liegt.

Veränderungen der Windströme im Pazifik zeitigen Auswirkungen auf das gesamte Klima der südlichen Hemisphäre. Die Windströmungen haben sich in den vergangenen dreißig Jahren ohnehin eindeutig mehr den antarktischen Zonen angenähert und kontinuierlich an Stärke zugenommen. Das stellte der Ozeanograf Jean-Baptiste Sallee fest. Das wiederum habe Auswirkungen auf die Durchmischung des Oberflächenseewassers und das Wachstum des Phytoplanktons. Ohne Zweifel beeinträchtige El Niño 2010 mit nordwärts strömendem warmem Seewasser das maritime Wachstum bis an die Küsten Kaliforniens. Die sonst reichlichen Anchovis- und Sardinenschwärme der Region dünnten stark aus. Auch die weltweite Zirkulation des Wassers ist stärker geworden, manche Bereiche auch salziger. Seit 1950 sind die Meerestemperaturen global um durchschnittlich 0,4 Grad Celsius gestiegen. Wenn sich die Oberflächentemperatur weiter aufheizt, kann mehr Wasser verdampfen und sich in anderen Regionen in Form von Regen niederschlagen. Ozeane und Atmosphäre atmen gewissermaßen miteinander, Wasser nimmt Kohlendioxid auf, gibt Wärme an die Windsysteme und Wasser durch Verdunstung für die Wolkenbildung ab, nimmt wiederum salzfreies Regenwasser auf.

Das Leben in höheren geografischen Breiten wäre ohne die Wirkung ozeanischer Strömungen kaum denkbar, wie der Golfstrom als Lebensader für Europa beweist. Der Wärmetransport auf dem Wasserweg entlastet die Haupteinstrahlungsgebiete, die sich sonst noch mehr aufheizen würden. Da die Ozeane 71 Prozent der Erdoberfläche bedecken, wandeln sie in ihren Oberflächenwassern die Strahlungsenergie der Sonne in Wärme um. Und da der Stille Ozean wiederum zwei Drittel dazu beiträgt, ist er ein starker, weltweit arbeitender und unverzichtbarer Motor des globalen Klimas.

Dadurch, dass sich die Meere langsam erwärmen, aber auch langsam abkühlen, nehmen sie zudem einen regulierenden, einen ausgleichenden Puffereffekt wahr. Sie sind auf der einen Seite Heizung, auf der anderen Kühlung und dämpfen den Treibhauseffekt. Die in den Weltmeeren gelöste Menge an Kohlendioxid ist etwa 50-mal größer als der Gehalt in der Atmosphäre. Je kälter das Wasser, umso mehr des Treibhausgases kann es binden, umso mehr kann das Phytoplankton durch Fotosynthese »aus dem Verkehr ziehen«. Deswegen ist gerade der Bestand dieser Kleinstlebewesen für die weitere Klimaentwicklung lebenswichtig. Anscheinend sind solche Zusammenhänge längst nicht genug im Bewusstsein der Meeresnutzer und -verschmutzer verankert. Auf zwei Wegen wird das schädliche Gas auf Jahrzehnte, manchmal Jahrhunderte wie in einer gigantischen Batterie gespeichert, dem Austausch mit der Atmosphäre entzogen. Zum einen geschieht das durch absinkende Wassermassen, zum anderen durch die auf den Meeresgrund wie ein ständiger Schneeregen rieselnden abgestorbenen Organismen.

Alles in allem sind wir Menschen einem äußerst komplizierten Zusammenspiel verschiedenartigster Einflüsse, Wirkungen und Nebenwirkungen ausgeliefert. In ihnen spielt der Pazifik als globale Wettermaschine einen mächtigen Part. Forscher der Universität in San Diego stellten fest, dass die an den Pazifikküsten Nord- und Südamerikas entstehenden mächtigen Ozeanwellen den antarktischen Schelf treffen und dort den »katastrophalen Kollaps« (Peter Bromirski, San Diego) ganzer Eisfelder bewirken. Kalifornische Wissenschaftler trugen die seismischen Daten des Ross-Schelfs zusammen und konstatierten zudem, dass beim Zerbrechen des riesigen Wilkins-Schelfs solche Wellen den Anstoß gaben. Nun ist – so fanden Meeresforscher in Oregon heraus – unverkennbar, dass im nordwestlichen Pazifik ein dramatischer Anstieg der Wellenhöhen stattfindet. Höhen von über 15 Metern wurden gemessen, gegenüber elf noch 1969. Das hat unter anderem Folgen für die Erosion der Küsten, aber auch für die antarktischen Eisfelder. Mit einer weiteren Zunahme der Wellenhöhen wird gerechnet. Als Ursache machten die Forscher Veränderungen der Sturmpfade aus sowie aufgrund der Klimaerwärmung ein Anwachsen der Windgeschwindigkeiten.

Kaliforniens Behörden mussten Anfang 2010 sogar den Notstand ausrufen. Orkanartige Stürme und Regenfluten waren über den westlichen Bundesstaat hergefallen und hatten das öffentliche Leben weitgehend lahmgelegt. Aller Wahrscheinlichkeit war das ein Geschenk des »Christkinds« an den ohnehin am laufenden Band von solchen Naturkatastrophen und verheerenden Waldbränden gebeutelten Gouverneur Arnold Schwarzenegger und seine davon betroffenen Bürger im einstigen Sonnenland und Rentnerparadies an der Westküste Amerikas. So manche schmucke Villa fiel inzwischen Brandwalzen und Erdrutschen zum Opfer. Und in jüngster Zeit haben diese Katastrophen immer gefährlichere Ausmaße angenommen.

»The great ocean conveyer belt«, das große maritime Förderband, umspannt alle drei Ozeane. Und natürlich wirken sich auch diese Treibriemen des globalen Wetters im Pazifik auf die damit verbundenen Strömungen im Indischen Ozean, rund Kap Hoorn und den Zirkularstrom der Antarktis aus. Und nicht anders ist es mit den Luftströmungen. Es greift alles wie ein Zahnrad ins andere und noch längst nicht ist der gesamte komplexe Mechanismus entschlüsselt. Erst Anfang 2010 entdeckten japanische und australische Ozeanologen einen völlig neuen Tiefenstrom, 4.200 Kilometer südwestlich Perth. Er fließt in einer Tiefe von 3.500 Metern und wird inzwischen als wichtiger Teil des globalen Förderbandes gesehen, das unter anderem auch den für Europas Klima so wichtigen Golfstrom mit antreibt. Die neu registrierte Strömung transportiert sauerstoffreiches Seewasser in einer Menge, die vierzig Mal jener des Amazonas entspricht. Das System erhielt den Namen »Antarktisches Grundwasser«. Es speist sich aus dem absinkenden, extrem kalten Wasser von vier Schelfs, jenem der Weddell Sea, der Prydz Bay, des Adelie Landes und der Ross-See. Dann vermischt sich ein Teil mit dem bereits bekannten Zirkumpolarstrom, ein anderer Teil erreicht die südlichen Bereiche des Indischen und des Pazifischen Ozeans. Bei den Kerguelen stationierte Monitore maßen die Geschwindigkeit dieser Strömung und kamen auf 20 Zentimeter je Sekunde, die höchste bei allen bisher gemessenen Tiefseeströmen.

Die streng katholischen und nach mancher Meinung etwas einfältigen Klosterschwestern von Santa Clara auf den Philippinen – abgeklärte Zeitgenossen mögen ruhig lächeln –, sie jedenfalls wissen es ganz genau: Das Wetter wird nicht hier auf diesem Planeten gemacht, es entscheidet sich außerhalb des Erdenrunds und liegt in Gottes Hand. In einem gewissen Sinn mögen sie sogar Recht haben, denn es ist letztlich die Sonne, die unser Klima geschaffen hat. Ohne ihre wärmenden Strahlen wäre die Erde ein totes Gestirn, das langsam völlig auskühlt und als Eisbrocken durch den Raum torkelt. Und um den Herrgott um die weitere Gnade des atomar betriebenen Zentralgestirns und die Verschonung ihres Klosters vor den El-Niño-Unbillen, Taifunen und Erdbeben zu bitten, stellen die frommen Nonnen des Abends Tag für Tag ein Dutzend frischer Landeier als Opfergabe vor die Tür. Die Eier verschwinden über Nacht und das Kloster blieb bisher von Naturkatastrophen verschont. Wenn es denn so einfach wäre.

Kapitel 8

Die Pforten der Hölle

Als der englische Maler William Turner um 1830 farblich ungewöhnliche und bemerkenswerte Sonnenuntergänge malte, herrschte in Europa die Stilepoche des Biedermeier. Auch der deutsche Maler Carl Spitzweg bediente sich einer prachtvollen Farbpalette, die jener der sonst auf dem europäischen Kontinent gewohnten Tönungen dieses Lichtspektakels kaum entspricht.

Doch was der Betrachter von heute vielleicht als künstlerische Freiheit und träumerische Fantasie bezeichnet, war in den Zeiten des Biedermeier schiere Wirklichkeit, könnte gar als »Fotografie mit dem Pinsel« beschrieben werden, denn in jenen Jahren wies der Abendhimmel tatsächlich ungewöhnliche Färbungen auf, erstrahlte in einer früher nie da gewesenen Pracht. Er changierte in allen Schattierungen, von Rot, Orange und Violett bis Blau und Grün. Und kaum jemand wusste, warum dies so war. Erst die moderne Vulkanforschung deckte die wahre Ursache für diese seltene Farbenpracht auf.

Im Jahr 1815 war in Indonesien der Vulkan Tambora mit einer solchen Wucht ausgebrochen, dass er seine ungeheuerlichen Mengen vulkanischer Asche bis in die Stratosphäre (acht bis 15 Kilometer Höhe) blies. Das hatte nicht nur eine Klimaveränderung mit sinkenden Durchschnittstemperaturen zur Folge, die 1816 als das »Jahr ohne Sommer« in die Geschichte einging, sondern wirkte sich über Jahrzehnte hinweg auf der Menschen Wahrnehmung des Himmels aus. Erst als der vulkanische Staub zur Erde zurückgesunken war, nahm der Himmel wieder die von uns gewohnten Farbtöne an. Besonders deutlich wurde dies bei den schräg einfallenden Strahlen des Sonnenaufgangs und Sonnenuntergangs. Ursache für das ungewöhnliche Farbspiel, das die zeitgenössischen Maler faszinierte, waren die vulkanischen Staubteilchen in der Atmosphäre, die die Lichtbrechung beeinflussten und die ungewohnten Tönungen herbeizauberten.

Der in der westlichen Welt auch heute kaum bekannte Vulkan Tambora, ein wahrer Feuerteufel, liegt auf einer der Sundainseln mit Namen Sumbawa an der Floressee Indonesiens und war gleichzeitig Namensgeber für ein kleines Königreich zu seinen Füßen. Mit dem Ausbruch des Berges im Jahr 1815 wurde die Zwergmonarchie vom Erdboden getilgt, ähnlich wie es 79 n. Chr. am italienischen Vesuv mit den beiden Römerstädten Herculaneum und Pompeji geschah. Seit der Eruption des neuseeländischen Tauposees vor etwa 25.000 Jahren wird die Explosion des Tambora als die stärkste in der Geschichte der Menschheit geführt. Ihr Knall war noch in einer Entfernung von 2.000 Kilometern zu hören. Die Asche ging auf fast allen indonesischen Inseln nieder, zwischen 70.000 und 90.000 Menschen starben in der unmittelbaren Umgebung des Vulkans, in Europa und Amerika kam es zu Missernten und

Hungersnöten. Der damals etwa 4.000 Meter hohe Tambora war nach der Detonation nur noch rund 2.800 Meter hoch, er hatte seine Kappe komplett in die Luft geblasen und die Atmosphäre entsprechend verdunkelt. Die ausgelöste Flutwelle, ein gigantischer Tsunami, war sogar noch im Golf von Biskaya messbar, ihre wahre Höhe an exponierten Orten ist nicht übermittelt. Selbst der bei uns wesentlich bekanntere Ausbruch des indonesischen Krakatau im Jahr 1883 erreichte nicht diese Dimensionen, obwohl der Explosionsknall damals bis zu 4.800 Kilometer Entfernung vernommen und als das lauteste Geräusch bezeichnet wurde, das je an menschliche Ohren drang.

Die Eruption des Tambora hatte das vierfache Ausmaß. Aber auch nach der Explosion des Krakatau kam es zu Missernten. Ende der neunziger Jahre sorgte dann wieder ein asiatischer Feuerspeier, der philippinische Pinatubo, für ein Absinken der Temperaturen und machte deutlich, dass auch über 600 Jahre schlafende Vulkane eine Zeitbombe bleiben können.

Ganz unvorstellbar für unsere menschliche Erlebniswelt war schließlich vor 78.000 Jahren der Ausbruch des Toba auf Sumatra, der die globale Temperatur im Jahresmittel geradezu dramatisch senkte, zehn Jahre später immer noch um 10 Grad. Das Ereignis brachte denn auch wegen Nahrungsmangel den steinzeitlichen Menschen an den Rand der Ausrottung. Anthropologen gehen davon aus, dass damals nur wenige Tausend mit dem Leben davonkamen und den Fortbestand der menschlichen Rasse sicherten.

Die gefährlichen Berge dieses globalen Ausmaßes sind allesamt Kinder der 452 Mitglieder zählenden Vulkanfamilie des berühmt-berüchtigten pazifischen »Ring of Fire«. Über 40.000 Kilometer legt er sich hufeisenförmig um den Stillen Ozean. Er vereinigt 75 Prozent aller aktiven und schlafenden Feuerberge des Globus auf sich. Allein die westpazifischen Inselbögen sind die Heimat von 45 Prozent aller Feuerspucker auf der Erde. Weitere 17 Prozent der vulkanischen Aktivitäten spielen sich an der Westküste Amerikas ab. Und gegenüber auf der nordpazifischen russischen Halbinsel Kamtschatka geht es ebenfalls heiß her. 160 Vulkane, von denen 28 aktiv sind, speisen oder speisten sich aus dem Glutkern unter den Tiefen des Pazifiks.

Die Folgen für Mensch, Tier und Pflanze: 90 Prozent aller Erdbeben und 80 Prozent der verheerendsten Erschütterungen spielen sich auf diesem feurigen Gürtel ab. Vor allem die mächtigsten Vulkanausbrüche der jüngeren Erdgeschichte sind fast durchweg Ausgeburten des Feuerrings. Als Beispiel mag neben Pinatubo und Mayon auf den Philippinen der Tavurvur mit seiner Tochter Vulcan in Papua-Neuguinea gelten – Namen, die in Europa kaum jemanden geläufig sind. Seit 2006, als der Tavurvur seine Asche 18 Kilometer hoch in die Stratosphäre schleuderte, ist er ununterbrochen aktiv. 1994 war sein letzter schlimmer Ausbruch: Er begrub die Stadt Rabaul, im Zweiten Weltkrieg eine Hauptbasis der Japaner, unter meterdicken Ascheschichten. Sie musste komplett neu aufgebaut werden.

Der Feuerofen für ein neues Weltuntergangsszenario

Die ganze Gewalt aus dem Glutkern der Erde, sie ist auch in unseren Tagen am deutlichsten im Stillen Ozean und in den Küstengebieten seiner Anrainer zu studieren. Er ist die vulkanisch aktivste Zone auf dem Globus und schmiegt sich rund um den Pazifik, von Alaska, Kanada und Mittelamerika bis Chile, über die Antarktis bis Neuseeland, Indonesien und Japan hinauf nach Sibirien.

Und an dieser, vor 37 Millionen Jahren entstandenen Kette verheerender Glutkessel brennt sogar – so warnen die Vulkanologen – der Feuerofen für ein neues Weltuntergangsszenario. Es könnte das Ende fast allen heutigen biologischen Lebens auf der Erdoberfläche bedeuten. Diese Apokalypse, sie droht uns vielleicht schon morgen oder erst in ein paar Hundert Jahren. Es wird sie auf jeden Fall – davon sind die Forscher überzeugt – in nicht allzu ferner Zukunft geben. Bei dem gefürchteten Höllenschlund handelt es sich um eine ungeheure Magmablase unter dem amerikanischen Yellowstone-Park. Das letzte Mal flog sie vor über 600.000 Jahren in die Luft. Ihr Ausbruch hinterließ eine gewaltige Caldera, einen Megakrater von 80 Kilometer Länge und 55 Kilometer Breite. Und er scheint in unseren Tagen erneut reif für einen Ausbruch zu sein. Die Wissenschaftler der USA gehen davon aus, dass dieses Szenario etwa alle 600.000–650.000 Jahre auftritt. Die großen früheren Ausbrüche fanden vor 1,3 und 2,1 Millionen Jahren statt. Damals hatte sich jedes Mal die Erde ungefähr für drei Jahre verdunkelt. Die Glutblase baut ihren neuerlichen messbaren Druck in etwa acht Kilometer Tiefe auf. Deutliches Zeichen: Die Erdoberfläche im nördlichen Krater hat sich in den letzten Jahren unter dem Druck von unten bereits um mehrere Zentimeter aufgewölbt. Eines der in dieser Region ohnehin häufigen Erdbeben könnte der Auslöser der künftigen Katastrophe sein. Immerhin wurden im Yellowstone 2008 und 2009 mehr als 250 schwache Erschütterungen registriert.

Explodiert der gewaltige Feuertopf, dürfte die Atmosphäre durch Staub- und Aschewolken auf viele Jahre so verdunkelt werden, dass Pflanzen verdorren und Mensch und Tier wegen Missernten verhungern. Der Yellowstone (der »gelbe Stein«, er wird wegen der vielen gelben Schwefelauswürfe so genannt) ist der größte bekannte, potenzielle Auslöser für eine globale Naturkatastrophe.

Und das ist nicht die einzige Gefahr, die an den Westküsten der USA und Kanadas lauert. Zwischen Pazifischer und Nordamerikanischer Platte tut sich zum Beispiel auch die San-Andreas-Verwerfung auf, in Europa eher als San-Andreas-Graben bekannt. Sie teilt den Bundesstaat Kalifornien in zwei Teile. Erdgeschichtlich führt die Tektonik dieses Gebiets dazu, dass ein großer Teil des Landes durch den Grabenbruch zu einer Insel wird. Beben gehören seit Menschengedenken zum Tagesalltag der Bewohner. Das große Beben von 1906 in San Francisco ging vor dem Öldesaster am Golf von Mexiko als schlimmste Naturkatastrophe in die Geschichte der Vereinigten Staaten ein. Und davor fürchten sich die Menschen der Hafenstadt immer wieder.

Zudem könnte ein solcher Erdstoß und die ins Meer kollabierenden Landmassen einen gewaltigen Tsunami auslösen und sämtliche Bewohner pazifischer Inseln gefährden. Seismologen rechnen für die Zukunft bei einem ähnlich starken Beben mit gut 30.000 Todesopfern. Bereits 1989 kam es mit dem so genannten Loma-Prieta-Beben in der Bucht von San Francisco (7,1 auf der Richterskala) wiederum zu schweren Schäden in Höhe von sechs Milliarden Dollar, ein Zeichen dafür, dass der Untergrund weiter in Bewegung ist.

Beim Ausbruch des Megavulkans St. Helens im US-Bundestaat Washington am Rand des Pazifik im Jahr 1980 mit der 1.600-fachen Stärke der Hiroshima-Bombe gab es zwar »nur« 57 Tote, dennoch war die Explosion eine der verheerendsten im 20. Jahrhundert. 47 Brücken, 24 Kilometer Eisenbahngleise und 300 Kilometer Highways wurden zerstört, mehrere Hundert Quadratkilometer Land entwaldet und durch Asche und Schlammströme zu Ödland degeneriert. Der Sachschaden belief sich auf zwei bis drei Milliarden Dollar.

5.000 Rehe, 1.500 Hirsche und mindestens 12 Millionen Junglachse fielen dem Killerberg zum Opfer. Bei seinem Ausbruch in mehreren Schüben hatte er seine gesamte Bergkuppe weggesprengt, ähnlich wie es 1956 auf der Halbinsel Kamtschatka auch mit dem Vulkan Besymjanny geschah.

Rätselhaft erscheint der Wissenschaft eine Form von Vulkanen, die jetzt vor der kalifornischen Küste bei Santa Barbara entdeckt wurde. Es handelt sich um sieben so genannte unterseeische Asphalt-Vulkane. Sie speien statt Lava Teer, Methan und Asphalt aus. Auf ein ähnliches Vorkommen waren Geologen aus Deutschland an Bord des Forschungsschiffes SONNE bereits 2003 in der 3.000 Meter tiefen Campeche-Bucht Mexikos gestoßen. Sie hatten angenommen, dass es sich um eine lokale »Spezialität« handelt. Weit gefehlt, wie die neuerlichen Funde im Stillen Ozean beweisen. Das erklärt auch, warum die Methan- und Teerwerte in den pazifischen Meeresablagerungen vor Kalifornien aus einer Zeit von vor 40.000 Jahren gerade in diesem Gebiet extrem hoch sind. Über das Entstehen dieser Schlote, die die Höhe eines sechsstöckiges Hauses und den Durchmesser zweier Fußballfelder erreichen, allerdings herrscht noch immer Unklarheit.

Wie auf einer Perlenschnur reihen sich die US-amerikanischen Vulkane der Pazifikküste von Nord nach Süd auf, vom Staat Washington über Oregon bis nach Kalifornien: Baker, Glacier Peak, Rainier, St. Helens, Adams, Hood, Jefferson, Three Sisters, Newberry, Crater Lake, Medicine Lake, Shasta, Lassen. Sie alle hatten in den letzten 4.000 Jahren verheerende Ausbrüche. Einige sorgten für entsprechende Erdbeben bis zur Stärke 9 auf der Richterskala. Sie erschütterten eine 1.000 Kilometer lange Zone von British Columbia in Kanada bis Nordkalifornien, lösten einen Tsunami aus, der bis an die japanische Küste bretterte. Alaska allein zählt 50 Vulkane, vom Festland bis auf die Inseln der Alëuten. Der dortige Redoubt-Vulkan, 180 Kilometer südwestlich Anchorage, 1778 von James Cook entdeckt, brach erst im März 2009 aus und deckelte eine Fläche von 20.000 Quadratkilometern mit Asche zu. Er raucht weiter und bleibt als gefährlich eingestuft.

Bei seinem Ausbruch 1989 legte er alle vier Düsentriebwerke des KLM-Fluges 867 einer Boeing 747 von Amsterdam nach Tokios Narita-Airport durch so genannte »Plumes« eines Ausbruchs vom Tag zuvor still. Dem Piloten glückte es, dennoch in Anchorage notzulanden. Seit dem letzten isländischen Vulkanausbruch kennen nun auch die Europäer diese Gefahren vulkanischer Ascheteilchen für den Flugverkehr und die damit zusammenhängende Wirtschaft.

Ebenso wenig bekannt sind die vielen Vulkane, die auf kanadischem Territorium liegen, in Britisch Kolumbien und in der Yukon-Region. Seit 1975 haben einige dieser ruhenden Riesen wieder »die Pfeife im Mund«, so die Silverthrone Caldera, der Mount Meager, Wells Gray-Clearwater, Mount Garibaldi, Mount Cayley, Castle Rock, The Volcano, Mount Edziza, Hoodoo Mountain, Crow Lagoon und Nazko Cone. Der Bogen im Norden reicht sodann über die Alëuten bis Russland auf die Kamtschatka-Halbinsel. Rund 80 Beben erschütterten in den vergangenen hundert Jahren Alaska, meist entlang der Inselkette der Alëuten. Manchmal werden sie auf dem Festland gar nicht wahrgenommen, doch sie können auch dort verheerend wirken. Am Karfreitag 1965 beispielsweise wurde Alaska vom schlimmsten Beben seiner Geschichte heimgesucht. Es hatte die schier unglaubliche Stärke von 9,2 auf der Richterskala. Zentralalaska, aber auch die nördliche Pazifikküste erlitten dabei schwere Verwüstungen. Das Epizentrum wurde am Prince William Sound lokalisiert. Am zerstörerischsten wirkte der dabei ausgelöste Tsunami. Eine riesige Wasserwand raste auf den Ort Valdez zu, zertrümmerte die Hafenanlagen und sog den Rest des Viertels beim Zurückfluten ins Meer. Von Stund an existierte das alte Valdez nicht mehr, 30 Einwohner kamen zu Tode, in der Umgebung 100. Ein Gebiet von der Größe Bayerns und Sachsens hob sich bis zu 15 Meter an. Tsunamis von 20 Meter Höhe rasten ins Land, selbst noch in Kalifornien wurden Häuser zerstört. Auch Insel und Fischerort Kodiak waren plattgewalzt. Die dortige Fischfangflotte von 180 Booten reduzierte sich auf 80. Sie landeten, weit vom Hafen entfernt, auf den Straßen. Im Verwaltungssitz Anchorage am Cook-Inlet sackte der Boden um bis zu sechs Meter ab. Ganze Wälder der Umgebung wurden andererseits so weit angehoben, dass ihre Wurzeln das Grundwasser nicht mehr erreichten, durch eindringendes Seewasser versalzten und abstarben.

Schlimmer noch war 1958 eine unglaublich hohe Flutwelle, gegen die jene des zerstörerischen Tsunami von 2004 in Thailand, Indonesien und Sri Lanka, die die ganze Welt mit dem Phänomen der Tsunamis erstmals auf breiter Front bekannt machte, geradezu winzig erscheint. Denn ihre gewaltige Wasserwand stellte alles in den Schatten. Sie traf die Lituya Bay in Alaska, als auf einer Strecke von 13 Kilometern ohne Vorwarnung gewaltige Felsmassen von den Steilhängen abrutschten und ins Meer stürzten. Die Wellen auf der gegenüberliegenden Seite brandeten unglaubliche 520 Meter hoch und fällten alle Bäume wie Grashalme unter einer Sense. Eine 50 Meter hohe Welle stürmte sodann auf den Ausgang der Bucht zu, nahm ein Zwölf-Meter-Fischerboot mit, trug es über eine Landzunge und ihre Baumwipfel hinweg und setzte es auf der anderen Seite im tiefen Wasser des nördlichen Pazifiks ab.

Ein eigenes Warnzentrum für die Westküste soll rechtzeitig warnen, wenngleich in einem solchen Extremfall die Laufzeiten der lokalen Riesenwellen dafür zu kurz sind. Experten erwarten, dass die Serie der mächtigen Beben in dieser Region nicht abreißt, nachdem auch 1987 wieder zweimal die Stärke 7,5 und 7 registriert wurde. Die gegenüberliegende 1.200 Kilometer lange und 420 Kilometer breite russische Halbinsel Kamtschatka schließlich wird sogar im Wochenrhythmus von Beben heimgesucht. 168 Vulkane, davon 29 aktiv und unberechenbar, unzählige Geysirtäler und Schwefelseen machen sie zu einem Dorado für Vulkanologen. Jährlich brechen hier im Schnitt sechs Vulkane aus. Geowissenschaftler bezeichnen die Region als »Herz des pazifischen Feuerrings«, denn seit über zwei Millionen Jahren schiebt sich hier die Pazifische Platte unter die Eurasische. Die Region wurde wegen ihrer Einmaligkeit 1996 sogar zum Weltnaturerbe erklärt.

Für wagemutige Touristen ist die Halbinsel mit ihrem berühmten Tal der neunzig Geysire erst seit 1990 zugänglich, bis dahin galt sie als militärisches Sperrgebiet. Allerdings zerstörte 2007 ein Erdrutsch wegen sich aufweichender Permafrostböden einen Teil dieses einmaligen Spektakels. Die Einwohnerzahl der Feuerblase Kamtschatka beträgt etwa 380.000 Menschen. Der Westen wurde auf die entlegene Weltregion aber durch ein ganz anderes Ereignis aufmerksam: Die Russen schossen 1983 in der irrigen Meinung, es handle sich um ein als Verkehrsmaschine getarntes Spionageflugzeug Amerikas, ein Flugzeug der Korean Airlines ab. Alle 269 Insassen starben.

Im Süden der USA setzt sich der Vulkanismus am Rande des Pazifiks im Trans-Mexican Volcanic Belt fort. Der Bekannteste unter ihnen ist der Popocatépetl in der Nähe von Mexiko City, ein typischer, gefährlicher »Stratovulkan«. Bei ihm drängt das zähflüssige Magma nach oben und bildet über der Öffnung des Schlotes einen Lavadom. Wird der Druck von unten zu stark, explodiert der Pfropfen. Weitere elf Vulkane werden auf dem Staatsgebiet und einer vorgelagerten Insel lokalisiert, der höchste davon ist der Pico de Orizaba mit rund 5.700 Metern.

Die Landbrücke von Mittelamerika zwischen dem Norden und dem Süden des Kontinents verdankt ihr Entstehen ohnehin nur einer ganzen Kette von Vulkanen, die in Urzeiten die Lücke zwischen den beiden amerikanischen Festlandssockeln schloss. Guatemala hat mit dem Santa-Maria-Vulkan (3.772 m) einen gefährlichen Feuerspeier. Er sorgte 1902 für große Verwüstungen. Seither befindet er sich als einer der 37 Feuerschlünde des Landes im »Dauerbetrieb«. El Salvador am Pazifik, das flächenmäßig kleinste Land Zentralamerikas, wartet mit weiteren zehn beachtlichen Feuerbergen auf, etwa dem Santa Ana (2.381 m), zugleich höchster Punkt des kleinen Landes. Honduras, auch der »ungeschliffene Diamant Mittelamerikas« mit Copán als bedeutendster Mayastätte bekannt, bietet ebenfalls eine Vielfalt von zum Teil majestätischen Vulkanen, wie beispielsweise den erloschenen Ipala mit seinem Kratersee oder den sehr aktiven Pacaya-Vulkan (2.552 m). Das Vulkangestein Andesit wurde von den Mayas benutzt, um die heute besterhaltensten Stelen Mittelamerikas zu produzieren. 122 Feuerberge kochen im größten Land Mittelamerikas, in Nicaragua, dem – so die Eigenwerbung – »magischen Land der Vulkane«. In Costa Rica gilt der Poás (2.708 m) als höchste vulkanische Erhebung des Landes. Ansonsten weist der mittelamerikanische Staat neben sieben aktiven eine Vielzahl schlafender Vulkane auf. Volcán kennzeichnet mit 3.051 m Höhe die Silhouette des Isthmus von Panama.

Der höchste aktive Vulkan Südamerikas ist zugleich der höchste der Erde, er erhebt sich in Chile an der Grenze zu Bolivien und wurde mit 6.071 m vermessen. Sein Name: Guallatiri, sein letzter Ausbruch 1960. Der höchste erloschene Vulkan befindet sich ebenfalls in dieser Andenrepublik. Es ist in der Atacama-Wüste der Ojos de Salado mit 6.887 m. Als meistbesuchter Feuerberg an der »Allee der Vulkane« gilt der Cotopaxi (5.897 m) in Ecuador, der »heilige Berg« der Inkas und ihrer Vorgängerkulturen, Regenspender und Sitz der Götter. Der von Alexander von Humboldt beschriebene Chimborazo (6.267 m) ist seit dem Jahr 550 n. Chr. nicht mehr ausgebrochen, doch gilt er unter Geologen als Kuriosum. Wegen seiner Nähe zum Äquator und damit zum größten Erdumfang ist sein Gipfel der am weitesten von der Erdachse entfernte Punkt auf dem Globus, noch vor dem Mount Everest. Der Llullaillaco mit 6.739 m im Norden der Atacama-Wüste war in der Historie der höchste aktive Vulkan, sein letzter Ausbruch erfolgte 1877, seither ist er inaktiv. Bereits die Inkas haben ihn vermutlich um 1500 bestiegen und auf seinem Gipfel größere religiöse Bauten errichtet.

Der Nevado del Huila (5.750 m) in Kolumbien brach 2007 zuletzt aus, eine rechtzeitige Evakuierung der Bevölkerung ersparte dem Land eine Katastrophe, Peru reiht sich mit dem 5.672 m hohen Ubinas ein, letzter Ausbruch 2006. Der Osorno mit seinen 2.652 m im Süden Chiles, eines der beliebtesten Touristenziele des Landes, markiert schließlich das Ende der Vulkanstraße. Insgesamt 2.000 Vulkane haben im Lauf der Erdgeschichte das Bild der Anden mitgeprägt, tausend davon sind noch aktiv.

Durch den Film »Herr der Ringe« als Schicksalsberg weltweit bekannt

Auf der gegenüberliegenden Seite des Pazifiks, in den Randzonen der dortigen Erdplatten, setzt sich der Ring of Fire fort, von Neuseeland über Indonesien und Japan bis nach Sibirien. Dieser Bogen des Hufeisens darf als aktivste vulkanische und tektonische Zone auf dem Globus bezeichnet werden. Die neuseeländische Nordinsel, vor 200 Millionen Jahren ein Teil des Urkontinents Gondwana, wird von Vulkanologen als tektonischer Hexenkessel beschrieben: Erdbeben, speiende Feuerberge, heiße Quellen, Geysire, kochender Schlamm kennzeichnen diesen Teil von »Down Under« (US-Bezeichnung für Neuseeland). Nicht von ungefähr trägt die Strecke von Rotorua bis Tongariro den Namen »Thermal Explorer Highway«. Der Ruapehu mit seinen 2.797 m ist der höchste Vulkan des Landes, an dessen Flanken sich sieben kleine Gletscher zu Tal wälzen. Seine letzte Eruption erfolgte 2007. Zu Weihnachten 1953 hatte er seine schlimmste Aktivität entwickelt und mit einer Schlammlawine beim so genannten Tangiwai-Eisenbahnunglück eine Brücke zum Einsturz gebracht, auf der sich gerade ein Zug befand. Resultat: 151 Tote. Der Schwestervulkan Ngauruhoe (2.291 m) brach im 20. Jahrhundert 45-mal aus und wurde durch den Film »Herr der Ringe« als »Schicksalsberg« weltweit bekannt. In der Bay of Plenty wütet auf White Island Neuseelands einziger Inselvulkan, der täglich für etwa 100 meist schwache Erdbeben sorgt.

Das allerdings wird sich bald durch die Geburt neuer vulkanischer Inseln ändern. Neuseeländische Forscher entdeckten vor Kurzem eine ganze Kette unterseeischer Vulkane vor ihrer Westküste. Drei neue Lavaspeier wurden zudem rund um den Kermadecgraben nahe der neuseeländischen Nordküste ausgemacht. Insgesamt sind dort 16 Krater registriert. Im weiteren Umfeld kommen 50 neue hinzu. Die verborgenen Feueröfen ziehen sich bis Tonga und Samoa hin. Ein deutsches Team aus Kiel, das mit einem Tauchautomaten den Meeresgrund absuchte, fand nicht weniger als 75 bislang unbekannte Vulkane. 2009 wurde von einem Flugzeug aus eine gut acht Kilometer hohe Explosionswolke bei den beiden Inseln Hunga Tonga und Hunga Ha'apai entdeckt.

Auch Australien kann mit vulkanischen Aktivitäten aufwarten. Auf den Heard- und MacDonaldinseln, die allerdings schon im Indischen Ozean liegen, erhebt sich mit 2.745 m der Big Ben, der zuletzt 2001 aktiv war. Das nördliche Queensland gilt als Zone vulkanischer Kraterseen mit dem bekannten Blue Lake. Der Mount Canobolas (1.395 m) ist im Westen von New South Wales die höchste Erhebung vulkanischen Ursprungs.

Als südlichster Punkt des pazifischen Feuerrings gilt der Eiskontinent Antarktis, der zahlreiche vulkanische Spots beherbergt. Der bekannteste dieser Schlünde ist der Mount Erebus (3.794 m) auf Ross Island, der südlichste tätige Vulkan der Erde. Er wurde 1979 für 257 Touristen zum Schicksalsberg. Sie rasten mit einer McDonell Douglas DC-10 in die Flanke des Riesen.

Noch heute fördert der arktische Sommer immer wieder Trümmerstücke dieses Unglücksfluges zutage. Der Crash war auf menschliches Versagen bei der Koordinierung der Flugroute zurückzuführen. Eine Wolkenschicht überdeckte zudem das Weiße des Berges, verschmolz scheinbar mit ihm. Der Pilot sah das Unheil zu spät, um noch zu reagieren. Die Ortung und die Bergungsarbeiten (»Operation Overdue«) gestalteten sich naturgemäß äußerst schwierig. Mount Overlord, Mount Melbourne, Mount Morning, Mount Discovery und Mount Terror sind weitere Feuerspeier im ewigen Eis. Das Marie Byrd Land weist auf einer Länge von 960 Kilometern entlang des Pazifiks die höchste vulkanische Aktivität auf. Berge wie Mount Waesche, Mount Berlin, Mount Takahe und Mount Siple sind relativ jung, während Mount Andrus und Mount Hampton mehr als zehn Millionen Jahre auf dem Buckel haben.

In den nach Norden an den australischen Kontinent anschließenden Territorien ist die Erde erst recht in Bewegung. So entdeckten die Meeresforscher vor der indonesischen Insel Sumatra ebenfalls einen riesigen Unterwasservulkan.

Es ist nicht nur der berühmte Ring of Fire, der die Sterblichen die ganze Glut des Erdkerns spüren lässt, es sind die über die gesamte polynesische Inselwelt verstreuten Hotspots unter den verschiedenen Erdplatten, die zudem mächtige Vulkane inmitten der See hochschießen lassen, wie den Mount Silisili und Mount Rito in Samoa. Auch der unter Wasser liegende Fa'afafine (Wolf im Schafspelz) ist nicht zu verachten. Erst gab nur eine Serie von Erdbeben um 1995 erste Hinweise auf die Existenz dieses unterseeischen Vulkans. Satellitenmessungen zeigten so etwas wie einen Hügel am Rand des Archipels. Doch der Zwerg stellte sich alsbald als Riese heraus. Die Basis des entdeckten Kegels hat einen Durchmesser von 35 Kilometern und ragt schon 4.300 Meter aus dem Boden des Pazifiks empor. Der Krater misst zwei Kilometer im Durchmesser und hat eine Tiefe von 400 Metern. Die neue Ausgeburt der Hölle braucht nur noch 600 Meter, dann bricht sie durch den Meeresspiegel und kündet vom Entstehen einer neuen Insel.

Die tongaische unbewohnte Insel Fonualei kennzeichnet ein so genannter, 180 Meter hoher Schichtvulkan, der in den siebziger Jahren mehrfach ausgebrochen ist. Rund Tonga existieren mehrere solcher vulkanischen Inseln, wie beispielsweise auch der Niuafo'ou. Er lieferte zuletzt 1946 einen so verheerenden Ausbruch, dass die Einwohner evakuiert wurden und erst zwölf Jahre später zurückkehren konnten. Auch die einsamen Kegel von Tafahi und Tofua zählen zu diesen vulkanischen Stecknadelköpfen im Ozean rund Tonga. Die unterseeischen Feuerspeier bei Tonga, inzwischen 36 an der Zahl, gehören ebenfalls zu den Hotspots der Weltgegend. Der Doppelvulkan Hunga Tonga und Hunga Ha'apai sorgt immer wieder für heftige Erdstöße bis 7,9 auf der Richterskala (zuletzt 2009) und ein filmreifes Spektakel.

Dann fasziniert den Betrachter ein Wechselspiel zwischen weißen Dampfsäulen und schwarzen Rauchtürmen. Vorsorglich wird der Flugverkehr von Air New Zealand sofort in Richtung Fidschi umgeleitet. Fidschi selbst, seit 1970 von vier Staatsstreichen geschüttelt, verfügt über 332 Vulkan- und Riff-Inseln. Der Staat verdankt wie so viele Eilande und Atolle, von Hawaii über Tahiti bis Vanuatu mit seinen aktiven Feuerbergen Yasar und Ambrym oder die Insel Nauru auf der Spitze eines alten Vulkans, seine Existenz den Lavaeruptionen aus den Tiefen des Pazifischen Ozeans.

Die indonesischen Inselbögen schließlich gehören zu den aktivsten Vulkanzonen der Erde. Hier schlummern als Zeitbomben für die Bevölkerung die beiden Bergriesen und Feuerberge Merapi (2.914 m) und Kelud (1.731 m) über den Dschungeln von Java. Der Merapi brach zum Beispiel 1994 aus und verströmte seine heißen Gase über die umliegenden Dörfer, 60 Menschen fanden den Tod. 2006 folgte eine weitere große Eruption mit den gefährlichen pyroklastischen Strömen an seinen Hängen. Auch Lava begann zu fließen und 17.000 Menschen mussten evakuiert werden. Schwere Erdbeben folgten und machten im Raum Yogyakarta 200.000 Indonesier obdachlos. Der Nachbar des Merapi, der Mount Merbabu, dagegen verhält sich seit Längerem ruhig und wird als schlafender Vulkan eingestuft. In übertragenem Sinn ist der Merapi Geburtshelfer für die Entwicklung des niederbayerischen Kurbades Bad Füssing, denn der Gründer des dortigen Johannesbades und Initiator der Entwicklung zum größten Heilbad Europas, der inzwischen verstorbene Arzt, Unternehmer und Steuerdefraudant Dr. Eduard Zwick, arbeitete nach dem Krieg als Tropenarzt an den Flanken dieses Urwaldvulkans und studierte bei den Bewohnern die heilsamen Wirkungen der heißen Quellen an den Hängen des Merapi. Er nahm bei rheumatischen Beschwerden dort selbst Bäder. Das bestärkte ihn in der Idee, nach seiner Rückkehr in die Bundesrepublik in Niederbayern nach heißem Wasser zu bohren und mit einer Kuranstalt zu starten. Den Grundstock für sein Vermögen hatte er mit der muslimischen Sekte der Menangkabau verdient. Deren Männer dürfen sieben Frauen heiraten und wurden vom Urwalddoktor mit Potenzmitteln für diese Aufgabe gestärkt. Sie bezahlten in Gold und Edelsteinen.

Mehr als 30-mal ist der Kelud in den vergangenen tausend Jahren zum Teil mit verheerender Kraft ausgebrochen, zuletzt 2007, als er noch 15 Kilometer entfernte Dörfer mit Asche zupuderte. Er stellt eine latente Gefahr für Indonesiens zweitgrößte Stadt Surabaya dar, die nur 90 Kilometer entfernt liegt.

Gegenwärtig macht in der Nähe von Surabaya zudem ein mächtiger Schlammvulkan mit Namen »Lusi« von sich reden. Er ist seit 2006 aktiv und vermutlich die nicht vorausgesehene Folge einer Bohrung. Bislang mussten 42.000 Anwohner aus zwölf Dörfern evakuiert werden, 5.000 Häuser gingen unter, der giftige Schlamm von der Konsistenz nassen Zements überflutete eine Fläche von sieben Quadratkilometern, die Bahnlinie der Region fiel ihm ebenfalls zum Opfer. Zuletzt 2007 rumort auch zeitweise wieder der Anak Krakatau, die kleine Tochter des einstigen Vulkanriesen, der der Menschheit das Fürchten vor den ungebändigten Kräften der Natur lehrte. Sein Ausbruch von 1883 jagte eine ganze Insel in die Luft. Der Anak Krakatau stieg seit 1927 an ihrer Stelle aus den Wassern und hat bereits eine Höhe von rund 450 Metern erreicht. Der Hotspot im Untergrund ist also weiter aktiv, ein neuer explosiver Ausbruch jederzeit möglich.

Der Ring of Fire biegt dann in die Sulusee nach Norden ab und schließt die rund 7.000 philippinischen Inseln in seine feurigen Arme. Die Hauptstadt Manila und die Provinz Western Batangas werden dabei von einem kleinen Feuerteufel bedroht: dem unscheinbar aussehenden Taal-Vulkan, der seit 1572 immerhin 33-mal ausgebrochen ist. Er liegt inmitten eines Sees von 30 Kilometer Durchmesser und hat Mitte 2010 wieder angefangen, sich zu regen. Der riesige Kratersee füllt eine Caldera aus der Frühgeschichte dieses Berges, die ungefähr eine halbe Million Jahre zurückreicht. In vier gewaltigen Eruptionen wurden in diesem Zeitraum gewaltige Gesteinsmassen in die Luft gejagt. Die letzte größere Explosion dieses Kegels auf einer Insel inmitten des großen Sees, auf der sich wiederum ein kleiner See mit einem Kraterkegel in der Mitte gebildet hat, erfolgte 1911 und forderte tausend Todesopfer. Heute wäre die Zahl ungleich größer, da der Rand der Caldera zu einem bevorzugten Wohngebiet der Oberschicht aus Manila mit Preisen wie an der Züricher Bahnhofstraße geworden ist. In der Touristenstadt Tagaytay hoch über dem See wohnen beispielsweise rund 61.000 Menschen. Allein auf der Vulkaninsel selbst leben zusätzlich ein paar Tausend Menschen. Alles in allem beläuft sich die Zahl der von einem Ausbruch unmittelbar Betroffenen am Seeufer auf mehr als 300.000 Filipinos. Im weiteren Umkreis (nach Manila nur 86 km) müssen inzwischen Millionen mit dem Schlimmsten rechnen. Im Übrigen lebt im Taal-See die einzige Süßwasserschlange der Erde.

Nicht minder gefährlich ist der Mayon-Vulkan, ein ebenmäßiger Kegel, der regelmäßig zum schönsten Vulkan der Erde gekürt wird. Aber auch er ist ein nur manchmal schlafender Teufel. Der Pinatubo im Norden der Hauptinsel Luzon zeigte mit seinem letzten großen Ausbruch, dass auch als erloschen geltende Berge noch immer Zeitbomben sein können. Der aktivste Höllenschlund des Inselstaates ist der Kanlaon (2.435 m) im Zentrum des Landes auf der Insel Negros in der Visaya-Kette. 1996 explodierte er ohne jede Vorwarnung und tötete einige zum Teil ausländische Bergsteiger. 2009 ängstigte er die Bewohner der Gegend durch 257 vulkanisch bedingte Erdbeben.

Der weiter nördlich gelegene Inselstaat Taiwan liegt ebenfalls auf dem Feuerring. Zahlreiche heiße Quellen zeugen von der Aktivität im Untergrund. Am bekanntesten ist die Datun-Vulkangruppe (1.990 m) im äußersten Norden der Insel. Sie beherbergt etwa 20 so genannte Schichtvulkane. Nicht zuletzt wird auch das Festland von China durch die Plattentektonik in dieser pazifischen Region beeinflusst. Die verheerenden Erdbeben der letzten Jahre in einigen chinesischen Provinzen sprechen eine deutliche Sprache. Die Changbai-Shan-Gruppe am Stillen Ozean umfasst allein 100 Vulkane. Ihr aktivster Glutofen ist der Himmelssee (2.750 m) in der Nähe der nordkoreanischen Grenze. Weizhou im Golf von Tonking, einem Randmeer der Südchinasee, ist geologisch das jüngste Vulkaneiland.

Zehn Prozent der am meisten aktiven Vulkane auf der Erde befinden sich auf den Inseln Japans. Dort stoßen die Pazifische Platte und die Philippinische Seeplatte aneinander. Das führt jährlich zu etwa 1.500 Erdbeben. Oftmals erreichen sie zwischen vier und sechs Stärken auf der Richterskala. Von den 240 Spots Nippons sind noch 40 aktiv. Die schrecklichsten Erdstöße im 20. Jahrhundert waren die Beben von Kanto (1923) mit 130.000 Toten und das große Hanshin-Erdbeben von 1995 mit 6.434 Opfern. Nicht selten lösen die Beben in diesem Gebiet zusätzlich mächtige Tsunamis aus.

Der Mount Fuji (3.776 m) auf der Hauptinsel Honshu ist Japans vulkanisches Aushängeschild, ein nationales Symbol, ein heiliger Berg des Schintoismus und der höchste des Inselstaates zudem. Seine ebenmäßige Schönheit schlug ganze Generationen von Malern in ihren Bann. Meist wird er mit seinem einheimischen Namen Fujiyama genannt. Er schöpft seine Kraft aus der Berührung dreier Erdplatten, darunter der Eurasischen. Der letzte bekannte Ausbruch des klassischen Kegels mit der weißen Mütze im Sichtfeld der Hauptstadt Tokio datiert aus der so genannten Edozeit, der Herrschaft der Tokugawa-Shogune, im Jahr 1707. Heute ist der Vulkan, dessen Besteigung lange Zeit für Frauen verboten war, eines der beliebtesten Touristenziele im Land. Bis zu 3.000 Touristen täglich stürmen auf seinen Gipfel und treten sich buchstäblich auf die Füße. Der ebenfalls schneebedeckte Mount Haku (2.702 m) dagegen ist ein potenziell aktiver Vulkan. Auch er gehört wie der Fuji und der Mount Tate zu den drei heiligen Bergen Japans. Als besonders gefährlich stufen die Vulkanologen des Landes den Unzen (1.486 m) ein. Er liegt nahe der Stadt Shimbara im Südosten des Landes. Es handelt sich dabei um einen ganzen Komplex von Vulkanen mit mehreren Kratern und Gipfeln. (allein sieben Hauptgipfel). Nach einer 197-jährigen Ruhepause wurde er 1995 wieder aktiv und stieß Tausende pyroklastischer Ströme aus, die die Landschaft völlig veränderten. Die Behörden sind ständig »stand by«, um 15.000 direkt gefährdete Menschen aus der Gefahrenzone zu bringen. Der Unzen dürfte weltweit einer der am besten erforschten und überwachten Vulkane sein. Ein ganzes Netz von Seismografen überzieht seine Flanken. Um die pyroklastischen Ströme künftiger Ausbrüche zu kanalisieren, wurden sogar künstliche Kanäle gebaut, die bis zum Meer reichen. Der längste misst 5,8 Kilometer. In den Anfängen der Bekämpfung des sich ausbreitenden Christentums in den Jahren nach 1600 sollen 30 Jünger Jesu in diesen heißen Töpfen buchstäblich gekocht worden sein.

Nicht unweit des Unzen liegt der Aso, der größte aktive Vulkan des fernöstlichen Inselstaates und einer der weltweit größten überhaupt. Die Caldera aus den Jahren 300.000 bis 80.000 v. Chr. hat einen Durchmesser von 25 Kilometern. In ihr befinden sich fünf Vulkane, von denen zurzeit nur einer aktiv ist. Sein letzter Ausbruch erfolgte 1990. Nach 1995 bildete sich in seinem Krater ein See, dessen leuchtende Farben zwischen Blau und Türkis viele Touristen anlocken.

Eine internationale Gruppe von Wissenschaftlern verschiedener Disziplinen, wie Geologen, Klimatologen, Paläontologen und Biologen, hat sich zu Beginn des dritten Jahrtausends Gedanken darüber gemacht, wie sich der Erdball in Zukunft entwickelt. Das Ergebnis war 2003 in der Fernsehsendung »Die Zukunft ist wild« zu sehen. Eine aufwendige Computer- und Animationstechnik machte es möglich.

Abgesehen von allen Spekulationen über die Weiterentwicklung des organischen Lebens basiert das Modell auf einem realen Hintergrund. Nach den bislang vorliegenden Messergebnissen der Wissenschaft wird diese Zukunft durch eine weiter anhaltende Verschiebung der Kontinentalplatten gestaltet. Sie wiederum führt zu vermehrtem Vulkanismus an den Bruchstellen. Und der hat Auswirkungen auf das Klima, führt vermutlich durch Ernteausfälle und den Tod ganzer Pflanzengürtel zum Aussterben mancher Arten. Durch Verschmelzung der bisherigen Kontinente dürfte sich ein neuer Superkontinent bilden, den die Forscher Pangäa II nennen. Ihm stünde dann ein gigantischer Weltozean gegenüber, gewaltiger als es heute der Pazifik ist.

Die Gattung Mensch allerdings wird dieses Szenario wahrscheinlich nicht erleben. Ihre Uhr auf dem Heimatplaneten Erde ist – vielleicht sogar durch Selbstzerstörung – dann wohl längst abgelaufen.

Kapitel 9

Kanonendonner über stillen Wassern

Die kleine, von dichtem Dschungel bedeckte Philippinen-Insel Lubang mit ihrer Länge von 30 Kilometern und einer Breite von 8,5 Kilometern ist eine vom touristischen Reiseverkehr noch weitgehend verschonte Perle vulkanischen Ursprungs. Sie liegt rund 110 Kilometer südwestlich der Hauptstadt Manila im Südchinesischen Meer, hat nur am späten Abend Elektrizität und gilt bei einigen Rucksacktouristen aus Europa als Geheimtipp. Bekannt wurde das liebliche, gebirgige Lubang mit seinen kilometerlangen weißen Sandstränden und interessanten Tauchrevieren in Asien durch ein kurioses Ereignis, einen geradezu heroischen Beweis von Vaterlandstreue.

Im Jahr 1974 wurde auf der Insel der japanische Soldat Onoda Hirō aufgespürt. Fast dreißig Jahre nach dem Zweiten Weltkrieg hatte er in den Dschungeln des Eilands als Einzelkämpfer überlebt und geglaubt, der Krieg sei noch nicht zu Ende. Auch als er von dem japanischen Studenten Suzuki Norio gefunden wurde, verweigerte der standhafte Krieger Nippons die Unterwerfung, es sei denn, sie werde ihm von einem Vorgesetzten befohlen. Der wurde schließlich nach langer Suche in Gestalt des betagten Majors Taniguchi ausgemacht. Der ehemalige Offizier des Tennō arbeitete inzwischen als betagter Buchverkäufer und reiste eilends nach Lubang, um den eisernen Soldaten des Kaisers zur Aufgabe zu bewegen.

Onoda hatte bis zu diesem Zeitpunkt auf der philippinischen Insel immerhin etwa 30 Menschen getötet und rund weitere 100 verwundet – stets in der Annahme, er befinde sich im Krieg. Noch immer trug er seine alte, zerschlissene Uniform am Leib, hatte ein Schwert am Gürtel, rund 500 Schuss Munition und mehrere Handgranaten bei sich. Es war der philippinischen Polizei nie gelungen, den geheimnisvollen, gerissenen Kämpfer zu stellen. Wie der amerikanische Filmheld Silvester Stallone in der Rolle des Rambo kannte er jeden Überlebenstrick, ernährte sich von dem, was der Urwald hergab. Er wusste um jedes Versteck, während die Suchtrupps mit der Stange im Nebel rührten. Das nötigte selbst dem damaligen Präsidenten des fernöstlichen Inselstaates, Ferdinand Marcos, Respekt ab. Der Diktator begnadigte den mutigen Veteranen eines längst vergessenen Weltbrandes.

Onoda kehrte nach seiner Unterwerfung im Triumph und als Nationalheld nach Japan zurück, schrieb das Buch »No Surrender. My Thirty-Year-War« (Keine Unterwerfung, mein dreißigjähriger Krieg). Im Jahr 1996, nach einem Leben als Viehzüchter in Brasilien und der Gründung einer Schule (»Onodas Naturschule«) in Japan, um dem Werteverfall der fernöstlichen Gesellschaft entgegenzuwirken, kehrte er als inzwischen kahlköpfiger Alter noch einmal nach Lubang zurück und spendete der örtlichen Schule 10.000 Dollar.

Onoda ist nicht der einzige Sohn Nippons, der seine Vaterlandstreue, seinen militärischen Treueschwur und die Heldendoktrin seines Landes so spektakulär unter Beweis stellte. In Indonesien ergab sich auf der Molukken-Insel Morotai ebenfalls erst 1974 Teruo Nakamura. Sergeant Tadashi Itō strich 1960 auf der Insel Guam die Waffen, ebenso auf Guam 1970 Corporal Shōichi Yokoi, der sich 28 Jahre in einer Höhle im Regenwald des zu Amerika gehörenden Pazifik-Eilands versteckt gehalten hatte.

Diese lebenden Legenden der Völkerschlacht machten wieder einmal klar: So wenig friedlich der Stille Ozean und seine Randmeere bei stürmischen Wetterlagen sein können, so wenig friedvoll erwies sich die Geschichte seiner Menschen und ihrer Invasoren über die Jahrhunderte hinweg, denn der Stille Ozean war seit seiner menschlichen Besiedlung stets auch ein explosives Kampffeld der Interessen und Völker.

Die ohne Zweifel bislang schlimmsten Kampfhandlungen überzogen seine Wasser im Zweiten Weltkrieg, als das erbitterte, blutige Ringen der USA mit den Japanern um die Vorherrschaft im größten Ozean der Erde tobte. Der mörderische Krieg der Giganten mit ihren Flugzeugen, Flugzeugträgern und Schlachtschiffen begann mit der Bombardierung des hawaiianischen Kriegshafens Pearl Harbor durch japanische Flugstaffeln. Er wurde zum U-Boot-Krieg, führte zur wechselseitigen Besetzung zahlreicher Inselreiche durch Amerikaner und Japaner. Und er ließ Japans militärische Führung Kamikazeflieger entsenden. Er endete schließlich mit den Atombombenabwürfen auf die Großstädte Hiroshima und Nagasaki durch die USA und die anschließende bedingungslose Kapitulation Tokios.

»Little Boy« und »Fat Man«

Die zerstörerischen strahlenden Bomben »Litte Boy« (Hiroshima) und »Fat Man« (Nagasaki) töteten 1945 mit einem Schlag 92.000 Menschen, weitere 120.000 starben zusätzlich bis Jahresende, von den Spätfolgen der Verstrahlung in Form von Krebserkrankungen erst gar nicht zu reden. Zu den Opfern dieser erbitterten Schlacht, die nach 1945 Gegenstand vieler heldenhafter US-Kriegsfilme wurde, zählen letztendlich auch jene Japaner, die sich jahrzehntelang in den Dschungeln kleiner Inseln verborgen hielten und an ein Ende des mörderischen Ringens nicht zu glauben vermochten.

Begonnen hatte die gewaltige Materialschlacht am 7. Juli 1937 mit dem Ausbruch des Zweiten Japanisch-Chinesischen Krieges. Die Japaner nannten ihn »Nicchū Sensō« (Japanisch-Chinesischer Krieg). In die chinesischen Geschichtsbücher fand er als »kàngrì zhànzhēng« (Krieg des Widerstandes) Eingang. Die Amerikaner schließlich, die nach der Bombardierung Pearl Harbors in die Kampfhandlungen eintraten, führten diesen Teil des Zweiten Weltkrieges unter dem fast lyrisch klingenden Namen »Pacific Theater of Operations«. Ein weiterer Kampfabschnitt war das »South-East Asian Theater«, bei dem auch die Armeen von Indien, Burma, Thailand, Malaysia und Singapur mitwirkten. Später stießen noch niederländische und australische Truppen dazu.

Gegenüber den Kampfhandlungen in Europa spielte sich die Schlacht auf der anderen Seite des Erdballs hauptsächlich auf und über dem Meer ab und ließ den pazifischen Seeraum zu einem Ozean des Todes und zu einem Schiffsfriedhof ungeahnten Ausmaßes werden. Vor allem die erbitterten Seegefechte zwischen dem japanischen Kaiserreich und den Vereinigten Staaten prägten das Bild dieser Epoche des 20. Jahrhunderts. Aber auch auf dem Land kam es zu ausgedehnten Kampfhandlungen in meist unwegsamen Regenwaldgebieten. Die Söhne Nippons setzten dabei auf eine enge Kooperation zwischen Land-, Luft- und Seestreitkräften. Dieses Konzept wurde später von den Amerikanern übernommen und im Vietnamkrieg angewendet.

Den Anstoß für das große Gemetzel gab der Einfall Japans in der Mandschurei 1931 und die Etablierung des Staates Mandschuko sowie die nachfolgenden Scharmützel mit China. Zielstrebig rückten Nippons Truppen vor, galten lange Zeit als unbesiegbar und nutzten diesen Mythos für eine flächendeckende Expansion in Südostasien. Bis 1940 hatte Japan den gesamten Norden Chinas besetzt. Alle Versuche, einen diplomatischen Ausweg zu finden und den Krieg territorial zu begrenzen, scheiterten. Schließlich provozierten 1941 Japans See- und Luftstreitkräfte den Eintritt der USA in den Krieg, als sie den 1887 gegründeten Marinehafen Pearl Harbor auf Hawaii angriffen und mit einem Bombenteppich zudeckten. 2.403 Amerikaner ließen ihr Leben und große Teile der US-Pazifikflotte versanken in den Fluten. »Tränen der Arizona« werden noch heute kleine Ölblasen genannt, die aus dem in Pearl Harbor versenkten Schlachtschiff gleichen Namens austreten.

Der Schock bei den Yankees saß tief, und während der Vorbereitung ihrer militärischen Antwort besetzten Japans Soldaten Hongkong und die Philippinen. Dort vertrieben sie General MacArthur von Corregidor-Island in der Manila-Bucht. Zudem okkupierten sie Niederländisch-Indien (Insulinde), das im Wesentlichen das heutige Indonesien umfasste. Erst nach Kriegsende und nach der totalen Kapitulation Japans erklärte Achmed Sukarno, Führer der indonesischen Nationalbewegung, 1947 die Unabhängigkeit des Landes mit der Hauptstadt Jakarta, dem früheren Batavia der Holländer.

Innerhalb von nur vier Monaten bekam Tokio ganz Südostasien mit seiner Bevölkerung von damals rund 450 Millionen Menschen unter Kontrolle. Es isolierte so Australien, stoppte für die »Aussies« den Seeverkehr und den Handel mit diesen Ländern. Seegefechte, wie die berühmte Schlacht im Korallenmeer, die Schlacht um Midway und die Schlacht um Leyte (Philippinen), wurden zum Inbegriff eines gnadenlosen Ringens. Bei den Kämpfen in Leyte 1944 verloren die Japaner gegen die überlegenen Seestreitkräfte der USA schließlich fast ihre gesamte Flotte.

Das Kriegsgebiet dehnte sich über einen Radius von mehr als 5.000 Kilometern aus, im Norden bis an die Grenzen der damaligen Sowjetunion und der Aleuten, im Westen bis nach Burma und Indien, im Süden kam es bis auf 200 Kilometer an den australischen Kontinent heran und im Westen galt als äußerster Punkt Hawaii. Der 5.000-Kilometer-Radius würde von Berlin aus nach Osten bis Kabul in Afghanistan, nach Süden bis zum Horn von Afrika oder nach Ghana und den Kapverdischen Inseln reichen, im Westen bis in die Hudson Bay und nach Norden bis weit über den Nordpol hinaus. Das verdeutlicht das Ausmaß dieser Schlacht um die Vorherrschaft im Stillen Ozean und macht zudem die Dimensionen des pazifischen Raumes deutlich.

Zu Beginn des 20. Jahrhunderts befand sich fast der gesamte Pazifik einschließlich der Randmeere in den Händen kolonialer Usurpatoren. Die Philippinen und Hawaii gehörten zu den USA, Frankreich hielt Indochina in seinen Händen, Indonesien galt als niederländisches Gebiet und Malaysia wurde von Großbritannien kontrolliert. Nur Korea und Taiwan waren japanische Kolonien. Zahlreiche kriegerische Auseinandersetzungen um die Eigentumsverhältnisse tobten bereits im Vorfeld der großen Völkerschlacht, so der Erste

Chinesisch-Japanische Krieg mit dem Fall von Port Arthur während des nachfolgenden Russisch-Japanischen Krieges. Dieser Hafen war für Moskau strategisch wichtig, ermöglichte er doch den Russen den ungehinderten Zugang zum weltgrößten Gewässer. Damals wurde Russlands gesamte Pazifikflotte systematisch zusammengeschossen oder angesichts der Niederlage von den Kommandanten der Schiffe selbst versenkt. Die Japaner hatten, wie später in Pearl Harbor, ohne jede Vorwarnung angegriffen. Ihr Überfall markiert den Auftakt eines erbarmungslosen Krieges, allein zu Beginn gab es in Port Arthur 57.000 Tote.

Im Ersten Weltkrieg focht Japan an der Seite der Alliierten und übernahm im Verlauf einige Kolonien des Deutschen Kaiserreiches, wie das chinesische Qingdao (Tschingtau). Es wurde so neben China zur zweitgrößten Macht in Ostasien, beherrschte auch Korea, den alten Erzfeind Taiwan, Sachalin und einige pazifische Inselreiche. Im Zeichen des so genannten Panasiatismus strebten die Japaner die Befreiung ganz Ostasiens von den ehemaligen Kolonialmächten und die Einverleibung großer chinesischer Küstenterritorien unter ihrer Führung an. Das Kaiserreich Japan trat nach heftiger Kritik der Weltöffentlichkeit ostentativ aus dem Völkerbund aus und schloss 1936 sogar mit Adolf Hitlers Deutschem Reich den so genannten Antikominternpakt.

1937 kapitulierte Peking, der Kampf um Shanghai zog sich länger hin und kostete 70.000 Japanern und 200.000 Chinesen das Leben. Bei der Eroberung von Nanjing, das sich in den Händen der Kuomintang unter Chiang Kai-shek befand, kam es zu jenen grauenvollen Szenen, die das Verhältnis beider Länder bis zum heutigen Tag trüben: 300.000 Zivilisten wurden buchstäblich geschlachtet und rund 20.000 Frauen vergewaltigt. Viele der Frauen verschleppten die Besatzer als »Lustmädchen« für die japanische Soldateska. Zuvor hatten die Truppen des Tennō auch das amerikanische Kanonenboot USS Paney beschossen, das amerikanische Bürger über den Jangtsekiang evakuierte – ein erster Anstoß für die späteren Feindseligkeiten mit den Vereinigten Staaten.

Der Kampf um die Macht in China gipfelte zum Teil in schier unbegreiflichen grauenvollen Ereignissen. So ließ Chiang Kai-shek die Staudämme des Gelben Flusses sprengen, um die Japaner durch die Überflutung des Landes zu stoppen. Damit tötete er aber auch 890.000 Landsleute. Sie ertranken erbärmlich und völlig überrascht in der gigantischen Flutwelle. Zudem wurden zwölf Millionen Chinesen durch die Vernichtung von 4.000 Dörfern und elf Städten obdachlos – ein in der Geschichte der Menschheit einmaliges Verbrechen gegen das eigene Volk. Nicht genug der Grausamkeiten, bei ihren weiteren Vormärschen zu den Südprovinzen setzten die Japaner Giftgas ein. Der Film »Die Brücke am Kwai«, in dem britische Kriegsgefangene in Burma von japanischen Offizieren drangsaliert und zum Bau einer Eisenbahnbrücke gezwungen werden, vermittelt ein Bild darüber, wie Japans Kriegshelden von der Weltöffentlichkeit gesehen wurden.

Der im Zweiten Weltkrieg bestehende Pakt zwischen Deutschland, Italien und Japan wurde 1940 durch ein militärisches Beistandsabkommen erweitert. Ein Resultat davon war der Einsatz des deutschen Hilfskreuzers Atlantis im Pazifik. Westlich von Sumatra brachte er das britische Frachtschiff Automedon auf und erbeutete dabei Unterlagen der britischen Planungsdivision Fernost. Sie wurden in Berlin an Japan übergeben und beeinflussten maßgeblich die japanische Strategie.

Die Ereignisse überschlugen sich schließlich immer schneller. Es kam zu Verhandlungen mit den USA und mit Russland. Dessen ungeachtet machte Japan im Juli 1940 auf breiter Front mobil und rekrutierte mehr als eine Million Soldaten. Die Werften des Landes bauten

210 Kriegsschiffe, unter denen sich zwölf Flugzeugträger und sieben große Schlachtschiffe befanden. Zudem verkündete die Regierung in Tokio den Aufbau einer »Großasiatischen Wohlstandssphäre« unter Führung Japans und frei von westlichen Einflüssen. Selbst die so genannte »Hundert-Regimenter-Offensive« des chinesischen Kommunistenführers Mao Zedong gegen die als äußerst brutal verschrienen Invasoren konnten die Armeen des Tennō nicht stoppen. Sie besetzte Zug um Zug Vietnam, Laos und Kambodscha. Am 3. September 1940 telegrafierte die US-Botschaft in Tokio nach Washington, dass es zweifelsfrei zu einem Krieg kommen werde. Handelsembargos blockierten die Rohstoffzufuhr an das Inselreich Japan und trieben Nippon geradezu zur Eroberung von Lagerstätten in Südostasien.

Mit den Worten »Ersteigt den Berg Niitaka« gab der 56-jährige japanische Admiral Yamamoto Isoroku das Signal zum Krieg gegen den Rest der Welt. Sein Fanfarensignal war der insgeheim geplante Angriff auf Pearl Harbor. Damit hatte trotz mehrfacher Warnungen in den USA niemand gerechnet. Die Attacke startete Vizeadmiral Nagumo mit einer ersten Angriffswelle seiner auf Flugzeugträgern stationierten Kampfflugzeuge. Der Blitzangriff auf Hawaii war ein voller Erfolg, 160 amerikanische Flugzeuge wurden zerstört und die US-Navy für mehrere Monate aus dem Verkehr gezogen. Unterdessen legten japanische U-Boote vor den Küsten der malayischen Halbinsel Minen, was als Beginn des Pazifikkrieges mit der Invasion der Japaner in Malaysia gewertet wird.

Nach diesem Schlag und der Ernennung des US-Admirals Chester W. Niemitz zum Oberbefehlshaber Pazifik erklärte Präsident Franklin D. Roosevelt Japan den Krieg. Großbritannien, Kanada, die Niederlande, Australien, Neuseeland, Nicaragua, Costa Rica, Honduras, Haiti und die Dominikanische Republik folgten. Nun war aus den Kampfhandlungen ein wirklicher Weltkrieg geworden. Er machte zusammen mit der Bekämpfung von Hitler-Deutschland den gesamten Globus zum Schlachtfeld. In der ersten heißen Phase dieser Schlacht setzten die Japaner ihre Eroberungen fort. Sie bombardierten Guam, die Insel Wake, besetzten Malaysia ganz und fielen in Thailand ein. Sie okkupierten die britische Kronkolonie Hongkong (»Black Christmas«) und versenkten durch ihre Torpedobomber die britischen Schlachtschiffe PRINCE OF WALES und REPULSE. Dabei fanden der kommandierende Admiral der Engländer, Sir Tom Phillips, und 840 Besatzungsmitglieder den nassen Tod. Die Briten waren für längere Zeit aus dem Ringen um die pazifische Seemacht ausgeschaltet, denn ihre übrigen Streitkräfte kämpften in Europa und Afrika, konnten also nicht für Entsatz sorgen.

Auch die Philippinen, Borneo und Burma fielen aufgrund der japanischen Luftüberlegenheit. Mit einem ähnlichen Aufwand wie in Pearl Harbor wurde sodann Rabaul in Papua-Neuguinea erobert und damit eine für weitere Invasionen strategisch wichtige Bastion gewonnen. Die dortige Seestraße verbindet die Bismarcksee mit der Salomonensee und stellt den Schlüssel für eine weitere Expansion in die Südsee und den Ostpazifik dar. Rabaul wurde im Schnellgang zu einer mächtigen Festung ausgebaut. Tunnel von über 500 Kilometer Länge sicherten den Nachschub und dienten als Lazarette. Bis zu 200.000 Kämpfer des Tennō waren an diesem Punkt konzentriert. Auch die Insel Java fiel in die Hände Japans, in Singapur gerieten 80.000 Mann aus England, Australien und Indien in Gefangenschaft. Die Besetzung von Borneo folgte, nachdem die alliierten Seestreitkräfte in der Straße von Makassar vernichtend geschlagen wurden. Sumatra war der nächste logische Schritt. Bei all diesen Aktionen ging es vor allem um die Ölfelder oder Kohlelagerstätten. Japan brauchte für seine Kriegsmaschinerie immer mehr Energie, besaß keine eigenen Rohstoffquellen und musste deshalb unter allen Umständen weiträumig seine Transportwege über See schützen. Bali und Osttimor waren weitere Stationen der raschen Expansion. Im weiteren Verlauf griffen 71 japanische Sturzkampfbomber, 81 Torpedoflugzeuge und 36 Jagdflieger sogar Darwin im Norden Australiens an. Schlachten in der Sundastraße und der Javasee folgten, bei denen die gesamte Flotte der so genannten ABDACOM, des gemeinsamen Kommandos von Amerikanern, Briten, Niederländern und Australiern, vernichtet wurde.

Angesichts solcher sich wiederholender verheerender Niederlagen begannen die USA damit, Marineeinheiten aus dem Atlantik in den Pazifik zu pumpen. Diese operierten von Amerikanisch-Samoa im Herzen des Pazifiks aus. Gleichwohl drangen japanische U-Boote bis an die kalifornische Küste vor und beschossen eine Raffinerie. Amerika wurde nun erst recht hellwach und befürchtete angesichts des Flächenbrandes im Pazifik sogar eine Invasion seines Staatsgebietes. Doch so weit reichten die japanischen Kräfte nicht. Stattdessen wurde Neuguinea okkupiert, ebenso die Salomonen und im Westen Rangun in Burma. Die Andamanen fielen ebenfalls in die Hände der siegreichen Japaner, zudem wurde Ceylon im Indischen Ozean angegriffen. Und jeweils machten neue Gräuelmärchen über die Grausamkeit des asiatischen Kämpfervolkes die Runde. Viele entsprachen der Wahrheit. Bei der Einnahme des philippinischen Bataan beispielsweise mussten die gefangenen alliierten Soldaten in einem Gewaltmarsch, der als »Todesmarsch von Bataan« in die Geschichtsbücher einging, in tropischer Hitze 100 Kilometer laufen, 16.000 Gefangene starben dabei.

Im Gegenzug bereiteten nun die Amerikaner eine Bombardierung in Japan vor. Sie wurde von Flugzeugträgern aus gestartet und hatte Städte wie Tokio, Kobe, Nagoya, Yokohama und Yokosuka zum Ziel. Dieser so genannte »Doolittle Raid« erfolgte mit 25 speziell ausgerüsteten Bombern aus 1.200 Kilometern Entfernung. Die angerichteten Schäden waren vergleichsweise zu Pearl Harbor gering, der propagandistische Effekt aber umso größer – der Nimbus von der Unbesiegbarkeit Japans bekam Risse. In der Schlacht im Korallenmeer standen sich dann erstmals große Schiffsverbände beider Seiten direkt gegenüber. Die Gefechte verhinderten die von den Japanern geplante Einnahme des australischen Port Moresby. Dann folgte die Midwayschlacht und brachte Nippon erstmals habhafte Verluste bei; vier Flugzeugträger sanken, 3.500 Mann ließen ihr Leben. Die japanische Marine zog sich daraufhin angeschlagen zurück. Zeitgleich jedoch griffen schon andere Einheiten wieder die Alëuten an.

Eine erneute Schlacht um die Salomoneninsel Guadalcanal unter dem Namen »Operation Watchtower« markierte den endgültigen Wendepunkt, auch wenn immer wieder um einzelne Inseln mit wechselnden Erfolgen gekämpft wurde. Mit schnellen Zerstörern brachten Nippons Söhne ihren Nachschub nach Guadalcanal. Da die Amerikaner den feindlichen Nachrichtencode entschlüsselt hatten, konnten sie diese Versorgungsfahrten empfindlich stören. Angesichts der schwierigen Lage begann die Führung in Tokio, Ende 1943 ihre noch 11.700 Mann starken Truppen zu evakuieren. Das war eine deutliche Zäsur, das Kriegsglück wendete sich. Dennoch kam es immer wieder an den häufig wechselnden Schauplätzen dieses weiträumigen Kriegsschauplatzes zu neuen Schlachten mit jeweils hohen Schiffsverlusten auf beiden Seiten.

Ein schwerer Schlag für Japan war der Abschuss eines Flugzeuges mit Admiral Yamamoto an Bord. Auch die amerikanischen U-Boote errangen immer mehr Erfolge auf der Route der gegnerischen Versorgungskonvois zwischen Japan, Palau und Rabaul. Wie kein anderes der kriegführenden Länder war Japan bei der Versorgung des Mutterlandes und der weit vorgeschobenen Außenposten völlig vom Seeverkehr abhängig und entsprechend verwundbar – ähnlich wie das vom Meer umschlungene Großbritannien, das Adolf Hitlers U-Boot-Krieg über die Blockade der Versorgung in die Knie zwingen wollte. Auch zeichnete sich jetzt dank eines enormen Materialeinsatzes der USA eine Luftüberlegenheit der Amerikaner ab. Bei einem mörderischen Luftgefecht zwischen 81 japanischen und 101 amerikanischen Kampfflugzeugen über den Salomonen, verloren beispielsweise die Japaner 24, die Amerikaner nur sieben Maschinen. Die US-Taktik des »Island Hopping« führte zudem zu einer langsamen Einkreisung der japanischen Hauptfestungen im südwestlichen Pazifik. Die U-Boote der USA wurden dabei zu einer entscheidenden Waffe. Nippons Kriegsstrategen unterschätzten sie zunächst völlig in ihrer verheerenden Wirkung auf die Geleitzüge. Ganze Rudel amerikanischer Unterseeboote lauerten den Versorgungsschiffen der Japaner auf und schwächten so die Außenposten und die Lieferungen ins Mutterland selbst.

Entscheidend beeinflusste schließlich das Ende des Krieges außer dem spektakulären Abwurf der beiden Atombomben die 3rd-US-Flotte mit dem Flugzeugträgerverband Task-Force 38 mit seinen 18 Flugzeugträgern und acht Schlachtschiffen. Nach monatelangen Bombenattacken auf die Großstädte und der blutigen Eroberung von Okinawa, der südlichsten Präfektur, stand die Einnahme von Hokaido, der nördlichsten Insel, auf der Agenda. Der zuständige Admiral William F. Halsey erfuhr vom Einsatz der Nuklearwaffen erst kurz vor seinem geplanten Angriff auf das japanische Festland, zu dem zeitgleich die Sowjetunion in den Pazifikkrieg eintrat. Die Ereignisse überschlugen sich. Die geplante Invasion mit dem ungeheuren Aufwand von 650.000 Soldaten, 2.500 Schiffen und 5.000 Flugzeugen mit der »Operation Olympic« wurde abgeblasen, Japan kapitulierte.

Am 2. September 1945 wurde auf dem US-Schlachtschiff MISSOURI in der Sagami-Bucht der Zweite Weltkrieg mit der Unterzeichnung der Kapitulationsurkunde beendet, der einzige Krieg, in dem sowohl biologische als auch chemische und nukleare Waffen zugleich eingesetzt worden waren. Der Aufwand an Menschen und Material war für die USA und den Kriegspartner Großbritannien gewaltig, denn zusätzlich zu dem Aufmarsch in Fernost rückten 1944 in Europa nach der Invasion in der Normandie 1,5 Millionen alliierte Soldaten in Richtung Deutschland vor.

Das traurige Fazit der Völkerschlacht im größten Ozean der Erde: Japan verlor in den Kriegen rund um den Pazifik von 1937 bis zum Kriegsende 1,7 Millionen Soldaten und 360.000 Zivilisten, China beklagte, zusammen mit den Bürgerkriegen zwischen Nationalisten und Kommunisten, 13 Millionen Opfer. Die Anzahl toter alliierter Soldaten überstieg 200.000. Die USA opferten im Pazifikkrieg 91.000 ihrer Söhne. Weltweit starben bei den Kriegshandlungen des Zweiten Weltkriegs 55 Millionen Menschen, sechs Millionen allein in den Vernichtungslagern der Nazis. Auch im Fernen Osten hatte Adolf Hitlers Seestreitmacht mitgemischt. Deutsche U-Boote operierten zum Teil von Japan aus. So genannte Hilfskreuzer, für Kriegszwecke umgerüstete Handelsschiffe, versenkten alliierte Transportschiffe, ganz so, wie das bereits im Ersten Weltkrieg der Fall war. Während er in Europa tobte, machte damals ein deutscher Kommandant von sich reden: Felix Graf von Luckner (1881 bis 1966). Mit seinem zu einem Hilfskreuzer deklarierten Segelschiff SEEADLER operierte er unter norwegischer Flagge und unter dem Namen IRMA bis in pazifische Gewässer. Im Zeitraum von Dezember 1916 bis Dezember 1917 brachte er 16 feindliche Schiffe auf. Insgesamt sollen es nach anderen Quellen sogar bis zu 24 gewesen ein. Ladungen im Wert von rund 25 Millionen sanken auf den Meeresgrund. Noch größeren Schaden richtete der deutsche Adelsspross allerdings dadurch an, dass viele alliierte Schiffe aus Angst vor dem legendären Kaperkapitän mit großen Verspätungen ausliefen, um dem »Seeteufel« nicht in die Hände zu fallen. Der Nachschub der Alliierten stockte.

Das Durchbrechen der englischen Sperren im Nordatlantik allein war ein Meisterstück. Ein Besatzungsmitglied mimte als Frau verkleidet das Eheweib des »Kapitäns Knudsen«. Es lag mit schrecklichen Zahnschmerzen und einem Tuch um den Kopf in der Kajüte des Kapitäns. Aus diesem Grund verzichteten die britischen Offiziere, die zur Kontrolle an Bord gekommen waren, ganz Gentleman einer Dame gegenüber, auf die Durchsuchung dieses Raumes mit wahrscheinlich brisanten Papieren und Kartenmaterial. Auch die Bordkanonen waren geschickt getarnt, alle Papiere meisterhaft gefälscht. Später lachte die ganze Welt über das gelungene Bubenstück.

Der listenreiche Luckner segelte nach dem Durchbrechen der englischen Blockade erst im Atlantik und dann im Pazifik. Dort allerdings endete sein Abenteuer an einem Riff vor der südpazifischen Insel Mopelia (Gesellschaftsinseln). Während der Graf später felsenfest behauptete, das vor Mopelia ankernde Schiff sei von einem Tsunami, einer mächtigen Erdbebenwelle, gegen die Korallen geworfen worden (was auch die Besatzung unisono bestätigte), schworen die an Bord befindlichen amerikanischen Kriegsgefangenen, Luckner habe leichtfertig zu dicht an dem Unterwasserhindernis geankert. Während seiner Abwesenheit zu einem Picknick an Land habe sich der Anker gelöst. Das Schiff sei sodann mit schleifendem Geschirr auf das verhängnisvolle Riff getrieben worden. Wer nun sagt die Wahrheit? Sicher ist, dass die Wetterstationen auf dem benachbarten Tahiti nichts dergleichen registriert haben.

Drei Wochen hielt der Adelsspross das Robinsondasein aus, dann machte er sich mit einem besegelten Beiboot und seinen Getreuen gut bewaffnet auf den Weg. Sein Vorsatz war, irgendein Handelsschiff zu kapern. 28 Tage irrten die Schiffbrüchigen in zum Teil schweren Seen rund 2.000 Seemeilen über offenes Wasser. Dann erreichten sie Wakaya auf den Fidschis. Einer der Getreuen war der spätere Kapitän Carl Kircheiß (1887 bis 1953) aus Hamburg-Harburg, der sich als Seeoffizier, Weltumsegler, Walfänger und Polarforscher einen Namen machte.

Die Seeadler ging als letztes Kriegsschiff unter Segeln in die maritime Historie ein. Der Graf selbst ergab sich schließlich mit seinen Männern einem britischen Offizier auf Fidschi, um – wie er in seinen Memoiren schrieb – weiteres unnötiges Blutvergießen zu vermeiden. Das Ende des Krieges und die Demission des deutschen Kaisers Wilhelm II. standen kurz bevor. Das letzte Kriegsjahr verbrachte Luckner interniert auf Neuseeland. Die ehemaligen deutschen Kolonien im pazifischen Raum kamen unter andere Verwaltung, so Samoa mit Völkerbundsmandat unter neuseeländische Fittiche.

Lange wurde das Thema des ersten pazifischen Krieges und die Teilnahme Deutschlands daran von den Marinehistorikern vernachlässigt. Dabei spielte das so genannte Ostasiengeschwader des Kaisers durchaus eine gewichtige Rolle. Zunächst plante die deutsche Marineleitung schon in den Jahren 1898 bis 1906 einen deutschen Angriff auf die Westküste der USA, der Plan wurde später zugunsten der Philippinen fallen gelassen. Zudem sollte der Krieg gegen die Franzosen auch in Indochina geführt werden. Da die Kräfte der Franzosen an Land aber als zu stark eingeschätzt wurden, nahm Deutschland auch von diesen Plänen Abstand. Gegen die Briten wiederum und deren starke Seemacht war ein Angriff auf Australiens Küsten in Erwägung gezogen worden. Doch es kam alles ganz anders.

Das Operationsgebiet des deutschen Geschwaders war von 1900 bis 1911 nur die Südsee, also den Zentralpazifik. Ab dem Jahr 1912 dampften die Kriegsschiffe des Kaisers dann zum deutschen Mandatsgebiet Qingdao an der chinesischen Küste. Die kaiserliche Marine konzentrierte sich von dort auf die Störung des englischen Seehandels im Gelben Meer. Ihr Befehlshaber, Admiral Maximilian Graf Spee, hatte bei Beginn des Ersten Weltkrieges Attacken auf die Malakkastraße vor, um den britischen, französischen und russischen Handel empfindlich zu treffen. Als aber auch Japan in den Krieg eintrat, fühlte er sich von allen Seiten in der Zange und wich quer über den Pazifik ins neutrale Chile aus. Dort besiegte er vor der Küste ein britisches Geschwader und brach dann zum Atlantik durch. Allerdings hatten die Briten nicht geschlafen, stellten das deutsche Geschwader vor den Falklandinseln und vernichteten es. Der Deutsche Andreas Leipold hat sich in seiner Magisterarbeit diesen deutschen Aktivitäten im Pazifik gewidmet, einige historische Fehlinterpretationen aufgedeckt und in zwei Büchern beschrieben.

Als sehr effizient erwies sich der Einsatz des kleinen Kreuzers Emden, der sich 1910 an die Überquerung des Pazifiks machte und ebenfalls rund Qingdao eingesetzt wurde. Als Graf Spee nach Chile auswich, kreuzte die Emden zur Ablenkung der Briten durch die indonesische Inselwelt in den Indischen Ozean und versenkte, geschickt als britisches Schiff mit falschem Schornstein getarnt, 23 Handels- und zwei Kriegsschiffe. Zurück zum malayischen Archipel drang die Emden dreist in den Hafen von Penang ein und schoss den russischen Kreuzer Schemtschug zusammen sowie einen französischen Torpedobootzerstörer. Bei einer weiteren geplanten Aktion auf den Kokosinseln wurde sie von der HMAS Sydney überraschend gestellt und versenkt. Fünfzig Männer und Kapitänleutnant Hellmuth von Mücke, die während der Kanonade an Land weilten, entkamen dem mörderischen Beschuss des überlegenen Feindschiffes und flohen mit dem betagten Schoner SMS Ayesha. Nach einer abenteuerlichen Reise über Arabien und Konstantinopel kehrten sie 1915 nach Deutschland zurück.

Der Pazifik kam nie zur Ruhe. Das große Schlachten im und am Stillen Ozean ging auch nach 1945 weiter: 1945 bis 1949 Indonesischer Unabhängigkeitskrieg, 1946 bis 1954 Französischer Indochinakrieg mit der berühmten Schlacht um Diên Biên Phù, 1950 bis 1953 Koreakrieg, 1957 bis 1962 Holländisch-Indonesischer Krieg um Westguinea, 1961 bis 1974 Vietnamkrieg mit der Bombardierung des Ho-Chi-Minh-Pfades in Laos, wo mehr US-Bomben fielen als im gesamten Zweiten Weltkrieg auf Deutschland, 1977 bis1989 Vietnamesisch-Kambodschanischer Krieg, 1979 Chinesisch-Vietnamesischer Krieg. Und immer wieder waren Schiffe die Trägerbasen für Kampfflugzeuge und Landetruppen. Der Verkehr von Kriegsschiffen über den Pazifik riss also nie ab. Russland unterhielt eine Pazifikflotte. Die Amerikaner beanspruchten weiterhin die Gewässer des größten Ozeans als ihr angestammtes Territorium. China rüstet maritim auf und ist heute im Stillen Ozean eine Weltmacht. Taiwans Marine wird laufend modernisiert. Nordkorea, Südkorea und Japan mischen ebenfalls mit. Die Präsenz der riesigen Flottenverbände des Kalten Kriegs auf den Sieben Meeren hatte allerdings einen Vorteil: Das Piratenunwesen im Gelben Meer und in der Malakkastraße nahm deutlich ab. Nach dem Zusammenbruch des Sowjetreiches legte es aufgrund der verringerten Präsenz von Kriegsschiffen ebenso schlagartig wieder zu.

Auch die Vorgeschichte dieser großen Schlachten ist keineswegs frei von Blutvergießen: Im Jahr 655 bekriegten sich Korea und China, 1231 besetzten die Mongolen Korea und zwangen die Einwohner, maßgeblich an zwei Eroberungsversuchen Japans teilzunehmen. Die erste Invasion erfolgte 1274 und wurde von einem schweren Sturm abgeblasen, der zweite Versuch mit insgesamt 900, nach anderen Quellen mit 4.000 Schiffen und 170.000 Soldaten endete ebenso kläglich. Ein Taifun vernichtete den größten Teil der angreifenden Flotte. Wissenschaftliche Funde neueren Datums in japanischen Küstengewässern bei Nagasaki zeigen in 20 Meter Tiefe, dass zum großen Teil nicht seetüchtige Fahrzeuge, wie Flussdschunken, eingesetzt worden waren. Zu dieser Zeit hatten Chinas Schiffe bereits einen hohen Standard, und es bleibt nur der Schluss, dass für die gewaltige Invasionsarmee solche sonst nur auf Binnengewässern eingesetzten Fahrzeuge rekrutiert wurden. Zudem, so ergaben die Unterwasserexkursionen, waren bei vielen Schiffen bauliche Mängel zu verzeichnen, die entweder auf Sabotage der unterworfenen chinesischen Arbeiter zulasten der Mongolen zurückzuführen oder aber der zu schnellen Bauweise für den großen Eroberungsschlag zuzuschreiben sind.

Andererseits hatte 363 n. Chr. bereits die japanische Kaiserin Jingo ihre Flotte nach Korea ausgesendet, um das Land zu erobern. Nach der Überlieferung half ihr dabei der mächtige Drachengott Ryujin, der Herr der Gezeiten und der so genannten Tidal-Juwelen. Die Koreaner sendeten den japanischen Dschunken eine ganze Armada von Schiffen entgegen. Da warf Jingo das Niedrigwasserjuwel, ein Geschenk des Gottes an sie, in die Fluten. Die koreanischen Einheiten strandeten. Dann schleuderte sie das Flutjuwel hinterher und die Feinde ertranken jämmerlich, während die Flut Nippons Flotte in den feindlichen Hafen spülte und den Sieg perfekt machte.

Der schon immer dicht bevölkerte Osten der pazifischen Region war also häufig Spielball kriegerischer Interessen und zahlreicher Eroberungsfeldzüge quer durch die Inselwelt, vor allem Indonesiens. Wegen seiner strategischen Lage bot es sich als Knotenpunkt des Seehandels geradezu an. Ob es die so genannten Cholakönige waren oder der König von Singhasan oder ab 1293 das Reich der Mayapahit, es wurde um die jeweilige Handelsvorherrschaft gekämpft. Mit der Ankunft der Europäer setzte sich die kriegerische Ära erst recht fort. Niederländer, Portugiesen, Spanier, Engländer und Franzosen versuchten, die Inseln unter Kontrolle zu bekommen und bekämpften nicht nur einheimische Fürsten wie den Sultan von Malakka, sondern sich vor allem gegenseitig. Dabei kam es zu grotesken Ereignissen, so etwa bei der Insel »La Fortuna« (heute Fortune Island) vor der Bucht von Manila. Dem damaligen spanischen Gouverneur wurde im Jahr 1600 das Auftauchen zweier holländischer Schiffe unter dem Kommando Oliver van Noorths gemeldet. Der Statthalter Madrids bekam es mit der Angst, packte die Galeone San Diego bis oben hin voll mit seinen zusammengerafften Reichtümern, unter anderem Goldmünzen, chinesisches Porzellan und wertvolle japanische Katanas (Samuraischwerter). Dann versuchte er zu fliehen. Vor der kleinen Insel Fortune sank das Schiff, jedoch nicht durch Feindberührung mit den Holländern, sondern weil es so überladen war, dass der hohe Seegang durch die zu tief im Wasser liegenden Stückpforten eindrang und das Schiff mitsamt der teuren Fracht in die Tiefe riss. Erst Ende des 20. Jahrhunderts wurde dieser Vorgang rekonstruiert, als Unterwasserarchäologen die San Diego zu heben begannen. Der damalige Gouverneur de Guzmán hatte die spanische Krone mit einer faustdicken Lüge über den Verlust eingedeckt: Nach heldenhaftem Kampf gegen die Holländer sei sein Schiff schließlich gesunken. Er wurde daraufhin zum Gouverneur von Acapulco in Mexiko ernannt und starb dort hoch geehrt im Alter von über 80 Jahren. Das nach dem Schiff benannte Kap San Diego gilt heute als die »goldene Meile« der Region, wo die Größen aus Politik, Wirtschaft und Showbusiness ihre Sommerresidenzen bauen, wie etwa Expräsident Fidel Ramos.

Selbst die Hawaii-Inseln kamen (auch ohne die kämpferische Präsenz der europäischen Entdecker und Eroberer) nie zur Ruhe. Stammeskämpfe waren an der Tagesordnung. Erst 1810 wurden diese kriegerischen Fehden mit der Übernahme der Alleinherrschaft durch König Kamehamea I. beendet. Jede der Einwanderungswellen war zugleich auch importierter Krieg. Sicher ist, dass die Südsee alles andere als friedlich war. Die Maoris auf Neuseeland, äußerst geschickte Seefahrer, dezimierten sich durch Stammesfehden. Es kam zwischen verfeindeten Stämmen sogar zu regelrechten Seeschlachten ihrer Kanuflotten. Die Kriegsboote waren im Gegensatz zu den gewöhnlichen Fischerbooten reich mit Schnitzereien verziert. Tonga kam erst zur Ruhe, als sich 1845 die Topou-Dynastie an die Macht schwang und die Bürgerkriege beendete. In Samoa bekriegten sich die einzelnen Häuptlinge. Es kam vor über hundert Jahren sogar zum Bürgerkrieg zwischen zwei Parteien, bis die Kolonialmacht Deutschland dem ein Ende setzte. Von 940 bis 1250 wurde Tonga von den Samoanern beherrscht. Auf der 1722 durch den holländischen Admiral Jakob Roggeveen entdeckten Osterinsel bot sich ein ähnliches Bild: Der Stamm der »Langohren« lag mit dem der »Kurzohren« in Fehde, bis die »Kurzohren« die Oberhand bekamen und ihre Gegner auf die Poike-Halbinsel im Norden vertrieben. Auch die Inselgruppen des heutigen Französisch-Polynesien, wie die Gesellschaftsinseln mit Tahiti, das Tuamotu-Archipel, die Marquesas, die Austral-Inseln und die Gambierinseln waren oft Zeugen blutiger Machtkämpfe. Einst wurden sie von Samoa und Tonga aus besiedelt, stellten aber später jene kühnen Seefahrer, die nach Hawaii und Neuseeland ausschwärmten, um sich dort niederzulassen.

Auch gegenwärtig ist die Region keineswegs als befriedet zu bezeichnen. Nordkorea mit seinem Atom- und Raketenprogramm sowie seinem unberechenbaren »geliebten Führer« Kim Jong Il. stellt eine ständige Bedrohung für den Weltfrieden dar und liefert sich immer wieder mit den Marineeinheiten des südkoreanischen Nachbarn Scharmützel. Zwischen den Flottenverbänden Rotchinas und des US-unterstützten Taiwan kommt es zu Reibereien. Es ist nicht auszuschließen, dass die Volksrepublik eines Tages sogar eine Invasion startet, um die nach ihrer Meinung zu China gehörende Insel zurückzuholen. Gedroht hat sie jedenfalls mit einem solchen Schritt. Im Bereich der Spratly-Inseln ist zudem eine militärische Auseinandersetzung zwischen China und den umliegenden ostasiatischen Staaten um die dort lagernden Erdgas- und Erdölvorräte möglich, wobei auch die Amerikaner schon mit einem Flugzeugträger Präsenz zeigten. Sie alle erheben Anspruch auf die gigantische Rohstoffquelle, die das Produkt einer in grauer Vorzeit versunkenen Landbrücke zwischen der philippinischen Insel Palawan und Malaysia ist.

Wie sich die mögliche Öffnung der arktischen Passagen auf die Machtverhältnisse auswirkt, bleibt abzuwarten. Spannend bleibt es auf der unserem Lebensraum gegenüberliegenden Seite des Globus in jedem Fall.

Kapitel 10

Marktplatz der Paradiese

Schon immer übte die Südsee auf die Bürger Europas, Amerikas, Australiens und Neuseelands große Faszination aus. Ihre tropischen Gewässer, Atolle und vulkanischen, für viele geheimnisvollen Inselwelten verkörpern für so manchen Tagträumer die Vorstellung vom Paradies auf dem Globus. Die Südsee vermittelt die Imagination von faszinierenden, scheinbar leichtfüßig über den Erdboden schwebenden Frauen mit schwarzen seidigen Haaren und Blumenkränzen um den Hals, von türkisfarbenen Lagunen. Sie gaukeln uns einen unendlichen Frieden, eine zeitlose Beschaulichkeit am Ende der zivilisierten Welt vor. Das Kerngebiet des Pazifischen Ozeans ist schon seit den Zeiten der Entdecker Ziel vieler Einzelreisender, Pauschaltouristen, von Kreuzfahrtschiffen, Weltumseglern, Globetrottern, Malern, Filmschaffenden und Schriftstellern.

Für sie alle tut sich in den Weiten des Pazifiks ein Marktplatz der Paradiese auf – vor allem für jene Zeitgenossen, die nicht auf den Cent schauen müssen. In der Regel ist die Südsee von heute ein teures Pflaster. Ozeanien zum Nulltarif für Aussteiger gibt es so gut wie nicht.

Als beispielsweise der verstorbene König von Tonga, Taufa'ahau Tupou IV., zum 100-jährigen Bestehen des »immerwährenden Freundschaftsvertrages« von 1876 zwischen Deutschland und Tonga die Bundesrepublik besuchte, lud er enthusiastisch alle Deutschen ein, sein Inselreich zu besuchen. Die leichtfertige Offerte nahm er jedoch alsbald zurück, denn es tauchten ganze Schwärme von Hippies auf und wollten Südsee pur genießen, einfaches Leben tanken und ihre Palmhütten bauen. Die zentnerschwere Majestät hatte natürlich nur jene gemeint, die Geld auf seine Insel mitbringen. Und auch darunter gab es in Deutschland dubiose Vögel, die mit einem »Royal Yacht Club of Tonga« Auswanderungswillige und unwissende Besitzer von Segelbooten kapern wollten und es eigentlich nur auf deren Beiträge abgesehen hatten.

Um dem Durchschnittseuropäer eine Vorstellung von der Ausdehnung der Inselwelt im so genannten polynesischen Dreieck zu vermitteln, muss er sich einen analogen Triangel in seiner Welt vorstellen. Er würde eine Fläche zwischen Hamburg in Deutschland, Kalkutta in Indien und Daressalam in Ostafrika umfassen, ganz zu schweigen von den Tausenden anderer Inseln, die rund um den Pazifischen Ozean oft nur als stecknadelkopfgroße Punkte auf der Landkarte auszumachen sind.

Es ist schier unmöglich, ihre ganze Vielfalt aufzuzeigen. Einige Musterbeispiele müssen dazu dienen, diese fernen Welten vorzustellen und begreifbarer zu machen.

Samoa

Eine ebenso alte Freundschaft mit der heutigen Bundesrepublik wie zu Tonga aus kaiserlichen Zeiten besteht mit der nördlich benachbarten Inselgruppe Samoa, deren Bewohner ihre Eilande als die »Wiege Polynesiens« bezeichnen. Und historisch gesehen sind sie das wohl auch. Zum Fall der Berliner Mauer gaben die Samoaner, ohnehin für ihre bunten Briefmarken in Sammlerkreisen berühmt, begeistert eine Sondermarke heraus, die die 100 Jahre alten Beziehungen zwischen den beiden Staaten feierte und explizit als Symbol der zu Ende gegangenen Spaltung das Brandenburger Tor zeigte, denn auch Samoa leidet an der Teilung zwischen West- und Ostsamoa, welches amerikanisches Staatsgebiet ist und auf dem sie bei allfälligen Verwandtschaftsbesuchen mit harten Dollars bezahlen müssen.

Die ehemalige deutsche Kolonie Samoa ist – im Gegensatz zum US-gestylten Hawaii und dem sündhaft teuren Tahiti – bezahlbare, reine, allerdings christlich missionierte Südsee mit ihren Traditionen und offenen Hütten in den Küstendörfern. Selbst Bankchefs können es sich kaum leisten, ohne die traditionelle Hosentätowierung am Unterleib in ihren Businessanzug zu schlüpfen. Der Sonntag gehört ohnehin dem Allmächtigen und der Familie. Weiß gekleidete Ladys strömen in die zahlreichen Gotteshäuser, aus denen der melodische Gesang der Südsee dringt und einen Zauber der besonderen Art verbreitet. In den kleinen Dörfern ruft manchmal sogar noch das Muschelhorn zum Gebet und wehe, wer sich dann draußen aufhält, der muss für die Gemeinschaft ein Schwein spendieren.

Wegen seines kulturellen Erbes steht Samoa am Anfang dieses kleinen Streifzuges durch das polynesische Dreieck Neuseeland, Hawaii und Raspa Nui (Osterinsel). Und wer die Idylle an der Datumsgrenze besucht, erlebt schon am Flughafen Faleolo einen unvergesslichen Blütenzauber; und die Zeit scheint für ihn stillzustehen. Long John Silver, der Pirat des Romans »Die Schatzinsel« – irgendwo, da hinter dem azurnen Horizont ist der legendäre Freibeuter in der Fantasie noch immer lebendig. Die mächtige Dünung des Stillen Ozeans brandet wie eine grüne, gläserne Mauer gegen das schützende Korallenriff. In den Farn-, Myrten- und Muskatnussdschungeln der Berge auf der samoanischen Insel Savaii segeln die Flughunde mit ihren neunzig Zentimetern Spannweite über die Wipfel der mächtigen Bayan-Baumriesen. Im Geäst krächzen die Blaukappenloris. 500 verschiedene Blütenpflanzen, 200 Arten Farne, oft in Baumgröße, und 100 Orchideenspezies empfangen mit ihrer Pracht den Besucher im tropischen Bergregenwald.

Das äquatoriale Inselreich Samoa war die letzte Heimstatt des 1894 verstorbenen englischen Schriftstellers Robert Louis Stevenson, der 1883 mit seiner »Schatzinsel« in die Weltliteratur einging und dessen Haus und Grabstätte heute ein Museum sind. Die Eingeborenen verehren ihn als einen ihrer Großen, »Tusitala«, den Geschichtenerzähler. Und so heißt auch eines der beiden großen Hotels in Apia. Wer das schmale Telefonbuch der nur 38.000 Einwohner (insgesamt 180.000 Inselbewohner) zählenden »Metropole« aufschlägt, der sieht sich unversehens einer Fülle deutscher Namen gegenüber: Roebeck, Kleis, Wetzell, Retzlaf oder wie sie alle heißen. Die deutschstämmigen Insulaner gehören zur Hinterlassenschaft von Kaiser Wilhelm II. Er hatte Samoa 1899 zum Mittelpunkt seiner pazifischen Eroberungen erkoren und sogleich mit der Anlage riesiger Kokoshaine für die Kopragewinnung begonnen. Beinahe hätte das zu einem Weltkrieg geführt, denn seiner Hoheit pazifisches Flaggschiff, das Kanonenboot Adler, lag gefechtsbereit amerikanischen und britischen Fregatten gegenüber, als ein mächtiger Zyklon nahte. Der Feind setzte sofort Kurs auf die offene See ab, die Wirbelsturm unerfahrene kaiserliche Marine ging vor Anker und wurde von den anstürmenden Wogenmonstern in der ungeschützten Bucht von Apia weit auf Land gesetzt und zu Kleinholz verarbeitet.

Schließlich einigten sich die Kolonialmächte darauf, die beiden Hauptinseln Savaii und Upulo mit der Hauptstadt Apia dem deutschen Kaiser zu geben. Die östlichen kleineren Eilande, voran Tutuila mit der Hauptstadt Pago Pago, wurden den Amerikanern überlassen, zu denen sie auch heute noch, fest assoziiert, als US-Fischerei- und Flottenstützpunkt gehören. Eine Wiedervereinigung mit den rund 58.000 Einwohnern Eastern Samoas, wie von vielen Samoanern ersehnt, wird es wohl nicht mehr geben. Vor Ende des verlorenen Ersten Weltkrieges (1914–18) zogen die Deutschen aus dem Zentralpazifik kampflos ab, West-Samoa kam unter neuseeländische Verwaltung und wurde erst 1962 selbstständige parlamentarische Monarchie. Der Osten blieb amerikanisch. Noch heute hält sich hartnäckig das Gerücht, in einem der Seen inmitten der Insel Upulo habe der Preußenkaiser einen Schatz versenken lassen. Eine hoch beladende Maultierkarawane sei unter Polizeischutz vor dem Abzug der Deutschen des Nachts in die Berge gezogen. Wenn überhaupt etwas dran ist, waren es vermutlich die Akten der Kolonialverwaltung, deren Beamte sich einst heimlich mit ihren polynesischen Liebchen im Süden der Insel in einem kleinen Hotel mit dem beziehungsreichen Namen »Hideaway« trafen. Dieses heute verfallene Hotel mit seinem Areal von 350.000 Quadratmetern soll demnächst wieder belebt werden und verfügt über einen der unberührtesten Strände der Insel und einen aus den Bergen gespeisten Süßwassersee.

»Samoa ist einer der schönsten Brillanten in unserem kolonialen Diadem«, dieser Satz des kaiserlichen Staatssekretärs von Bülow kennzeichnet die kurze Epoche des späten deutschen Kolonialismus in Asien und im Pazifischen Ozean. Apia gedieh damals zu einem internationalen Zentrum der Kaufleute aus aller Welt. Der steinreiche Hamburger Kaufmann Johann Cesar Godeffroy war eine der Hauptfiguren des Handels mit Kopra, Bananen und einem exzellenten Kakao, noch heute Bestandteil der besten Schweizer Schokoladen. Eine Besonderheit stellt die Züchtung der »Giant Clam«, der Riesenmuschel, auch Mordermuschel genannt, im Süden der Insel dar. Diese gewaltigen Schalentiere können bis zu eineinhalb Meter lang werden. Die Samoaner exportieren sie in Spezialbehältern nach Japan, wo sie auf dem Speisezettel sehr begehrt sind, werden ihnen doch aphrodisierende Kräfte nachgesagt. Der Name Mördermuschel besteht zu Unrecht, wenngleich es einen verbürgten Todesfall auf den Philippinen gegeben hat. Eine solche Molluske klemmte den Arm eines Tauchers ein, während er ihr anscheinend eine Perle entreißen wollte. Er ertrank.

Als eine der wenigen Nationen der Südhalbkugel neben Neuseeland zeigt die Flagge der kleinen Nation das Kreuz des Südens. Über Jahrtausende diente es den seefahrenden Völkern zur Navigation. Rund 120.000 Quadratkilometer Seefläche gehören heute zu den samoanischen Hoheitsgewässern. Sie werden oft zum Leidwesen der Insulaner, die über keine großen Trawler verfügen, illegal von japanischen Heckfängern abgefischt. Ihr Fischereiaufsichtsboot, ein Geschenk Neuseelands, läuft so gut wie nie aus. Es verbraucht zu viel teuren Sprit.

Das »Deutsche« ist noch allenthalben zu spüren, im Grundstücksrecht, bei der Pünktlichkeit und Zuverlässigkeit des Post- und Fernmeldewesens oder auch als in Stein gemeißelte Gedenktafeln am Strand. Das gute einheimische »Vailima-Bier« geht auf deutsche Braumeister zurück und das heutige hydroelektrische Kraftwerk ist eine Schöpfung von Siemens. Am Hafen hat sich Oetker mit einem Schifffahrtsbüro etabliert. Der jumbofähige Faleolo-Flughafen verbindet die Insel mit der übrigen Welt. Hawaii, Los Angeles, Auckland auf Neuseeland sind die Hauptrouten, denn der Fremdenverkehr ist mit ständig zunehmender Tendenz eine der großen Einnahmequellen des kleinen Landes (rund 2.900 qkm). All jene, die des hawaiianischen Rummels und der exorbitanten Preise Tahitis leid sind, bietet sich die sangesfrohe Insel an. Selbst ihre Hauptstadt besticht durch die Gelassenheit einer für den Europäer längst vergangenen Epoche.

Neuerdings gilt Samoa sogar als Schatzinsel besonderer Art: Es beherbergt Zehntausende von so genannten Offshorefirmen zur Steuerersparnis, angesichts des chinesischen Wirtschaftsbooms eine neue interessante Einnahmequelle. Die Währung, der Tala, ist frei konvertierbar (1 Euro ungefähr 3 Tala). Flugverbindungen gibt es mit »Air New Zealand«, »Polynesian Airlines«, »Air Pacific« und »Ploynesian Blue«. Zu beachten ist, dass seit 2009 Linksverkehr herrscht, der den früheren Rechtsverkehr deswegen abgelöst hat, weil die Bevölkerung billiger Autos aus Australien, Neuseeland und Japan importieren kann, die auf Linksverkehr eingerichtet sind.

Vor Tausenden von Jahren wurde das Archipel aus dem asiatischen Raum besiedelt. Von ihm aus kolonialisierten die Polynesier das weite Ozeanien, darunter Tahiti, Neukaledonien und Hawaii. Das heutige Samoa bietet sich Individualreisenden als friedliches Paradies ohne Revoluzzer und Kriminalität an, ohne militante Islamisten und ohne den neonblinkenden Zirkus des Massentourismus. Nicht von ungefähr beträgt das Durchschnittsalter der Eingeborenen über siebzig Jahre.

Samoaner verstehen ziemlich alle Englisch, feiern mit Leidenschaft ihre »Fistas«, besonders aber, wenn die Palolo-Würmer der Korallen Ende Oktober ausschwärmen und lebend wie Spargel geschluckt werden. Die für europäische Gaumen gewöhnungsbedürftige Delikatesse abzulehnen, erntet Unverständnis. Bei einem in Bananenblätter eingewickelten, in der Erdgrube langsam gegarten saftigen Schweinebraten allerdings vergisst er gerne die üppigen Buffets in den Nobelherbergen und fühlt sich auch beim Essen wie in einer anderen Zeit. Die Schweine sind freilaufend und strolchen allenthalben durch die Dörfer. Dann kreist die Kokosschale mit Kawa Kawa, einem berauschenden milchigen Kultgetränk aus den Wurzeln des Rauschpfefferstrauches. Es macht zuerst die Lippen taub und später anderes, besonders beim Mann – ein probates Mittel zur Verhütung seit alters her.

Die Kawa-Kawa-Zeremonie hat aber auch einen zeremoniellen Hintergrund und gehört bei bestimmten Anlässen so dazu wie in Deutschland der Boskoop Apfel zur Weihnachtsgans. In Ottos Reef, einem alt eingesessenen Lokal an der Bucht von Apia, traf sich jahrelang und jeden Sonntag der Kawa-Kawa-Club, eine Versammlung einflussreicher Beamter und hochkarätiger Geschäftsleute, die dort ihre ganz private Politik machten, Preise etwa für die wenigen frei verkäuflichen Grundstücke festsetzten. Das meiste Land befindet sich allerdings im Besitz der jeweiligen Kommunen. Abends setzte sich das Meeting dann manchmal in einer Bar mit dem bezeichnenden Namen »Don't drink the water« fort, ebenfalls an der Bucht gelegen. Manche hatten sich zuvor schon zum Dinner im nicht weit entfernten »Blue Marlin« getroffen.

Die inneren Uhren der Südseeinsulaner ticken lautlos anders.

»Take it easy«, so steht es ungeschrieben über dem Leben in der Hauptstadt des Inselstaates, auch heute noch. Und stoppt auf den schmalen Staubstraßen im Inneren des Landes ein Polizeiauto mal einen privaten Fahrer wegen seiner etwas »ondulierten Fahrweise«, so geschieht das nicht unbedingt einer Strafe oder Ermahnung wegen. Es kann sein, dass die Hüter des Gesetzes fragen: »Wie viel hast du getrunken?« Und der Angesprochene antwortet: »Oh, nur fünf Bier.« Die Polizisten lachen und prahlen: »Ha, wir hatten bereits acht.«

Samoa vermittelt ein Gefühl von Zeitlosigkeit, eine fast bestürzende Dimension unseres Blauen Planeten. Unter einem samtenen, funkelnden Sternenhimmel, das gleichmäßige Rauschen der Brandung im Ohr, kann sich der Besucher abends unter den wispernden Palmen dem Ewigen ganz nahe fühlen. Mit der Krawatte legt er auch so manchen Dünkel ab und die Überheblichkeit einer rastlosen Zivilisation an den Nagel. Er kann sich endlich »entschleunigen«, denn das kann er dabei lernen, die inneren Uhren der Südseeinsulaner ticken lautlos anders. Wir Europäer, die »Palangi«, dagegen haben zu viele Uhren und eben deswegen keine Zeit.

Talofa, guten Tag Samoa. Der Gruß ist eine verkürzte Form von »Si o ta alofa atu« und das heißt so viel wie »Ich bin glücklich, dir meine Liebe geben zu können«. Die folgerichtige Antwort ist dann »Talofa Lava«, was die Zurückgabe der Liebe versichert. Und Ähnliches gilt für die anderen zauberhaften polynesischen Inseln, auch wenn die Begrüßungsformeln jeweils anders heißen, Ta'alofa in Tuvalu, Aloha in Hawaii, Aro'a und Kia Orana auf den Cook-Inseln, Kia Ora in Neuseeland und in Tahiti »Laora na«. Am meisten wurde im Westen das hawaiianische »Aloha« bekannt, das auch im Schlager von Achim Reichel »Aloha Heya He« bis nach Deutschland seine Fans begeisterte und zum Slogan der Südsee- und Hawaii-Seligkeit wurde.

Vorsicht bei Hotelbuchungen ist wegen der Datumsgrenze geboten. Wer etwa am 30. Dezember von Tonga nach Samoa fliegt, muss sich ein Zimmer für den 29. reservieren lassen, in umgekehrter Richtung muss er dies für den 31. Dezember tun. »Es gibt manchmal Verwirrung, wenn wir mit Verwandten in Neuseeland telefonieren«, gibt Vizepremier Misa Telefoni zu. Für einen Neujahrswunsch in die übrige Welt müssen die Samoaner schon am Silvestermorgen zum Hörer greifen. Der Minister Telefoni heißt eigentlich Retzlaff und ist deutscher Abstammung. Den Namen Telefoni hat er von seinem Vater, der die erste Telegrafenverbindung Samoas einrichtete und deshalb von den Einheimischen so genannt wurde. Und wer in Samoa einen Spitznamen bekommt, der hat das Vertrauen der Einwohner.

Tonga

Eine verwirrende, vielfältige Welt von 169 Eilanden kennzeichnet das Königreich Tonga. Sie sind in drei Gruppen eingeteilt, die nördliche Vava'u-Gruppe, die mittlere der Ha'apai-Inseln und das südliche Tongatapu mit der Hauptstadt Nuku-alofa. Alle zusammen bedecken eine Landfläche von 748 Quadratkilometern. Doch nur 36 der zum Teil winzigen Archipele sind bewohnt. Der höchste Punkt liegt auf dem kleinen Vulkaneiland Kao mit etwas über 1.000 Metern.

Tonga mit seinen Korallenatollen und Vulkaninseln darf für sich in Anspruch nehmen, der einzige Staat Ozeaniens zu sein, der nie von Europäern kolonialisiert wurde. Wenn der Besucher von heute allerdings erwartet, wie in Hawaii, Tahiti und Bora Bora schöne, hoch gewachsene Frauen und Männer anzutreffen, dann hat er sich getäuscht. Auf Tonga gilt der fette Mensch als schön, gesund und wohlhabend. Der 2006 verstorbene König Taufa'ahau Tupou IV. beispielsweise brachte es auf 210 Kilogramm. Sein Fahrrad war ein solches Monster, dass es – mit der Majestät auf einem Klodeckel großen Sattel – von mehreren Leibwächtern angeschoben werden musste.

Derzeit wird das Land von Sohn Siaosi Tupou V. regiert. Er zeigt sich gerne mit einer weißen Pickelhaube und durchsetzte das Parlament unter dem Druck der Demokratiebewegung mit mehr Abgeordneten aus dem einfachen Volk. Früher bestimmten ausschließlich die Mitglieder der Feudalfamilien die Geschicke des Landes. Trotz der üppigen Essgewohnheiten liegt die Lebenserwartung bei fast siebzig Jahren. Die meisten der rund 101.000 Bewohner gehören verschiedenen christlichen Kirchen an. Neuerdings haben sich auch etwa 100 Tongaer dem Islam verschrieben. Ein großer Teil des Volkes lebt in Übersee, in Australien, Neuseeland oder den USA. Auffallend ist die hohe Bildungsrate im Land, viele Tongaer haben ein Hochschulstudium absolviert.

In historischer Zeit, etwa um 1200 n. Chr., herrschten die Tongaer, die sich auf eine Erstbesiedlung um 3000 v. Chr. zurückführen, als Seefahrer und Abenteurer in der umliegenden Südsee über ein kleines Imperium. Ihr kriegerischer Häuptling, der Tu'i Tonga, war im gesamten Pazifik bekannt. Erste Kontakte mit Europäern datieren aus dem 17. Jahrhundert. Allerdings wurden die Inseln immer wieder von Stammesfehden geschüttelt. Erst 1845 erhielten sie durch eine generelle Einigung den Status des ältesten polynesischen Königreiches. Der Respekt vor den jeweiligen Königen dauert bis in unsere Tage an, obwohl es in jüngster Zeit immer wieder Kritik hagelte. So zum Beispiel, als der König ohne Wissen des Parlaments Pässe an Hongkong-Chinesen verkaufte, die befürchtet hatten, nach dem Anschluss ihrer britischen Kronkolonie an die Volksrepublik China Opfer eines gleichmachenden Kommunismus zu werden. 2006 kam es zu Unruhen. Empörte Eingeborene brannten die Geschäfte chinesischer und indischer Kaufleute nieder und beschuldigten ihre Inhaber der Korruption. Die Brandstiftungen wurden zum Fanal, starke Winde und Funkenflug sorgten dafür, dass fast die gesamte Innenstadt von Nuku'alofa den Flammen zum Opfer fiel.

Naturgemäß brachte das auch Einbußen im Tourismus, der eine wichtige Einnahmequelle darstellt. Besonders reizvoll für den Reisenden und für den Blauwassersegler ist die nördlich der Hauptinsel gelegene Vava'u-Gruppe mit Traumstränden, herrlichen seichten Buchten und Kanälen zwischen den Inselchen, mit interessanten und unberührten Tauchgründen, einem anspruchsvollen Segelrevier. Deepsea-Fishing unter anderem auf den gestrippten Marlin und Whale-Watching erfreuen sich immer größerer Beliebtheit. Der geschützte Hafen von Port of Refuge ist ein beliebter Anlaufpunkt für alle im Westpazifik segelnden Yachten. Dennoch ist gelegentlich und wenig voraussagbar mit schweren Zyklonen zu rechnen, die dann selbst in einer solch geschützten Bucht zu fürchten sind. Der letzte mit Namen »René« fegte am 15. Februar 2010 mit 228 Stundenkilometern über die Inseln hinweg.

Das Städtchen Neiafu, Hauptstadt der nördlichen Inselgruppe an den Ufern von Port of Refuge, präsentiert sich dem Besucher als Häuseransammlung ohne jeden Charme, und er schaut, dass er weiterkommt. Dafür entschädigen ihn die landschaftlichen Reize der übrigen Insel und der umliegenden Eilande. Auch die mittlere Inselgruppe Ha'apai, touristisch noch in den Kinderschuhen, bietet viele traumhafte Buchten, Vulkane und eine unverdorbene Bevölkerung, die sich von dem ernährt, was die Natur hergibt. Wer also hier hohe Ansprüche stellt, sollte sich lieber auf die feineren Adressen Vava'us konzentrieren. Angeflogen wird Tonga von »Air New Zealand«, »Air Pacific«, »Polynesian Airlines« von Auckland, Samoa (damit Hawaii und Los Angeles), Sydney, Melbourne und Brisbane. Via Fidschi steuern »Virgin Blue« und »Polynesian Blue« die Idylle an. Seit 2009 ist Air Tonga im Aufbau. Die anderen Inselgruppen verfügen über Zubringerflughäfen, auch der Fährverkehr zwischen den Inseln ist ausgebaut. Manche Routen setzen allerdings Seefestigkeit voraus. Die pazifische Dünung führt zu Rollbewegungen der Schiffe und ist selbst an sturmfreien Tagen nicht zu unterschätzen. Traditionell fanden lange Zeit zwischen Samoa und Tonga Drachenbootrennen statt, und ihnen galt, neben dem Hockey, auch das Interesse des verstorbenen Königs. Sein Plan, ein ursprüngliches Auslegerboot seiner Vorfahren zu bauen und es auf eine historisch nachempfundene Tour über den Pazifik zu senden, scheiterte allerdings an den Finanzen.

Tahiti

Als pure Verkörperung dessen, was der Europäer unter Südsee versteht, darf Tahiti in Französisch-Polynesien gelten. Die Insel hat den Status eines französischen Überseelandes, womit es der Europäischen Union angegliedert ist. Der territoriale Anspruch von Paris umfasst nicht nur Tahiti, sondern die gesamten Gesellschaftsinseln (bekanntestes Atoll Bora Bora), die Tuamotus, die Marquesas, die Austral- und die Gambierinseln. Rund 265.000 Menschen leben auf diesem Gewirr kleiner und kleinster Eilande. Es verteilt sich über eine Wasserfläche von vier Millionen Quadratkilometern und weist dabei nur eine Landfläche von 4.000 Quadratkilometern auf.

Hauptstadt Französisch-Polynesiens ist Papeete auf der Insel Tahiti. Sie galt zwischen 1800 und 1900 bei den Europäern als die Attraktion dieser fernen Inselwelten, nicht zuletzt, weil die Schriftsteller James Norman Hall (»Die Meuterei auf der Bounty«), Herman Melville (»Moby Dick«), Robert Louis Stevenson (»Die Schatzinsel«), der Historiker, Kulturphilosoph und Schriftsteller Henry Brooks Adams (»Democracy« und »Esther«) sowie der französische Maler Paul Gauguin dort eine Zeit lang gelebt und Papeete weltbekannt gemacht haben, manchmal zu einem Hort gesellschaftlicher Freiheit stilisierten.

Doch der schöne Schein trog. Zum einen war die Vergangenheit der Inseln von strengen feudalistischen Strukturen geprägt, die sogar den Begriff der »Unfreien« kannten, jener Menschen, die für die herrschende Klasse schufteten und den größten Teil ihrer Produkte abzuliefern hatten. Zum anderen drangsalierte sie später eine kleinherzige Kolonialverwaltung aus dem fernen Paris auf der anderen Seite des Erdballs. Der französische Seefahrer Louis Antoine de Bougainville nahm 1768 die Gesellschaftsinseln für sein Land in Besitz. Als Entdecker indes gelten die Engländer Samuel Wallis und James Cook. Nicht ganz zu Recht, denn schon der Spanier Magellan hatte 1521 das Tuamotu-Archipel angelaufen. Ungeachtet des frühen französischen Anspruches wurden die Gesellschaftsinseln in Wahrheit von der Eingeborenen-Königsdynastie Pomaré regiert, bis Königin Pomaré Vahine IV. im Jahr 1842 dem Druck aus Paris nachgeben musste und ihr Reich französisches Protektorat wurde. Tahiti entstand in Form einer Acht aus zwei nicht mehr aktiven Vulkanen, deren stolze Gipfel schroff und zerklüftet in den Himmel ragen. So kommt der Mont Orohena auf 2.241 Meter, der Mont Ronui auf 1.332. Die Siedlungen konzentrieren sich an ihren Flanken auf einen schmalen Küstenstreifen. Die meisten Strände sind entgegen der landläufigen Meinung über das Traumparadies keineswegs weiß und feinsandig, sie bestehen aus schwarzem vulkanischen Sand. Die weißen Hotelstrände auf den in Europa oder Amerika präsentierten Hochglanzprospekten gehen auf künstliche Aufschüttungen zurück. Die Temperaturen liegen im Jahresschnitt bei 26 Grad Celsius. Strahlend blauer Himmel wechselt mit jähen Regenwolken. Am wenigsten tropische Güsse gibt es im August und September. Während die Fauna und Flora der Inseln wegen der isolierten Lage fern von allen Kontinenten gegenüber Neuseeland beispielsweise wesentlich dünner ist, protzt dafür die Unterwasserlandschaft mit großem Artenreichtum. Sie lockt vor allem Taucher aus aller Herren Länder an. Zudem kreuzen Hunderte von Yachten vor Tahiti auf, doch aus Kostengründen bleiben wenige länger.

Frühe Reiseberichte, etwa Georg Fosters »Voyage around the World«, ließen das Bild einer friedlichen Idylle entstehen, bewohnt von liebenswerten Wilden. James Cook wurde bei seinem dritten Besuch indes eines anderen belehrt, denn er wurde Zeuge von Menschenopfern. Solche grausamen und andere religiöse Zeremonien wurden auf den »Maraes« zelebriert, steinernen Opferstätten, die heute ein beliebtes Ziel touristischer Ausflüge sind. Außerdem wurde der scheinbare Frieden immer wieder durch Stammesfehden getrübt. Sie arteten umso verheerender aus, je mehr sich entlaufene Matrosen und Walfänger, Händler und Abenteurer niederließen und Waffen und Alkohol an die Einheimischen verkauften. Sie schleppten zudem zahlreiche Krankheiten ein, die die Bevölkerung dezimierten.

Der »Marae Mahaiatea« ist eine der größten Kultplattformen Tahitis. Sie schmückte eine Stufenpyramide von etwa 15 Meter Höhe. Solche Pyramiden finden sich auch auf anderen Eilanden, so auf dem samoanischen Savaii. Allerdings existieren meist nur Reste, während der »Marae« im Arahurahu-Tal Tahitis restauriert wurde und jedes Jahr als Bühne für das »Heiva-Festival« mit sportlichen Wettbewerben, Tanz und Musik dient.

Ein weiterer klingender Name für den gehobenen Tourismus dieser landschaftlich einmaligen Inselwelt ist Bora Bora. Das kleine Eiland gilt mit Tahiti zusammen als das für den Reiseverkehr am besten erschlossene Eiland im gesamten Südpazifik, berühmt für seine Resorts auf Pfählen im Wasser der Lagunen. Bora Bora gehört zu den so genannten »Inseln unter dem Winde« oder »Leeward Islands«, die wie ihr Pendant in der Karibik auf der Wind abgewandten Seite der beständigen tropischen Passatgürtel liegen. Auch die nordwestlichen Eilande der hawaiianischen Inselkette sind dieser Kategorie zuzuordnen. Bora Boras besonderer Reiz besteht in einer Besonderheit, die nur in tropischen Gewässern vorkommt: den so genannten »Motus«. Dabei handelt es sich um winzige Inselchen, die aus dem brandungsumspülten Riffgürtel eines Atolls herausragen, während das klassische Atoll aus einer vulkanischen Zentralinsel oder der Lagune eines abgesunkenen Kraters besteht.

Meist sind die »Motus« sehr klein und weisen nur wenige Palmen auf, es existieren aber auch sehr große und sogar bewohnte »Motus«, wie Rangiroa im Tuamotu-Archipel mit einer Länge von 80 Kilometern und bis zu 36 Kilometern Breite. Rangiroa ist das zweitgrößte Atoll der Erde nach dem einst deutschen Kwajalein auf den Marshall-Inseln. Das steht heute im amerikanischen Einflussbereich und muss immer wieder für Raketentest zur Abwehr ballistischer Marschflugkörper herhalten. Selbst große Kreuzfahrtschiffe können in Bora Bora durch den so genannten »Passe Teavanui« in die tiefe Lagune einlaufen und ankern. Denn bei Südseekreuzfahrten gehört das Atoll wegen seiner grandiosen Kulisse zum Muss und nicht selten sind dort gleichzeitig mehrere dieser schwimmenden Bettenburgen zu sehen. Sie schütten dann einen Schwall lärmender Besucher auf die Strände und in die Straßen der Hauptstadt Vaitape.

Eine bei Tauchern beliebte Attraktion stellt die »Rochenstraße« dar, ein Areal der Lagune, in dem verschiedene Rochenarten gleich scharenweise auftreten. Die schönsten Strände liegen in den beiden Buchten »Faanui« und »Poofai«. Dort konzentrieren sich auch die Luxusresorts, Boutiquen und Nobelbars, wie das weltberühmte »Bloody Mary's« – eine Attraktion für die Jet-Setter und betuchten Weltenbummler. In ihr geben sich zahlreiche Prominente aus aller Welt ein Stelldichein und verewigen ihre Namen auf einem Holzbrett. Der deutsche Schlagersänger Tony Marshall, der mit seinem Lied »Bora Bora« 1978 die Insel in der Bundesrepublik populär machte, wurde 2008 zu seinem siebzigsten Geburtstag zum Ehrenbürger der Insel ernannt. Zahlreiche Filme wie »Hurricane« von Dino de Laurentiis nutzten die dramatische Kulisse der Insel mit ihren unvergleichlichen und beeindruckenden Farbtönen. Eine Ringstraße verbindet die Küstenorte und die Hotels der meist gehobenen oder höchsten Preisklasse untereinander. Bora Bora zählt zu den teuersten Reisezielen auf dem Globus. Die zahlungskräftigen Gäste kommen in der Regel aus Japan und den USA. Das dicht bewaldete Innere der Insel ist praktisch unerschlossen und wird deswegen meist zu Fuß erkundet. Eine der beliebtesten Wanderungen führt auf den Gipfel des Berges »Pahia«, auf dem der einheimischen Legende nach der Kriegsgott »Oro« einstmals auf einem Regenbogen angelandet sein soll.

Bora Bora wurde im Zweiten Weltkrieg zu einer wichtigen Basis der US-Streitkräfte. Sie bauten auch den heute noch in Betrieb befindlichen Flughafen. Der Flug von Tahiti bis Bora Bora mit dem Zubringer »Polynesian Airlines« oder »Air Tahiti« dauert etwa eine Stunde. Von Europa nach Tahiti ist »Air France« der Hauptcarrier, von Japan aus »Japan Airlines«. Die 14 Inseln der Marquesas, ursprünglich Te Fenua Enata, die Erde der Männer, 1.600 Kilometer nordöstlich von Tahiti, gelten als der Ursprung der späteren hawaiianischen Besiedlung. Zu ihnen gehört auch Fatu Hiva, jene Insel, die der norwegische Forscher Thor Heyerdahl für ein Robinson-Dasein mit seiner damaligen Frau Liv in Einfachheit und Naturnähe auserkoren hatte und von dem er wegen feindseliger Eingeborener wieder abziehen musste. Er hat darüber ein Buch veröffentlicht.

Die Insel bietet das spektakulärste Panorama der Gruppe. Steile Basaltkegel mit dichtem Bewuchs erheben sich bis zu 1.125 Meter (Mount Touaouoho) aus den tiefblauen Fluten. Eine starke Brandung verhinderte die Bildung eines schützenden Korallenriffs. Im Gegensatz zu allen anderen Inseln wurden die Toten der Ureinwohner mumifiziert und in Wohnhäusern begraben. Auch der amerikanische Schriftsteller Jack London hat Fatu Hiva in seinem Buch »Sohn der Sonne« ein Denkmal gesetzt. Touristisch ist das Eiland so gut wie unerschlossen, Reisende sind auf kleine private Unterkünfte angewiesen. Ein Badestrand existiert nicht, auch keine Bank, wohl aber ein abwechslungsreicher Bergregenwald mit seltenen Pflanzen. Selten kommen Kreuzfahrtschiffe vorbei, einige Weltumsegler bringen Abwechslung in das Tagesgeschäft – Südsee pur. Nuku Hiva, die größte Insel, dagegen ist touristisch gut erschlossen. Seine berühmte Hatiheu-Bucht war ein Lieblingsplatz des Schriftstellers Robert Louis Stevenson. Hermann Melville, der Autor von Moby Dick, widmete der Insel mit dem 350 Meter hohen Wasserfall Ahuii den Roman »Taipi«. Im Verwaltungszentrum von Taioahe steht eine sehenswerte Kathedrale. In ihr ist die hoch entwickelte Schnitzkunst der Marquesas zu bewundern.

Hiva Oa schließlich ist nach Nuku Hiva das zweitgrößte Eiland des Archipels. Es besticht durch seine Biodiversität (205 indigene Pflanzen) und zog zahlreiche Künstler in seinen Bann. Auch der tahitimüde Maler Paul Gauguin hauste die letzten Jahre seines Lebens mit seiner 14-jährigen Geliebten auf dem Eiland. Er baute sich einen Wohnsitz mit dem vielsagenden Namen »Haus des Orgasmus« und verstarb dort 54-jährig. Er liegt auf dem Friedhof von Atuona oberhalb der Taaoa-Bucht mit ihrem überwältigenden Ausblick begraben. Auf ihm wurde auch der bekannte Chansonnier Jacques Brel beerdigt. Die Ureinwohner galten allerdings als kriegerisches Volk. Sie hausten zunächst in Höhlen, legte später Bergfestungen an und feierten kannibalische Feste. Die Reste solcher Burgen mit drei Meter tiefen Gräben und Palisadenzäunen auf schwer zugänglichen Felsgraten sind noch im Tahauku-Tal zu bewundern. Lange wehrten sich die ansässigen Stämme gegen die Kolonialisierung, erst durch Spanier, dann durch Franzosen. Entdeckt hatte diese Perle der Südsee 1595 der spanische Seefahrer Alvaro de Mendaña de Neyra, wurde aber von den Kriegern der Polynesier vertrieben. Der Franzose Abel Aubert Du Petit-Thouars nahm schließlich Hiva Otu für Frankreich in Besitz. Doch erst seinem Adoptivsohn Abel Bergasse gelang es, 1880 die kriegerischen Stämme zu entwaffnen.

Nur flüsternd sprechen die gläubigen Bewohner der Insel Mangareva im östlichen Südpazifik aus der Gruppe der ebenfalls zu Französisch-Polynesien gehörenden Gambierinseln von einem geheimen Schatz im Vatikan. Dort soll unter Verschluss die wohl wertvollste, schwarze und übergroße Perle der Erde aufbewahrt werden. Sie wurde bei Mangareva aus dem Meer gefischt. Den Gerüchten nach zierte sie einst den Altar der 62 Meter langen Kirche Saint Michel in Rikitea, gemeinhin als die »Südseekathedrale« bekannt. Das Gotteshaus erinnert an die zwei Türme von Notre-Dames de Paris und bietet 1.500 Menschen Platz – weit mehr, als die Insel Einwohner hat. Der Altar ist mit zahlreichen schwarz glänzenden Perlmuttschalen hinterlegt und kündet vom Reichtum des katholischen Ordens der »Picpusiens« (Pères et religieuses des Sacrés-Coeurs de Picpus). Mit der Ausfuhr von Perlen und Perlmutt nach Europa häuften die frommen Brüder einen beträchtlichen Reichtum an. Die Mission rekrutierte für ihre Großprojekte zahlreiche Arbeitskräfte von den übrigen Gambierinseln und ist deswegen mit verantwortlich für die dort ausbrechenden Hungersnöte aus Mangel an Ernährern. Allerdings beendete sie auch die vielen Stammesfehden und rottete den Brauch der Menschenopfer und des Kannibalismus aus. Noch heute werden Perlen gezüchtet und deswegen die Lagunen sauber gehalten – ein heißer Tipp für Taucher, die sich allerdings mit kleinen privaten Gasthäusern begnügen müssen. Der Tourismus ist in diesem Fall zum Glück unterentwickelt.

Eine traurige Rolle spielte dagegen Mururoa in den Tuamotus. Es diente den Franzosen von 1966 bis 1996 als Testgelände für ihre Kernwaffen. Insgesamt 188 Atombomben wurden auf dem schwer gebeutelten Atoll gezündet. Bis heute ist das 300 Quadratkilometer große

Areal wegen seiner Verstrahlung Sperrgebiet. Erst 2000 zogen die Franzosen nach weltweiten Protesten ab. Die Regierung in Paris bestreitet nach wie vor, dass es in diesem Raum ein erhöhtes Strahlenrisiko gegeben hat. Tatsache ist, dass die Erkrankungen an Schilddrüsenkrebs auf den Gesellschaftsinseln fünf Mal höher zu Buche schlagen als im übrigen Polynesien, Zeichen einer Ignoranz, die örtliche Unabhängigkeitsbestrebungen füttert.

Unbekannte Perlen

Wer kennt die Inseln, nennt die Namen? Polynesien, die Südsee, das ist für die meisten Europäer Hawaii, Samoa und Tahiti. Doch die Vielfalt der Eilande ist so erschöpfend, dass sich kaum jemand die zahlreichen exotischen Namen der übrigen Plätze und Inselketten merken kann. Stellvertretend für die den meisten Europäern unbekannten Inseln und Atolle seien hier *Tokelau, Tuvalu, Kiribati,* das unbewohnte *Ducie, Tikopia, Anuta, Pitcairn* und die *Osterinsel* ausführlicher beschrieben, für nicht polynesische, aber ebenfalls exotische Ziele die zu Chile zählende *Robinson-Crusoe-Insel* und die *Kokos-Insel* vor der Küste von Costa Rica sowie *Pohnpei* in Mikronesien. Der touristische »Hotspot Hawaii« darf dabei natürlich nicht fehlen.

Es handelt sich zum Teil um sehr entlegene Gemeinschaften am Rand der Welt. In ihnen hat sich ein Stück urtumliches Leben erhalten. Sie werden allerdings von einem steigenden Meeresspiegel bedroht. Oft sind es Inseln, die dem Touristen kaum zugänglich sind, weil sie über keine regelmäßigen Verkehrsverbindungen verfügen, keine sicheren Häfen oder Buchten besitzen, reine Vulkankegel darstellen oder sogar manchmal als verbotenes Territorium gelten, um eine einmalige Natur vor der Barbarei des modernen Tourismus zu schützen.

In einem Schulaufsatz von Kindern der drei Atolle *Atafu, Nukunonu* und *Fakaofo*, als *Tokelaugruppe* bekannt, stand zu lesen, dass die Weißen sich in mehreren aneinander gehängten Wagen fortbewegen, die sie Eisenbahn nennen, und die so lang sind, wie die Palmen der Insel hoch. Die rührende Beschreibung aus Kinderhand macht deutlich, was heute die größte Gefahr für dieses Idyll im Herzen des Pazifiks darstellt. Sie sind flach wie ein Kuchen, werden vermutlich noch in diesem Jahrhundert im Meer versinken und Palmen sind für die Kinder der einzige Höhenvergleich, denn auch größere Schiffe können wegen der starken pazifischen Dünung und Brandung mangels eines Hafens vor den Inseln nicht ankern. Besucher benötigen eine Aufenthaltsgenehmigung, die im Tokelau Apia Liason Office auf Samoa ausgestellt wird. Es gibt keinen Flugplatz, kleine Schiffe verkehren nur alle vier Wochen. Die Überfahrt dauert 26 bis 30 Stunden. Tokelau ist ein von Neuseeland abhängiges Archipel aus drei für die ganze Südsee typischen Ringatollen nördlich Samoa. Ihre Landfläche beträgt nur 12 Quadratkilometer und beherbergt weniger als 1.500 Einwohner. Tokelau war das letzte Land der Erde, in dem Bargeld als Zahlungsmittel (Neuseeland-Dollar) eingeführt wurde. Früher galten auf vielen Eilanden der Südsee bestimmte Muscheln oder Steinscheiben mit Löchern als Währung. Mit dem Luana-Liki-Hotel und einem Gästezimmer der Gemeinde Nukunonu gibt es neuerdings auf Tokelau sogar eine Übernachtungsmöglichkeit. Auffallend ist der Rang Tokelaus in den Statistiken der Welternährungsorganisation WHO: 93,6 Prozent der Einwohner sind übergewichtig, 43,6 Prozent leiden an Diabetes. Referenden, um die völlige Unabhängigkeit von den »Kiwis« zu erreichen, wurden stets mehrheitlich abgelehnt, da die schwergewichtigen Einwohner den Verlust der finanziellen Zuwendungen aus Neuseeland befürchteten.

Malediven der Südsee

Tuvalu, eine parlamentarische Monarchie mit etwa 12.000 Einwohnern, hieß vor seiner Unabhängigkeit von den Briten bis 1978 Ellice Islands. Als Mitglied des Commonwealth ist dort nominell die englische Königin das Staatsoberhaupt. Mit einem von Australien gelieferten Patrouillenboot werden Hoheitsgewässer und die exklusive maritime Wirtschaftszone schlecht und recht überwacht – oft wegen Treibstoffmangels eben nicht. Tuvalu holt sich einen Teil der benötigten Devisen vor allem über eine eigene Schule zur Ausbildung von Seeleuten. Ein glücklicher Zufall richtete es zudem, dass der kleine Staat von der »Internationalen Organisation für Normung« das Länderkennzeichen TV zugewiesen bekam, das als »Top Level Domain« verwendet wird und der Regierung in der Hauptstadt Funafuti durch eine liberal gehandhabte Vergabepolitik ein lukratives Geschäft eröffnete. Die Vergabe an ausländische Internetnutzer brachte ihr 50 Millionen Dollar ein. Zweimal die Woche wird Tuvalu von Fidschi aus angeflogen. Seine Handelsmarine weist auf dem Papier rund 50 Schiffe aus. Sie fahren als Containercarrier oder Tanker, aber gehören meist ausländischen Reedereien (Billig-Flaggen-Politik). Haupthandelspartner ist Deutschland. Von Südseekennern wird die Inselgruppe gerne als »Malediven der Südsee« apostrophiert. Im Südwesten des Pazifiks gelegen, ist sie mit 26 Quadratkilometern der viertkleinste Staat auf dem Globus nach Vatikanstadt, Monaco und Nauru. Allerdings droht der Idylle, die bereits 2000 v. Chr. besiedelt wurde, durch den Klimawandel der völlige Untergang, denn die höchste Erhebung misst gerade mal 4,5 Meter über dem Meeresspiegel. Schon jetzt werden die Bewohner immer wieder von Überflutungen heimgesucht. Das erschwert wegen der Versalzung des Grundwassers die Gewinnung von Trinkwasser. Nach Schätzung der Regierung muss die Umsiedlung von 9.000 Bürgern ins Auge gefasst werden. Sie favorisiert für diesen Notfall den Ankauf von Land in Neuseeland und Australien. Ein vorgeschlagener Transfer auf die Fidschi-Insel Kiowa komme wegen fehlender Infrastruktur nicht infrage, postulierte Premierminister Maatia Toafa. Die Kolonialisierung durch die Europäer brachte viel Leid über die Ureinwohner. So wurden in den 1860ern etwa 400 Bewohner als Sklaven nach Peru verfrachtet, eingeschleppte Krankheiten dezimierten den verbliebenen Rest. Die inzwischen nicht mehr existierende Hamburger Firma Godeffroy & Sohn pflegte, wie auch nach Samoa, Handelsbeziehungen mit Tuvalu.

Die mikronesischen *Gilbertinseln* südlich und nördlich des Äquators, seit 1979 in der unabhängigen Republik *Kiribati* zusammengefasst, erheben sich im Schnitt kaum mehr als vier Meter über den Meeresspiegel. Sie tragen oft mehrere Namen, so ist *Kiritimati* an der Schifffahrtsroute von Hawaii nach Französisch-Polynesien, auch als *Weihnachtsinsel* bekannt, *Banaba* heißt *Ocean Island, Canton* rangiert unter *Phoenix-Inseln*. Fischfang und die Kokosnuss sind die Haupteinnahmen der 113.000 Einwohner *Kiribatis*. Schon 1910 war ihre Nationalhymne von Ioteba Tamurea Tamurea Uriam gedichtet worden: »Teirake kaini Kribati, Anene ma te kakatonga, Tauraoi nakon te nwioko, Ma ni buokia aometa« (»Auf, Kiribatier, beginnt ein fröhliches Lied, bereitet euch darauf vor, Verantwortung zu übernehmen, euch gegenseitig zu helfen«). Von diesem Zeitpunkt bis zur Befreiung aus dem britischen Protektorat gingen 69 Jahre ins Land. Dann endlich wurde die unabhängige Republik ausgerufen, deren Hauptstadt South Tarawa heißt. Im Zweiten Weltkrieg wurde sie Zeuge einer heftigen Schlacht zwischen Japanern und Amerikanern. Kiribati besitzt wie Samoa keine eigenen Streitkräfte, steht aber unter dem Schutz von Neuseeland und Australien. Deutschen Reedern ist Kiribati dadurch bekannt, dass sie gerne Englisch sprechende Seeleute beschäftigen, die in der staatseigenen Seemannsschule, dem Kiribati Marine Training Center auf der Insel *Betio*, ausgebildet wurden. Deren jährlichen Geldtransfers stellen mit sechs Millionen Euro eine erhebliche Einnahmequelle der Inselbevölkerung dar. Gegenwärtig nimmt Neuseeland schon jährlich 100 Bürger des Inselstaates auf. Präsident Anote Tong bereitet die Bürger darauf vor, dass ihr Land schätzungsweise 2060 bis 2070 im Zeichen des Klimawandels völlig von der Landkarte getilgt wird.

Mit einer Länge von 3 Kilometern und 2,3 Kilometern Breite ist *Ducie* eigentlich nichts anderes, als eine kleine, eine unbedeutende und unbewohnte Insel, die nicht einmal über eine Süßwasserquelle verfügt. Sie erhebt sich nur wenig über den Meeresspiegel und ist ebenfalls, wie so viele andere Atolle, vom Untergang bedroht. Das Besondere an ihr: ist jedoch, sie darf als das südlichste Korallenatoll auf dem Globus gelten. Ducie liegt in der Nähe von Pitcairn, das einst die Meuterer der BOUNTY aufnahm. Neben der pazifischen Ratte (einem Zeichen für den früheren Aufenthalt von polynesischen Seefahrern) bevölkern die Strände Asseln, Schnecken, Zecken, Flohkrebse und Spinnen. Es wachsen nur zwei Arten niedrig wachsender Pflanzen. Allerdings beherbergt Ducie die weltweit größte Brutkolonie des Murphy-Sturmvogels aus der Gattung der Hakensturmtaucher. Zwischen Januar und August nisten dort ungefähr 250.000 dieser seltenen Vögel. Außer Kriegs- und Forschungsschiffen liegt Ducie außerhalb aller Interessen, wird gelegentlich aus Sportsgeist von Yachten besucht. Ihre Skipper können sich in den einschlägigen Kneipen und Bars damit brüsten, die südlichste Koralleninsel der Erde angesteuert zu haben.

Die Insel *Tikopia* oder *Tukopia* in der Gruppe der Salomonen ist der Rest eines erloschenen Vulkans. Sie ist das südlichste bewohnte Eiland der Salomonen nordöstlich von Vanuatu. Das Eiland ist völkerkundlich deswegen interessant, weil auf ihm über Jahrhunderte – um eine Überbevölkerung zu vermeiden – eine strenge Geburtenkontrolle geübt wurde. Nur der jeweils älteste Sohn einer Familie durfte wiederum Kinder haben. Ungewollter Nachwuchs wurde erbarmungslos getötet. So konnte der Bevölkerungsstand bei etwa 1.000 stabilisiert werden. Um 1600 wurden sämtliche Schweine geschlachtet. Die Tiere vermehrten sich stark und verzehrten zu viel landwirtschaftliche Produkte. Die Inselfürsten verordneten ihren Untertanen, sich stattdessen die nötigen Proteine durch Fischfang zu besorgen. Vieles aus der so genannten guten alten Zeit hat sich hier erhalten. Polynesische Traditionen werden mit Stolz gepflegt, während ringsum die Melanesier ihre Gebräuche angesichts der mehr und mehr fortschreitenden Verwestlichung längst über Bord geworfen haben. Alkohol und Außenborder sind verboten. Vier Häuptlinge halten das Zepter streng in der Hand. In ihren Hütten finden die Gerichtssitzungen statt. Im Gegensatz zu den ebenfalls polynesisch besiedelten Osterinseln, deren Ressourcen von den Einwanderern übererschöpft wurden und zum Niedergang der Kultur führten, sind das strikte Praktizieren eines Intensivsystems der Agrarnutzung und die Schonung der Ressourcen Trumpf und sichern den Erhalt der Zivilisation auf hohem Stand. Ebenfalls zu den Santa-Cruz-Inseln der Salomonen gehört

Anuta, eine außerhalb des polynesichen Dreiecks gelegene Exklave und von 300 Menschen bewohnte ehemalige Vulkaninsel. Sie kennzeichnet einen rund 65 Meter hohen Restkegel in der Mitte. Unter Nutzung der landwirtschaftlichen Ressourcen des benachbarten unbewohnten *Fatutaka* (Abgeschiedener Stein) hatte Anuta eine ähnliche Entwicklung wie Tikopa. Fatutaka ist als eine der wenigen Inseln der Salomonen malariafrei.

Pitcairn, ein einsamer Fels in der Brandung ohne Hafen, ist die einzige bewohnte Insel der gleichnamigen Gruppe, zu der *Oeno, Sandy Island, Henderson* und *Ducie* gehören. Die Pitcairninseln verdienen insofern Beachtung, als sie die letzte englische Kronkolonie im Stillen Ozean sind. 1941 wurde auf der Henderson-Insel von einem britischen Besucher eine Hakenkreuzflagge und ein Schild entdeckt, auf dem ein bis heute Unbekannter das Eiland als Besitz des Großdeutschen Reiches reklamierte. Pitcairn, ein Monolith vulkanischen Ursprungs, wurde 1767 durch den britischen Seeoffizier Robert Pitcairn entdeckt und ist heute durch die intensive Nutzung seiner Bewohner völlig anders bewachsen als zu seiner vorkolonialen Epoche. Heimischer Bewuchs bedeckt gerade noch etwa 30 Prozent der Fläche. 81 ursprünglich dort beheimatete Pflanzen stehen 250 importierten gegenüber, die auf der vulkanischen Erde und dank starker Regengüsse bestens gedeihen. Die Neuankömmlinge von der Bounty konnten sich bereits der von frühen polynesischen Siedlern auf die Insel verbrachten Brotfruchtbäume und Kokospalmen bedienen. Weit verbreitet ist der aus Asien stammende Rosenapfel, ein Myrtenstrauch bis 15 Meter Höhe. Die höchste Erhebung liegt 347 Meter über dem Meeresspiegel. Das 4,5 Quadratkilometer große Pitcairn ist 5.000 Kilometer von Neuseeland und 5.700 von Südamerika entfernt. Henderson, ein unbewohntes und so genanntes »gehobenes Koralleneiland«, hat eine Fläche von 37 Quadratkilometern und muss ebenfalls früher von polynesischen Seefahrern besiedelt worden sein. Sie nutzten die natürlichen Wohnhöhlen an der Küste.

Seefahrtsgeschichte schrieb Henderson 1820, als die Schiffbrüchigen der von einem Wal versenkten Essex dort nach einer Fahrt über 3.000 Kilometer in offenen Booten anlandeten. Fast alle vertrauten sich indes wieder der See an, da die Insel nach ihrer Meinung unbewohnbar war. Nach weiteren 7.000 Kilometern wurden fünf Überlebende gerettet, drei auf der Insel Verbliebene von einem britischen Schiff entdeckt und aufgenommen. Das Tagebuch des Matrosen Owen Chase über diese beispiellose Odyssee war eine der Vorlagen für Hermann Melvilles Roman »Moby Dick«. Das Betreten der Insel ist heute verboten und bedarf einer Sondererlaubnis – also wieder nichts für die Träumer von einem Robinsonleben. Bezeichnend für den globalen Eingriff des Menschen in die Natur ist allerdings, dass die Strände dieses so weit abseits der menschlichen Zivilisation gelegenen Fleckchens mit Müll geradezu eingedeckt werden. Er besteht vorwiegend aus Plastikteilen und wurde von den Meeresströmungen bis hierher getragen. Pitcairner, die auf Henderson gelegentlich Holz für ihre Schnitzereien schlagen, berichten, dass sich darunter eine beträchtliche Menge leerer Flaschen japanischen Suntory-Whiskys befinden.

Oeno, ein Korallenatoll, erlangte als Schiffsfriedhof unter Seefahrern traurige Berühmtheit. Zahlreiche Segelschiffe machten Bekanntschaft mit den glasharten Zähnen seiner Korallen und sanken, so 1875 die Kandeish und 1838 die Oregon. Zuvor war bereits im Jahr 1858 der US-Klipper Wilde Wave auf dem Weg von San Francisco nach Valparaiso, er hatte unter anderem 18.000 Dollar in Goldmünzen an Bord, dort gestrandet. Mit einem Beiboot segelten Kapitän Joshua Knowles und sechs Männer nach Pitcairn. Sie fanden es zu dieser Zeit verlassen. Die britische Regierung hatte die Einwohner nach Norfolk umgesiedelt.

Tänzerin auf Tahiti
(Foto: Jalil Sekkaki, Tahiti Tourisme)

Südseesonnenuntergang
(Foto: Cook Islands Tourism Corp.)

Strandhütten
(Foto: Nouvelle Calédonie Tourisme Point Sud)

Steg auf Fakarava/Cook-Inseln
(Foto: Frédéric Jacquot),

Surfer auf Hawaii (Oahu)
(Foto: Mandolin Davis)

Palmenbestandene Lagune
auf den Cook-Inseln

Rechte Seite von oben nach unten:
Gehobene Korallen-Insel
Stolzer Insulaner im Kanu
Segelsport auf der Lagune
(Fotos: Cook Islands Tourism Corp.)

Tahiti

und andere Inseln
Französisch-Polynesiens

Touristische Paradiese: Pfahldörfer, Traumstrände, schwarzer Lavasand, üppiger Bergregenwald

(Fotos von oben nach unten:
Philippe Bacchet,
Mitte und unten: wikipedia,
Rechte Seite:
Raymond Sahuquet, wikipedia
David Kirkland, großes Bild)

Bougainvillea, die typische Blume des Pazifiks benannt nach dem französischen Forscher gleichen Namens

Rochenstreicheln auf Tahiti (Bora Bora), Honey Moon im Paradies (Fotos: David Kirkland, Tahiti Tourisme)
Unterwasserhöhle als Tauchabenteuer (Foto: Nouvelle Calédonie Tourisme Point Sud)

Unbeschwertes Inselleben,

fröhliche Kinder,

Gesang,

Blütenkränze,

… und Männerträume

(Fotos:
oben: Nouvelle Calédonie Tourisme Point Sud;
darunter: Cook Islands Tourism Corp.;
großes Bild: Jalil Sekaki, Tahiti Tourisme)

(Fotos: Markt: Christian Durocher; unten: Cook Islands Tourism Corp.; kleine Bilder: wikipedia)

Markt in Papeete,
Feilschen und Kirchgang
auf den Cook-Inseln

aber auch:
Müll auf Hawaii

(Fotos: oben: Greg le Bacon; unten: Lam Nguyen; kleine Bilder: Thierry Zysman, wikipedia)

Tahiti:
Das Muschelhorn ruft zum Gebet;
traditionelles Steinetragen;
typische Tätowierungen des Südseeraumes

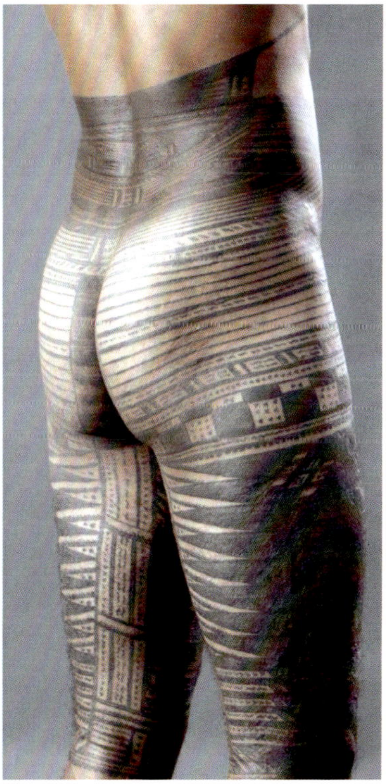

Papua-Neuguinea

(Fotos: wikipedia)

Papua-Körperbemalung zu Festen (Sing-Sing) oder zur Abschreckung von Feinden

Oben rechts: Eine der zahlreichen Paradiesvogelarten

Maori

Maori-Schnitzereien
(Fotos: Mitte: Kahuroa; rechts: Alexander Klink)

Unten:
Portrait eines Maori-Mannes, ca. 1784, Sydney E. Parkinson
(Bild: wikipedia)

Tahiti

Mystische Stein- und Holzskulpturen
auf alten Kult- und Opferstätten (Maraes)
(Fotos: kleine Bilder: wikipedia, Thierry Zysman)

(Foto: Luis Correira, Tahiti Tourisme)

Osterinseln

Moai-Steinriesen der Osterinseln
(Fotos: wikipedia)

Schilfboot
der
Eingeborenen

(Karte: wikipedia)

Inselwelt des Pazifik

Rechte Seite:
Ring-Atoll, z.B. Cook-Inseln
Vulkaninseln mit tropischer Vegetation und pittoresken Wasserfällen
Kleine Inseln auf den Riffen (Motus)

(Foto: Ewan Smith,
Cook Islands Tourism Corp.)

(Fotos: oben: James Shook;
Mitte: Cook Islands Tourism Corp.
Luftaufnahme:
Tim Mc Kenna, Tahiti Tourisme)

(Luftaufnahme:
Urs Neumaier, Tahiti Tourisme)

(Fotos:
links: Tim Mc Kenna; unten: wikipedia;
ganz unten: Philippe Bacchet, Tahiti Tourisme)

Tahiti

Landschaftlicher Reichtum:
schäumende Brandung;
üppiger Regenwald;
schroffe Bergkegel

Reichtum aus dem Meer:
Schimmernde und vielfarbige Perlen
(Foto: Alain Nyssen, Tahiti Tourisme)

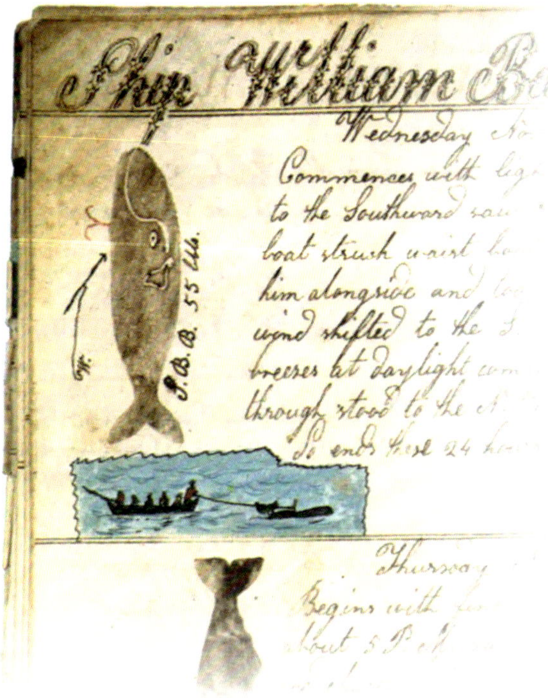

Giganten der See

Eine heroische Zeit der Seefahrt und das größte Abenteuer der Amerikaner im Pazifik – Walfang.

Links und ganz unten:
Walfängerlogbuch aus dem Jahre 1838
(Abbildung: wikipedia)

Unten: Buckelwale in ihrem Element
(Foto: Yves Lefévre, Tahiti Tourisme)

Walfang im 18. und 19. Jahrhundert: Mann gegen Meeresriese
(Stich von 1852, The Kendall Whaling Museum, Sharon, Massachusetts)

1820, Untergang der Essex nach einem Rammstoß durch einen kampflustigen Wal
(Stich aus dem 19. Jahrhundert, Sammlung Forbes, Hart Nautical Museum)

Walfänger um 1900,
Dampfschiff mit Harpunenkanone
(Marie-Claude Quellet: Fabulous Whales and other Marine Mammals of Eastern Canada. 2002)

Das Experiment missglückte und alle kehrten wieder auf ihre Insel zurück. Das Boot von Knowles war bei der Anlandung in der heftigen Brandung zerschellt. Aus den verlassenen Hütten bauten seine Männer ein neues und gelangten nach 2.000 Kilometern auf die Marquesa-Insel Nuku Hiva, um Hilfe für die Schiffbrüchigen auf Oeno zu holen. In dieser Zeit ließen sich in den Gewässern rund um die Pitcairn-Inseln auch viele Walfänger sehen, da einmal im Jahr die Route der Buckelwale an dem abgelegenen Eiland vorbeiführt.Die heutigen Einwohner Pitcairns versorgen sich wegen fehlender Quellen aus Zisternen. Sie sind alle Nachkommen der Meuterer von der Bounty und deren polynesischen Frauen. Bereits 1838 – ein Novum in der westlichen Welt – bekamen sie das Frauenwahlrecht zugesprochen. Es dauerte allerdings lange, bis sich die Meuterer akklimatisiert hatten. Einige grausame Bluttaten zeigen, wie schwierig es ist, auf einer kleinen Insel eine Gemeinschaft aufzubauen und zu festigen. Auch der führende Kopf der Meuterei, Fletcher Christian, wurde ermordet. In der Regel ging es bei den blutigen Händeln um Streit wegen der Frauen.

Wie alle der Pitcairn-Eilande zeichnet die Insel eine reiche, zum Teil endemische Vogelwelt aus. Ungeachtet des Einfalls der Bounty-Meuterer fand schon um 800 n. Chr. eine erste Besiedlung durch Polynesier statt. Ihre Spuren sind zum Teil heute noch in Resten von Skulpturen und Zeremonialplattformen sowie Felsritzungen zu entdecken. Das heutige Adamstown steht auf den historischen Resten der ersten Meuterersiedlung. Mit der Eröffnung des Panama-Kanals endete die Isolation. Pitcairn liegt an der dann eröffneten Schiffsroute nach Neuseeland. Zur Zeit wird die Insel etwa vier- bis sechsmal jährlich von einem Containerschiff angelaufen. Es versorgt die 48 Bewohner mit lebensnotwendigen Gütern und Post. Gelegentlich sorgen auch Kreuzfahrtschiffe für Abwechslung. Die Kapitäne zeigen ihren Gästen den historischen Ort, der wegen der Filme über die Bounty durch so manche Köpfe spukt.

Die Osterinsel

Selbst die völlig isolierte Osterinsel im südöstlichen Pazifik – den Polynesiern eher unter dem Namen Rapa Nui bekannt – blieb den antiken Seefahrern nicht verborgen. Von Tahiti ist sie 4.251 Kilometer entfernt, bis zur chilenischen Küste sind es 3.800 Kilometer und das am nächsten gelegene Eiland ist Pitcairn in einer Distanz von 2.078 Kilometern über die offene See. Politisch gehört sie zu Chile.

Als prägnanteste Kennzeichen des abgelegenen, rätselhaften und von Mythen umwebten Eilands gelten die riesigen Steinskulpturen der Moais, von denen 638 katalogisiert sind. Vermutlich waren es ursprünglich weit mehr. Bis zum heutigen Tag gibt es keine schlüssige Theorie, was die monumentalen Figuren letztlich zu bedeuten hatten. Auch sind die Texte der aufgefundenen Schrifttafeln noch nicht ganz entziffert und verleiten die verschiedensten Forscher zu immer neuen Deutungen. Die so genannte Rongorongo-Schrift ist eine Bilderschrift und einmalig für Polynesien, da es sonst nie eine eigene Schrift entwickelt hatte. Am Steilhang des 300 Meter abfallenden Rano Kao, eines erloschenen Schildvulkans im

Südwesten der Insel, befindet sich eine alte Kultstätte, an der solche Ritzungen zu bewundern sind. Der Vulkanberg weist einen zentralen Krater von 1,6 Kilometer Durchmesser auf und bildet heute eine so genannte Caldera. Mit Wasser gefüllt, ist sie der größte Süßwassersee der Insel. Auf ihm sind noch – wie in Südamerika auch – geflochtene Schilfboote zu sehen, was Spekulationen über Einwanderungen auch von Osten nährte.

Die für die Wissenschaft interessanteste Attraktion allerdings sind die Orongo-Petroglyphen, Felszeichnungen, wie sie auch in den afrikanischen Wüsten aus prähistorischer Zeit zu bewundern sind. Ihnen wird eine hohe kulturelle und religiöse Bedeutung zugeschrieben. Im Fall der Osterinsel handelt es sich um den »Vogelmannkult«. Dabei wird ein »Tangata Manu« als Mischwesen aus Mensch und Fregattvogel dargestellt. In jedem Frühjahr schwammen einst die jungen Männer von Orongo zu der vorgelagerten Insel Motu Nui. Dort hatten sie das erste Rußschwalbenei des Jahres zu finden. Der Sieger wurde zum Vogelmann erklärt und genoss fortan besondere Privilegien. Er musste daraufhin auch die rituellen Opfer leiten. Solche Vogelmanndarstellungen existieren zudem in Neuguinea, was auf eine Verbindung beider Kulte hindeutet. Auch etliche Höhlen der Osterinsel wurden zu Kultzwecken benutzt. Thor Heyerdahl fand in ihnen zahlreiche Darstellungen, sogar von besegelten Schiffen.

Das einsame Eiland inmitten der pazifischen Weiten ist ein beliebtes Ziel von Ferntouristen. Es kann der Moderne als warnendes Beispiel dafür dienen, was menschliche Unvernunft im Umgang mit der Natur und ihren Ressourcen anrichtet, denn eine vom Menschen ausgelöste ökologische Katastrophe führte auf der Osterinsel zu Nahrungsknappheit und kriegerischen Auseinandersetzungen. Die ursprüngliche Bevölkerungszahl von geschätzten 10.000 Bewohnern war bei Ankunft der ersten Europäer (des Holländers Jakob Roggeveen, 1722) wegen des Raubbaus an der Natur auf 2.000 bis 3.000 geschrumpft. Die Deportation von Bewohnern als Zwangsarbeiter nach Peru führte bis 1968 zu einem weiteren Einwohnerschwund auf nur noch 900 Menschen. Krankheiten und Eingriffe europäischer Kolonisatoren ließen die Zahl schließlich um 1871 auf 111 zusammenschrumpfen. Heute leben wieder 3.700 Bürger auf Rapa Nui, 2.200 weitere als Emigranten meistens in Chile. Besucher reisen mit LAN Chile aus Santiago oder aus Tahiti an. Die Insel lebt hauptsächlich von diesem speziellen Tourismus. Einen regelmäßigen Fährverkehr gibt es nicht. Lediglich Kreuzfahrtschiffe liegen vor Hanga Roa manchmal auf Reede. 1960 wurde die Osterinsel nach einem verheerenden Erdbeben in der chilenischen Stadt Concepicón von einem gigantischen Tsunami getroffen, die einmal mehr den Beweis für die ungeheuren Kräfte eines solchen Ereignisses lieferte: Die tonnenschweren Moais wurden mehr als 100 Meter ins Landesinnere geschwemmt.

Im Ersten Weltkrieg sorgten die deutschen Panzerkreuzer SMS Scharnhorst und SMS Gneisenau sowie der Kreuzer SMS Leipzig für Besucher. Der Hilfskreuzer SMS Prinz Eitel Friedrich versenkte Ende 1914 in der Bucht von Hangaroa das französische Handelsschiff Jean. In der Folgezeit unterdrückte Chile die Bewohner bis 1967. Sie durften ihre Insel nicht verlassen, hatten keine Pässe und konnten sogar große Teile ihrer Heimat nicht einmal betreten. Der deutsche Kapuzinerpater Sebastian Englert kümmerte sich von 1935 bis zu seinem Tod 1969 um die sozialen Belange der Ureinwohner. Ausgerechnet der im übrigen Chile verhasste Diktator Augusto Pinochet entwickelte sich zum Wohltäter des einsamen Felsen im Meer. Er stellte erhebliche Mittel zur Verbesserung der Infrastruktur zur Verfügung, besuchte als erster Staatspräsident das gottvergessene Eiland und setzte schließlich einen ethnischen Rapanui als Gouverneur ein. Der US-Schauspieler Kevin

Costner rückte die Osterinsel mit dem Film »Rapa Nui – Revolution im Paradies« weltweit in den Fokus der Aufmerksamkeit.

Auf Esoteriker übt das geheimnisvolle Eiland eine geradezu magische Anziehungskraft aus. Sie sagen verschiedenen Orten besondere Eigenschaften nach, vor allem jedoch einem kugelförmigen Stein in einer der alten zeremoniellen Anlagen. Er soll der Legende nach von der sagenumwobenen und nie lokalisierten Insel Hiva nach Rapa Nui verbracht worden sein. Das fiktive Hiva mit seinem lieblichen Hauptort Marae Renga ist in den Mythen der Eingeborenen unserem europäischen Garten Eden vergleichbar. Lediglich die Tatsache, dass der Name Hiva auf den Marquesas Bestandteil mehrerer Inselnamen ist (Fatu Hiva, Hiva Oa, Nuku Hiva), weist darauf hin, dass die Besiedlung von West nach Ost vorangeschritten sein muss. Die Tuamotus kennen in ihren Legenden das imaginäre Land Hiva-iti, auf Tahiti ist von Hiva-Ro-Tahi als Wohnsitz des Sagenkönigs Hoka die Rede und die neuseeländischen Maori sprechen von Hawaiki, wo ihre Vorfahren herkommen und wohin ihre toten Seeleute zurückkehren. Der Erfolgsschriftsteller Erich von Däniken (»Erinnerungen an die Zukunft« und »Zurück zu den Sternen«) rechnet die ungewöhnlichen Skulpturen der Osterinsel gar dem Werk oder Einfluss außerirdischer Besucher zu. Es stimmt allerdings nachdenklich, dass der in den Sagen beschworene Untergang Hivas durch den steigenden Wasserspiegel des Meeres gewissermaßen die heutige Situation so mancher Inselreiche im Zeichen des Klimawandels vorwegnimmt. Allerdings könnte die Legende auch auf einer uralten Kenntnis über das Schicksal vieler Atolle beruhen. Auf allen pazifischen Inselbögen sinkt der älteste Vulkankegel in einem von Korallen umgebenen Krater ab, während am anderen Ende neue vulkanische Geburten das Meer brodeln lassen. In unseren Tagen bedienen sich des werbeträchtigen Namens Hiva im gesamten Gebiet der Südsee Musikgruppen und Folkloreverbände. Zudem wird er als Firmen- oder Hotelbezeichnung benutzt.

Die Galápagos-Inseln

Als das letzte Paradies, die »verzauberten Inseln«, preisen Reiseveranstalter die im südöstlichen Pazifik gelegene Gruppe der Galápagos-Inseln an und legen so mit den steigenden Zahlen des organisierten Reisens schon die Lunte an die Idylle. Auf die Schäden durch das Eindringen des Menschen weist bereits eine lebende Legende hin: »Lonesome George«. Die berühmte Riesenschildkröte von der Insel Pinta ist der letzte Überlebende einer Unterart von insgesamt 14 Spezies der Riesenschildkröte, dem Wappentier des Archipels. Andere sind bereits ganz ausgestorben. Und dieses Schicksal scheint mehr und mehr auch anderen Tierarten der rund 1.000 Kilometer von Südamerikas Küste entfernten Inseln durch den Zugriff des Menschen zu drohen. Seit Ende der 1960er Jahre, als der kommerziell gesteuerte Tourismus zu den Galápagos begann, hält die Diskussion an, wie viele Menschen ins Land dürfen, um das Gleichgewicht dieser einmaligen Natur zu bewahren. Schon den Naturforscher und Evolutionsphilosophen Charles Darwin hatten sie 1835 in ihren Bann geschlagen.

Wurden früher ungefähr 15.000 Neuankömmlinge im Jahr für gerade noch vertretbar gehalten, so strömten 2008 bereits 173.420 Fernreisende per Flugzeug auf die Inseln, 500 bis 800 zusätzliche Plätze je Tag sind genehmigt. Die Besucher aus der Luft werden durch 77 registrierte Schiffe mit gültigem Patent zur Beförderung von Touristen ergänzt. Insgesamt sind es jedoch 86, die pro Woche fast 1.900 Besucher heranschippern. Seit 2009 ist ein so genanntes »Tarjeta de Control de Transito« erforderlich, um den Besucherstrom und vor allem die illegale Einwanderung besser kontrollieren zu können. Es wird an den Abreiseorten ausgestellt. Der Löwenanteil der Touristen stammt aus den USA (31 Prozent), Deutschland ist mit 4 Prozent vertreten. Im Jahr 2006 lebten 19.184 Menschen auf den Galápagos-Inseln, 2009 waren es bereits rund 30.000. Die Behörden rechnen alle zehn Jahre mit einer Verdoppelung. Das Resultat: Mehr als die Hälfte aller endemischen Tierarten und jede fünfte Pflanzenart ist bedroht. Die von den fest auf den Inseln lebenden Bewohnern mitgebrachten Nutztiere und Pflanzen tun ein Übriges, um die natürliche Entwicklung zu stören. So fressen beispielsweise die sich rasch vermehrenden Ziegen den Riesenschildkröten das Futter weg und führen zu deren Aussterben, auch wenn diese Tiere bis zu 176 Jahre alt werden können. Im »Australia Zoo« in Queensland starb »Harriet« 2006 in diesem biblischen Alter. Angeblich war die Dame als junges Mädchen von Charles Darwin entführt worden. Riesenschildkröten können bis zu 1,30 Meter lang werden und im Einzelfall über 400 Kilogramm wiegen. Die nächsten Verwandten der Galápagos-Spezies befinden sich fast auf der entgegengesetzten Seite des Globus im Indischen Ozean und werden als Seychellen-Riesenschildkröte geführt. Sie sollen aus Madagaskar stammen und früher in Ostafrika weit verbreitet gewesen sein. Wie die Gattung den weiten Weg bis zu den Galápagos-Inseln geschafft hat, ist unklar. Inzwischen werden über 200 eingeschleppte neue Tier- und Pflanzenarten registriert, darunter auch Malariaerreger, die besonders den Pinguinen zu schaffen machen. Der besonders schwere El Niño von 1999 verursachte zudem ein großes Korallensterben und dezimierte den Bestand an Pinguinen um 60 Prozent. Auseinandersetzungen zwischen Naturschützern und Fischern sind an der Tagesordnung, denn die Gewässer um die Inseln gelten als besonders fischreich. Ein besonders gefragter Fang sind Seegurken, die unter anderem als Trepang auf asiatischen Speisekarten landen.

Fünf der über 100 Inseln sind besiedelt, Santa Cruz, San Cristóbal, Isabela, Floreana und Baltra, wo sich der Hauptflughafen des Archipels befindet. Von den vielen kleinen ist Roca Redonda als Vogelbrutstätte erwähnenswert. Plaza Sur beherbergt zahlreiche Landleguane und Seelöwen. Eine Rarität der Galápagos sind die Meerechsen, die nur dort vorkommen und sich als hervorragende Schwimmer aus dem Ozean ernähren. Der Anblick dieser Tiere, die sich in der Paarungszeit von Schwarz in Rot umfärben, erweckt im Besucher geradezu archaische Gefühle. Sie sollen einst auf Baumstämmen aus Südamerika angeschwemmt worden sein und haben sich seither, und zwar auf jeder der Inseln völlig eigenständig, bis zu einer Länge von etwa 1,30 Metern weiterentwickelt. Ihre gesetzlich geschützte Population beträgt inzwischen 50.000, nach anderen Schätzungen mehrere 100.000. Dem Besucher fällt auf, dass es auf allen Inseln nur gelbe Blüten gibt. Das wird auf die Bestäubung durch die Holzbiene zurückgeführt.

Die Galápagos-Inseln sitzen auf einem Hotspot an der so genannten Nasca-Platte und weisen auch heute noch vulkanische Aktivitäten auf, so auf Isabela und Fernandina. Dort erfolgte zuletzt 2009 ein Ausbruch. Trotz der Lage dicht am Äquator bietet das Archipel ein gemäßigtes Klima. Das ist dem kühlen Humboldtstrom und aufsteigendem kalten

Tiefenwasser zu verdanken. Von Januar bis Juni herrscht Regenzeit, sonst fällt so gut wie kein Niederschlag. In El-Niño-Jahren verändern sich die Strömungen und die Mengen des Niederschlags werden größer. Das hat dann ein erhöhtes Pflanzenwachstum zu Folge.

Entdeckt wurden die Galápagos-Inseln 1535 vom früheren Erzbischof Panamas, Tomás de Berlanga. Sein Schiff war auf der Fahrt nach Peru vom Kurs abgekommen und an den Vulkaninseln gestrandet. Im 17. Jahrhundert waren die Galápagos-Inseln ein beliebtes Versteck für Seeräuber wie John Cook und William Cowley. Sie hatten es vor allem auf die Goldgaleonen der Spanier abgesehen. Cowley fertigte sogar eine erste Karte des Archipels an und erkundete die Inseln während seiner Weltumsegelung gründlich. Weniger rühmlich sind die Jahre 1934 bis 1959, in denen einige Inseln zu Strafkolonien degradiert wurden. Die UNESCO verlieh ihnen 1978 schließlich den Status eines Weltnaturerbes. Ursprünglich ein Traumziel für Biologen, Geologen und Meeresforscher, sind die zu Ecuador gehörenden Inseln heute ein boomender Wirtschaftsraum. Ökonomischen Interessen stehen ökologische gegenüber und es ist abzusehen, wie überall auf unserem Globus, welche Prioritäten letztlich siegen. Dann dürfte eines der letzten Reservate mit einer einmaligen endemischen Pflanzen- und Tierwelt verschwinden.

Robinson-Crusoe-Insel

Das Jahr 2010 war ein schweres Jahr für eine vom chilenischen Festland 674 Kilometer entfernte Insel. Sie wurde vor allem durch den Roman über den schiffbrüchigen Robinson Crusoe des Schriftstellers Daniel Defoe weltberühmt. Der Geschichte von Robinson und seinem eingeborenen Begleiter Freitag – ein Buch, das Generationen von Jugendlichen begeisterte und mehrmals verfilmt wurde – lag das Schicksal des schottischen Seemannes Alexander Selkirk zugrunde. Er wurde 1704 auf dem damals unbewohnten Eiland ausgesetzt und verbrachte dort bis zu seinem Auffinden Jahre eines Einsiedlerlebens. Noch heute spricht die Welt bei ähnlichen Fällen von einer Robinsonade.

Im Januar 2010 wusch ein mächtiger Tsunami als Folge eines verheerenden Bebens in Chile über die Siedlung San Juan Bautista und die Juan-Fernández-Inseln. Die Wassermassen zerstörten nahezu alles im Uferbereich und brachten mehreren Menschen den Tod. Zwar hatten die Einwohner über Radio von den schrecklichen Verwüstungen der Erdstöße in Chile gehört und auf eine amtliche Warnung gewartet, doch diese blieb aus. Erst in letzter Sekunde setzte der Bürgermeister der 629-Seelen-Gemeinde die Sirene in Gang. Ein Teil seiner Leute konnte sich unter Zurücklassung ihres Hab und Guts in höher gelegene Gebiete retten, für einige war es zu spät. Der chilenische Pilot Fernando Avaria berichtete nach einem ersten Überflug: »Alles, was sich in Küstennähe befand, verschwand einfach komplett.« Die Kirche, der Friedhof, die Schule, Pensionen, ein Sportplatz und das Bürgermeisteramt wurden dem Erdboden gleichgemacht. »Es war ein Horrorszenario!«, vermerkte der Pilot in seinem Logbuch, während die Marineführung zähneknirschend eingestehen musste, dass sie einen Fehler gemacht hatte.

Inzwischen sind es jährlich einige Hundert Touristen, die auf den Spuren des berühmten Einsiedlers Selkirk durch die grandiose Landschaft der bergigen Insel wandern. Auch Wracktaucher werden vermehrt von den Gewässern angezogen, denn im Ersten Weltkrieg sank dort in der Cumberlandbucht der deutsche Kreuzer SMS DRESDEN. Nach einem Seegefecht bei den Falklandinseln war es der DRESDEN im Ersten Weltkrieg wegen ihres überlegenen Turbinenantriebs mit der Höchstgeschwindigkeit von 26 Knoten (ca. 46 Stundenkilometer) als einzigem deutschen Schiff gelungen, der Vernichtung fast der gesamten deutschen Flotte durch die Briten zu entgehen. Sie versteckte sich zunächst erfolgreich in den einsamen Fjorden Feuerlands, später in der Hoffnung auf die Neutralität Chiles steuerte sie die Robinson-Insel an. Dort ankerte sie mit Maschinenschaden und wollte so das Ende des Krieges abwarten. Doch es kam anders, die DRESDEN wurde ungeachtet der chilenischen Neutralität von den verfolgenden Briten entdeckt und massiv unter Feuer genommen. Das ruhmlose Ende des schnellen Schlachtschiffes kam schließlich durch Selbstversenkung, um nicht in Feindeshand zu fallen. Als junger Offizier gehörte auch der spätere Admiral Canaris zur Mannschaft.

Kokos-Insel

Noch immer träumen Schatzsucher vom legendären Reichtum der Piraten Benito Bonito, Henry Morgan oder des Kapitäns Thompson. Sie alle, so die hartnäckigen Legenden in der Szene der Abenteurer, sollen auf der zu Costa Rica gehörenden Kokos-Insel ihre sagenhaften Schätze versteckt haben. Zahlreiche von Hoffnungen getragene Expeditionen verliefen indes ohne große Funde. Dennoch birgt das Eiland, das schon von den Balsaflößen der Inkas angesteuert wurde, Schätze ganz anderer Art. Die 24 Quadratkilometer große und bis zu 634 Meter hohe einzige Tropeninsel im Ostpazifik gilt als eines der landschaftlich schönsten Eilande dieses Weltmeeres. Mit ihren zahlreichen märchenhaften Wasserfällen auf engstem Raum und einer Vielzahl brütender Seevögel ist sie ein Magnet für gut zahlende Ferntouristen auf Abenteuerfahrt. Besonders aber zeichnet sich die Insel durch ein ungemein reiches maritimes Umfeld aus. Ihre Riffe beherbergen über 30 Korallensorten, 57 Krebstiere, 500 Mollusken-Gattungen. 300 Fischarten sind in ungewöhnlich hoher Bestandszahl vertreten. Schwärme von Hammerhaien, Walhaien und Mantas, Weißspitzen-Riffhaien lauern rund der Insel auf Beute. Einziger von der Regierung in Costa Rica ernannter Gouverneur des Eilandes war der deutsche Schatzsucher August Gissler. Er lebte von 1889 bis 1908 auf dem einsamen Felsen im Pazifik und grub dort meterlange unterirdische Tunnel. Er hoffte, den sagenhaften Kirchenschatz von Lima zu finden. Dieses Kleinod soll dort 1820 von Kapitän Thomson einschließlich einer goldenen Madonnenstatue versteckt worden sein. Investoren finanzierten das Unternehmen und auch die Suche nach dem Schatz des Piraten Bonito.

Die magere Ausbeute des deutschen Abenteurers bestand nach zwanzig Jahren aus sechs Goldmünzen. Doch die Legenden rankten sich weiter. Der Schweizer Walter Hurni glaubte gar, dass der Schriftsteller Robert Louis Stevenson nicht nur das Vorbild für seinen Roman »Die Schatzinsel«, sondern in der Tat den legendären Limaschatz gefunden haben soll. Allerdings nicht im Ostpazifik, sondern auf der Insel Tafahi bei Tonga. Sie wurde damals auf alten Karten ebenfalls »Cocos Eylandt« genannt. Der wenig fantasievolle Name könnte eigentlich ohnehin zu jeder tropischen Insel passen, deren aller unverwechselbares Markenzeichen nun einmal die Kokospalme ist. Um einen weiteren Raubbau von durchgeknallten Schatzsuchern zu verhindern, erklärte die Regierung in San José die Kokosinsel zum Nationalpark, etablierte eine Aufsicht von Inselrangern und setzte 2001 durch, dass das Eiland mit einem Schutzgebiet von 22 Kilometern im Umkreis zum Weltnaturerbe der UNESCO erklärt wurde.

Gut zahlende Touristen können allerdings auf der MS Pacific Explorer ab 2.000 US-Dollar für acht Tage eine Tagesstation auf Kokos einlegen. Das 61 Meter lange, bullige und in Honduras registrierte Schiff ist für 100 Gäste ausgelegt, die Crew englischsprachig. Als weitere Destination der Abenteuerreise läuft die Explorer Galápagos an. Dass sich der Ausflug zu den Inseljuwelen im Pazifischen Ozean lohnt, geht aus einer Äußerung des Meeresforschers Jacques Cousteau über Kokos hervor: »Von allen Inseln, die ich besucht habe, ist die Kokosinsel die schönste.« Der Evolutionsforscher Charles Darwin zollte »Kokosinseln« ebenfalls seinen Respekt. Beim Studium von Korallenriffen mit dem Forschungsschiff Beagle kam er zur bis heute von der Wissenschaft akzeptierten These, dass es sich um untergehende Vulkanberge handelt, die dann von einem Ring aus Korallenbänken umgeben werden. Allerdings meinte er nicht die Kokos-Insel bei Costa Rica oder Tonga, sondern ein drittes gleichnamiges Ringatoll im Indischen Ozean.

Hawaii

Kurz nach der Wende hatten manche Hawaii-Besucher das Gefühl, statt im Pazifik eher auf dem Dresdener Hauptbahnhof gelandet zu sein, denn vor den Schaltern der Immigration im Flughafen Honolulu stauten sich Schlangen von Jumbogästen, die in breitestem Sächsisch ihrer Freude Ausdruck verlichen, endlich diesen Legenden umwobenen Teil der Welt erleben zu dürfen. Sie fieberten munter sächselnd dem Augenblick entgegen, den berühmten duftenden Kranz von Blüten um den Hals gelegt zu bekommen, der im schlimmsten Fall auch nur aus Plastikblumen besteht.

Auf die Bürger der ehemaligen DDR übte das ferne Archipel wohl einen noch größeren Reiz aus, als es bei den bundesrepublikanischen Nachbarn der Fall ist. Mit ihrem Hang zu Fernreisen hatten sie schon Jahrzehnte früher nicht nur Hawaii, sondern alle nur denkbaren tropischen Destinationen rund um den Globus erkundet.

Das Reisefieber der kaum wiedervereinigten Deutschen zeigte einmal mehr, wie sehr der amerikanische Aloha-Staat zum Synonym für die Träume des weißen Mannes von der geheimnisumwitterten Südsee geworden ist. Gegenüber dem kostspieligen Südseemagneten Tahiti kann Hawaii zwar auch als teuer, aber als noch bezahlbar gelten. Namen wie Honolulu, Waikiki, Mauna Kea, Kilauea, Begriffe wie Aloha he, Hula und Ukulele zergehen den Besuchern aus deutschen Landen wie Butter auf der Zunge. Es sind die lokalen Namen für Orte, Buchten und Vulkane, Grußworte, traditionellen Tanz und ein begleitendes Musikinstrument. Für die Amerikaner übernahmen die Inseln im Stillen Ozean als beliebte Urlaubsdestination die frühere Rolle Kubas vor der Castro-Revolution. Sie brachten allerdings auch den Neonglanz Floridas in die Hauptorte der Insel, den Rummel und den American Way of Life. Zum Glück sind die hawaiianischen Eilande so groß und vielfältig, dass noch genug der ursprünglichen Landschaft, der üppigen Vegetation und der atemberaubenden Panoramen übrig ist. Sie lieferten auch die Kulisse für den Erfolgsfilm »Jurassic Park« – Bilder von der Garteninsel Kaua'i, die in ihrer Großartigkeit etwas vom biblischen Schöpfungsakt der Erde vermitteln. Und so ist es letztlich auch. Hawaii stieg schaumgeboren aus dem Nichts inmitten der Wasserwüste des größten Ozeans der Erde auf, wurde langsam von Pflanzen erobert und überwuchert, von Vögeln erreicht und von Tieren besiedelt, bis zuletzt der Mensch auf den Plan trat. Das alles spielte sich in dem erdgeschichtlich kurzen Rahmen von 500.000 Jahren ab, als auf dem Rest des Globus sogar das letzte Glied der Evolution, der Homo sapiens, schon eineinhalb Millionen Jahre zugange war, wie jüngste Ausgrabungen aus Kenia belegen.

Die Feuerinseln im Pazifik gehören zu den vielfältigsten Vulkanlandschaften der Erde. Von der Steinwüste bis zum tropischen Regenwald vereinigen sie so ziemlich alle Vegetationsformen auf sich. Der Vulkan Mauna Kea erhebt sich 4.205 Meter über den Meeresspiegel. Er ist, gemessen vom Fuß des Berges, der höchste Vulkan der Erde. Er wird dicht gefolgt vom Mauna Loa (4.169 m) und dem Kilauea (1.247 m). Diese Schildvulkane sitzen auf einem Hotspot und fördern eine relativ dünnflüssige Lava aus dem Erdinneren ans Tageslicht, bauen so Schicht um Schicht auf. Zusammengenommen erreichen ihre Basisdurchmesser eine Fläche von etwa 10.000 Quadratkilometern. Ihr Gewicht ist so groß, dass sich an dieser Stelle die ozeanische Erdkruste der Pazifischen Platte nach unten biegt.

Auf acht großen und einigen kleineren der insgesamt 137 Inseln Hawaiis (fast 17.000 Quadratkilometer) leben rund 1,3 Millionen Menschen in 4.000 Kilometer Entfernung vom Mutterland USA. Das entspricht der Strecke von Hamburg bis zum Persischen Golf. Hawaii liegt in den äußeren Tropen und hat durch den vorherrschenden Nord-Ost-Passat ein ausgeglichenes Klima. Die windwärtigen Küsten sind feucht, die windabgewandten relativ trocken. Vor der Ankunft des Menschen gab es keine Landsäugetiere, abgesehen von der auch in den USA verbreiteten Weißgrauen Fledermaus. Es fehlten Landreptilien, Süßwassertiere in den Seen und Flussläufen sowie Amphibien. Ebenso lückenhaft war die Pflanzenwelt, da nur kleine Samen durch Wind, Fluginsekten und Vögel über die weite Distanz bis zum Festland verschleppt wurden. Allerdings existierten siebzig Arten von Vögeln, darunter 34 Arten Kleidervögel, eine Untergattung der Finken. 17 davon sind inzwischen wieder ausgestorben. Moa Nalos, eine Art schon vor 1.600 Jahren von den ersten polynesischen Einwanderern ausgerotteter Ente, und Haiwaiigänse, eine zu den Meergänsen zählende Abart, waren flugunfähige Vögel. Die braunen Gänse haben sich in geringer Stückzahl bis heute erhalten. Sie leben meist auf erkalteten Lavafeldern und sind weltweit einzigartig.

Durch den Einfluss des Menschen und den Import seiner Haustiere wurde die ursprüngliche Flora und Fauna erheblich verändert, verwilderte Hunde und eingeschleppte Ratten dezimierten viele Tierarten. Meeresgetier hatte sich natürlich schnell angesiedelt. Auch die ursprünglichen polynesischen Einwanderer mischten sich nach den Jahren der Isolation und dem Eindringen des weißen Mannes und seiner mitgebrachten Arbeitskräfte aus Japan und China zu einer besonderen Rasse: dem so genannten »goldenen Menschen von Hawaii«. Bereits 1941 machten die Ureinwohner nur noch knapp sechs Prozent aus. Honolulu gleicht mit seinen Hochhäusern heute Städten, wie sie überall in Amerika in die Höhe schossen. Es vereinigt 300.000 Einwohner in sich. Die erste Besiedlung war den Wissenschaftlern nach um zwischen 200 und 600 n. Chr. von den Marquesas erfolgt, eine zweite Welle aus Tahiti folgte im 11. Jahrhundert.

Erst in unseren Tagen beginnen sich die polynesischstämmigen Bewohner wieder auf ihre Wurzeln zu besinnen und alte Bräuche und Riten zu beleben. Dazu gehört vor allem der Hula, ein so genannter erzählender Tanz. Je nach Anlass verändern sich die Schrittfiguren, die Sprechgesänge und die Körpersprache. Meist wurde er als Kulttanz verstanden, aber auch zur Überlieferung von Mythen oder einfach zur Unterhaltung getanzt. »Hula ist die Sprache des Herzens und deshalb der Herzschlag des hawaiianischen Volkes«, so hat es der König David Kalakaua (1836 bis 1891) einst zu erklären versucht – etwas, was die frühen bigottisch-prüden Missionare christlichen Glaubens nie verstanden hatten. Nach der Beseitigung des Kapu-Systems, das die alte hawaiianische Gesellschaft durch die Festlegung von Tabus regelte, wurde der Hula sogar verboten und erst 1851 wieder erlaubt. Er kam aber erst im Lauf der so genannten »Hawaiian Renaissance« zu seiner alten Geltung zurück, die natürlich im amerikanischen Sinn als folkloristische Darbietung für Touristen teilweise zweckentfremdet wird. Inzwischen gibt es zahlreiche Festivals und Wettbewerbe, von denen das »Merrie Monarch Festival« zum Gedenken an König David Kalakauas besonders erwähnenswert ist. »Hula kahiko« bezeichnet die alten Tänze, »hula auana« die modernen, ein Sitztanz ist der »hula noho«. Unter der Bezeichnung »Hula-Hoop« wurde in Deutschland mit einem leichten Reifen um die Hüften hawaiianische Stimmung erzeugt, ebenso wie das bunte Hawaiihemd in den kurzen europäischen Sommern die gelockerte Stimmung des Weltbürgers vortäuscht. Ferner wurde mit der Einführung der Ukulele, einer Art Minigitarre, Stimmung gemacht. Der Name bedeutet »hüpfender Floh«. Es handelt sich in Wahrheit um ein nach Hawaii verbrachtes europäisches Instrument, das der portugiesische Einwanderer Joao Fernandes 1879 im Gepäck hatte. In Madeira heißt es »Braguinha«.

Sportlern ist der Ironman Hawaii ein Begriff, der älteste unter ähnlichen Ausdauerwettbewerben. Er wird in Hawaii ausgetragen. Eine extrem lange Wettkampfstrecke und oft widrige Winde (die Mumuku-Winde) sowie Temperaturen bis 40 Grad machen den Triathleten schwer zu schaffen. Um die Welt ging auch eine urhawaiianische Variante des Wassersports, das Wellenreiten, einheimisch »he'e nalu«, in der westlichen Welt unter dem Begriff Surfen bekannt. Auch hier versuchten eifrige Missionare im 19. Jahrhundert mit Verboten dagegen anzugehen und brachten die innige Verbindung mit der See fast zum Erliegen. In den 1950ern allerdings startete der Siegeszug der Wellenbretter rund um den Erdball. Die fanatischsten der Surfer reisen in fast jeden Winkel des Globus, um die ultimative Riesenwelle zu finden. In seiner Urform ist das Wellenreiten fast 4.000 Jahre alt. Einst waren die Buchten mit der höchsten Brandung nur für den jeweiligen König reserviert, was die hohe gesellschaftliche Bedeutung dieses Tanzes auf dem Wasser hervorhebt. Auf Hawaii ist dafür der North Shore Beach auf der Insel O'ahu mit ihren bis zu 15 Metern hohen Brechern bekannt.

Für gesundheitsbewusste Zeitgenossen ist das »Lomi Lomi Nui« interessant, eine traditionelle hawaiianische Massage, die eher als therapeutische Körperarbeit zu interpretieren ist. Lomi Lomi (starkes Kneten) dient nicht nur der Entspannung, gleichzeitig soll es auch Seele und Geist reinigen, denn ähnlich wie in der traditionellen chinesischen Medizin wird Gesundheit von den Ur-Hawaiianern gesamtheitlich gesehen. Musik- und Gesangsuntermalung sorgen dabei für gelockerte Stimmung. Vor der Massage wird ein Gebet gesprochen. »Die Tempelmassage aus Hawaii« lautet der Titel eines Buches im Kamphausen Verlag, das Interessierten Technik und Philosophie einer solchen Behandlung nahebringen will.

Mehrere Naturparks, darunter ein riesiges Marinereservat um die nordwestlichen Inseln, schützen die verschwenderische Landschaft vor dem Raubbau moderner Zivilisation. Sie hat auf Hawaii dennoch bereits zu riesigen Zuckerrohr- und Ananasplantagen geführt, auf denen zum Teil auch gentechnisch experimentiert wird. Der Haleakala-Nationalpark auf der Insel Maui um den nicht mehr aktiven Vulkankrater des 3.055 Meter hohen Haleakala bietet eine grandiose Kulisse aus Bergen und Tälern. Allerdings – und das ist die Kehrseite der Medaille amerikanischer Vermarktung – wurde er seit seiner Gründung 1961 von Millionen Menschen (allein 2004: 1,5 Millionen) durchstreift. Besonders morgens und abends werden dort spektakuläre Sonnenauf- und -untergänge bewundert. Mehrere Wanderwege mit einfachen Unterkünften und einem Zeltplatz erschließen das Gelände. An anderer Stelle bietet der 100 Meter hohe Wasserfall Waimoku nach längerer Wanderung einen grandiosen Anblick.

Der Hawaii-Volcanoes-Nationalpark bilanziert ebenfalls einen jährlichen Besucherstrom von 1,6 Millionen (Daten von 2004). Zu ihm gehört der aktivste Vulkan der Erde, der Kilauea. Sein jüngster Ausbruch dauert seit Januar 1983 an und sendet Lavaströme bis ins Meer, wo sie brodelnd und zischend das Land erweitern. Streckenweise fließt der feurige Brei in unterirdischen Tunneln zu Tal. Dieser Feuerspeier gehört zu einer Gruppe von Vulkanen auf der Insel, die den Mauna Loa, den Hualalai, den Kohala und den inaktiven Mauna Kea umfasst.

Im Monsterberg Kilauea haust – so will es die Überlieferung – die Göttin Pele, die Gebieterin über das Feuer. In erdgeschichtlich »nur« 100.000 Jahren wuchs der Berg nach 5.000 Metern Höhe unter Wasser auf 1.200 Meter über dem Meeresspiegel an. Die gesamten vulkanischen Aktivitäten auf dem Hotspot Hawaii begannen vor siebzig Millionen Jahren. So viel Zeit ging beinahe auch ins Land, bevor die ersten unterseeischen Gebirge die Wasserfläche des Ozeans durchbrachen und die heutige Inselwelt schufen.

Das unrühmlichste Kapitel der hawaiianischen Geschichte seit der Zugehörigkeit zu den USA schrieb die Militärbasis Pearl Harbor. 1941 wurde sie zum Ziel einer Überraschungsattacke der Japaner. Weit über 2.000 Soldaten fanden dabei den Tod. Die Gedenkstätte des versenkten Schlachtschiffes U.S.S. Arizona erinnert noch heute an diese Schmach. Der gegen Wind und Wellen gut geschützte Hafen an der südlichen Küste ist militärisches Sperrgebiet. In ihm findet die Pazifikflotte der Amerikaner Unterschlupf. Zudem beherbergt er die U-Boote der Navy. Derzeit wird ein Radarschutzschild aufgebaut und das so genannte »High Altitude Area Defense Missiles«-System zum Abschuss angreifender Raketen installiert. Es ist die Antwort auf die neue Generation von weitreichenden »Taepodiong-2«-Raketen des »geliebten Führers« Kim Jong Il. in Nordkorea. Sie sollen die entsprechende Reichweite von 7.000 Kilometern haben.

Pohnpei

Ein Geheimtipp für Taucher im Stillen Ozean ist die Insel Pohnpei (bis 1990 Ponape) im mikronesischen Inselgewirr. Sie beherbergt die Hauptstadt Palikir der Föderierten Staaten von Mikronesien mit ihren 6.000 Einwohnern. Der Name dürfte einem Mitteleuropäer vermutlich noch nie begegnet sein, allenfalls die Bezeichnung Kolonia. Das war die frühere Hauptstadt der Föderation, die manchmal auch heute irrtümlich als Zentrum genannt wird.

Mikronesien versteht sich als Sammelbegriff für eine Inselwelt von über 2.000 tropischen Atollen und Eilanden nördlich des Äquators. Sie dehnen sich über eine Strecke von 4.000 Kilometern aus. Die Föderation besteht aus der Republik Palau, den Inseln Yap, Truk, Kosrae und Pohnpei, zudem aus insgesamt 162 kleineren Eilanden oder Atollen. Geografisch zugeordnet sind sie den Senjawin-Inseln wie auch das Archipel der Karolinen. Das umlaufende Saumriff schließt eine Lagunenfläche von 178 Quadratkilometern ein. Die Landfläche ist mit 334 Quadratkilometern vermessen. Die Küste besteht überwiegend aus Mangrovenwäldern. Das ebenfalls zur Gruppe gehörende Commonwealth der Nördlichen Marianen mit dem über 11.000 Meter tiefen Marianengraben dagegen wurde 1978 ein Außengebiet der Vereinigten Staaten, ähnlich wie American Samoa oder Guam. Historisch interessierte Besucher werden auf die Ruinen von Nan Madol verwiesen. Sie datieren aus einem Zeitraum von 200 bis 1200 n. Chr. und legen Zeugnis von einer damals hoch entwickelten Kultur ab.

Für Taucher wurde das Gebiet um Kosrae durch die Hinterlassenschaften des Zweiten Weltkriegs sowie das Wrack der 1835 gesunkenen Brigg Waverly und des abgestürzten Wasserflugzeuges »HU-16« aus der US-Garnison Guam interessant. »HU-16« explodierte 1973 beim Abheben und sank. Ebenso verunglückte 1951 durch Aufprall auf ein Riff das US-Flugboot Navy PBM. Schiffe wie die Ebon Mary, die Harriet und die Leonora sanken ebenfalls in diesen Gewässern. Historisch interessant ist vor allem das Schicksal des Walfängers Waverly. Die Crew machte Landurlaub und ihr Kapitän soll dabei eine lokale Häuptlingstochter vergewaltigt haben. Daraufhin eroberten die erbosten Eingeborenen die Brigg, zündeten sie an und ermordeten die gesamte Besatzung.

Die Anreise aus Europa kann über Manila oder Taipeh erfolgen. Von der philippinischen Hauptstadt aus geht es dann mit Continental Micronesia weiter. Von der einfachen Hütte bis zum Luxusresort gibt es für jeden Geldbeutel etwas. Empfohlen wird außer Tauchen eine zweitägige geführte Kajaktour mit Übernachtung auf einer einsamen Insel – Südsee einmal ganz anders und nicht auf ausgetretenen Touristenpfaden. Allerdings muss der Besucher tropische Regengüsse lieben, denn Pohnpei ist mit 7.600 Millimetern der zweitregenreichste Platz auf der Erde nach dem Mount Wai'ale'ale auf der Hawaii-Insel Kaua'i.

Der russische Seefahrer Fjodor Litke betrat 1828 als erster Europäer die Insel. In der Folge wurde sie von Seeleuten und Walfängern zahlreicher Nationen besucht. Vom 16. Jahrhundert an gehörte Pohnpei zu Spanien. Das Deutsche Reich nahm es 1898 als Kolonie des von ihm annektierten Deutsch-Neuguinea in Besitz. 1910 kam es gegen die kaiserliche Herrschaft zur Rebellion. Sie wurde blutig niedergeschlagen. Im Ersten Weltkrieg geriet die geprüfte Inselwelt unter japanische Herrschaft, nach dem Zweiten Weltkrieg wurde sie als »Treuhandgebiet Pazifische Inseln« bis zu ihrer Selbstständigkeit 1986 unter Vormundschaft der USA gestellt.

Das zur mikronesischen Föderation gehörende Palau am Ende des Marianengrabens mit der Amtssprache Englisch umfasst 356 Inseln, von denen nur elf bewohnt sind. Größtes Eiland ist mit 369 Quadratkilometern Babelthuap. Auf ihr befindet sich auch die neue Hauptstadt Melekeok. Von sich reden machte Palau vor allem durch seine Initiativen für mehr Klimaschutz im Sinne der vom Untergang bedrohten Atolle. 2009 machte die Regierung von sich reden, als sie aus dem kubanischen US-Militärgefängnis Guantánamo 17 Uiguren aufnahm, die als muslimischer Stamm von der Volksrepublik China verfolgt werden. Palau erkennt das kommunistische China nicht an. Die touristische Infrastruktur des kleinen Landes ist bescheiden und deswegen noch ursprünglich. Das US-Tauchermagazin »Forbes Traveller« wählte das so genannte Blue Corner zum »besten Tauchgebiet der Erde«. Auch der so genannte »Jellyfish-Lake« auf der Insel Eil Malk mit seiner einmaligen Quallenpopulation gehört zu den heißen Tipps unter Tauchern, auch wenn dort behördlich nur Schnorcheln erlaubt ist. Manchmal leben 1,5 Millionen dieser filigranen Tiere, einer ungiftigen goldbraunen Medusengattung, in diesem See – ein weltweit einmaliges Spektakel.

Neukaledonien

Verächtlich rümpfen manche deutschen Zeitgenossen die Nase über zugewanderte Ausländer und benennen sie mit dem diskriminierenden Schimpfwort Kanake oder Kanaker. Dabei wären sie vermutlich alle liebend gern zumindest als Urlauber in jenem Staat, der diese Spezies Mensch seit alters beherbergt, wenn sie wüssten, woher der oft vor allem irrtümlich auch auf Türken und Schwarzafrikaner angewandte Begriff stammt. Denn es handelt sich um die rund 90.000 indigenen Bewohner der atemberaubend schönen Korallenatolle und Berginseln von Neukaledonien in der Südsee. Sie teilen sich den Lebensraum der seit 1956 als überseeisches Territorium zu Frankreich gehörenden Inselwelt mit Franzosen, Polynesiern und anderen Zugewanderten. Neukaledonien, nordöstlich Australiens gelegen, wird der melanesischen Gruppe zugeordnet. Nickel mit einem Anteil von 20 Prozent an den weltweiten Vorkommen, Chrom, Kobalt und Mangan machten die Eilande für Frankreich interessant. Zudem sind sie eine Marinebasis für Frankreichs überseeische Streitkräfte.

Vor ungefähr 3.000 Jahren wanderten die dunkelhäutigen Kanaken aus Papua-Neuguinea ein. 1775 entdeckte der englische Weltumsegler James Cook die Inselgruppe und benannte sie Neukaledonien nach den schottischen Highlands. Frankreich annektierte sie 1850 und machte sie zu einer Strafkolonie. Die Mehrheit der Sträflinge blieb dort und siedelte, sie werden als »Caldoches« bezeichnet. Die Entdeckung der Mineralien führte dazu, dass die französischen Kolonialherren die Ureinwohner auf nur zehn Prozent des Landes zurückdrängten. Sie machen heute nur noch 44 Prozent der Bevölkerung von 246.000 aus. Die Vereinten Nationen setzten nach dem Ende des Zweiten Weltkriegs Neukaledonien auf die Liste der Länder, die zu »entkolonialisieren« seien. Doch Charles de Gaulle führte die Herrschaft der Unterdrückung fort. Unter der Bezeichnung »Code de l'indigénat« wurde ähnlich wie in Südafrika strenge Apartheid praktiziert. Sporadisch auftretende Unabhängigkeitsbewegungen wurden regelmäßig niedergeschlagen, teilweise mit blutigen Massakern an der eingeborenen Bevölkerung.

Nach den USA unterhält Frankreich bis heute die größte westliche Militärpräsenz im Pazifik. Nur zäh rangen die Kanaken im Abkommen von Noumea (Hauptstadt des Territoriums) Paris das Zugeständnis ab, zwischen 2014 und 2019 in einem Referendum über die Unabhängigkeit zu entscheiden. Problematisch dabei ist die Tatsache, dass von den 18.000 Jobs auf den Inseln nur 5.000 meist minderqualifizierte von den Eingeborenen ausgeübt werden. Ungeachtet dessen ist Neukaledonien ein begehrtes Ziel für den Tourismus und wirbt vermehrt auch in Deutschland auf der ITB-Touristenmesse in Berlin um Gäste. Seit 2008 gehört das Neukaledonische Barriere-Riff als zweitgrößtes der Erde nach dem australischen zum Weltnaturerbe der UNESCO. Höchster Punkt ist der Mont Panié (1.628 m) auf der größten Insel Grande Terre. Die gesamte Küstenlänge beträgt 2.200 Kilometer bei einer Wasserfläche von rund 500 Quadratkilometern und einer Landfläche von 18.500. Die Werbung des Landes hebt hervor, dass Neukaledonien ein Reiseziel für Individualisten ist, mit Urwäldern, unberührten Weiten, Savannen, Wasserfällen und Flüssen, kristallklaren, großen Lagunen, offenherzigen Einwohnern. Eilande der so genannten Loyalitätsinseln, wie Lifou mit seinen 1.200 Quadratkilometern, der wilden Steilküste von Jokin, der Teufelshöhle mit ihren grotesken Tropfsteingebilden und großzügigen Sandbuchten, bieten romantischen und naturverbundenen Touristen unter anderem traditionelle einheimische Strohhütten als Domizil an.

Eine Gefahr stellt das immer wieder auftretende, durch Mückenstiche übertragene Denguefieber dar. An ihm erkrankten beispielsweise 2003 bis zu 9.000 Bewohner. Bei deutschen Urlaubern gehört Denguefieber mit jährlich etwa 2.000 Fällen ohnehin zu den am häufigsten eingeschleppten viralen Infektionen. Die Verbreitung konzentriert sich auf Teile Afrikas, Südostasiens, des nördlichen Südamerikas und Nordostaustraliens, seit 2006 epidemisch auch in der Dominikanischen Republik und auf Kuba.

Eine Besonderheit Neukaledoniens sind über 400 jeweils 10 bis 50 Meter hohe Erdhügel. Sie wurden von dem ausgestorbenen flugunfähigen Riesenvogel »Sylviornis neocaledoniae« zur Eiablage erbaut. Auffallend in der großen Vielfalt der auf den Inseln vertretenen 3.328 Pflanzengattungen sind die 260 Farn- und 18 endemische Koniferenarten. Das Vorkommen des seltenen und duftenden Sandelholzes lockte früh schon Holzhändler an. Sie sorgten mit den immer wieder anlandenden Walfängern aus aller Herren Länder für eine weitere Durchmischung der Bevölkerung.

Vanuatu und Nauru

Das Fazit des deutschen Trekking-Reisenden Rainer Albiez über Vanuatu sagt fast alles, was den touristischen Reiz dieser Inselgruppe angeht: »Sehr teuer, schlecht erschlossen, kühl, windig, regnerisch, in den Bergen oft neblig. Viele unzuverlässige Leute, aber in entlegenen

Gegenden auch freundliche Bewohner.« Der Reisende braucht viel Geld und Zeit, darf wenig Ansprüche an Infrastruktur und Komfort stellen, muss oft lange in Nebel und Regen campen können. Dennoch machten sich 2005 rund 60.000 Besucher auf, die Geheimnisse der Inseln zu erkunden.

Vanuatu ist eine selbstständige, von 243.000 Menschen bewohnte Republik im Südpazifik mit der Hauptstadt Port Vila. Vielen ist sie auch als Steuerparadies für so genannte Offshore-Firmen ein Begriff. Die Insel wurde schon 2.000 v. Chr. besiedelt und seit 1839 zudem von Europäern. Auch Vanuatu war eines der Ziele des unermüdlichen britischen Seefahrers James Cook. Insgesamt gehören zu Vanuatu 67 bewohnte, zum Teil vulkanische Inseln, die zu den Neuen Hebriden gezählt werden, 16 werden nicht bewohnt. Der höchste Punkt auf Vanuatu ist der Tabwemasana mit 1.879 m und auf der Insel Espiritu Santo der Malakula mit 1.994 m. Interessant ist vor allem der Vulkan Mount Yasur auf der Insel Tanna. Er sorgt immer wieder für Beben und anschließende Tsunamis. Im Juni 2010 war es wieder so weit, eine gigantische Aschewolke trieb über 340 Quadratkilometer des südlichen Pazifiks bis nach Neukaledonien, 6.000 Menschen mussten evakuiert werden, der Flugverkehr in der Region kam teilweise zum Erliegen. Australien gab eine Warnung an Touristen heraus, auf keinen Fall in die Nähe des Yasur zu reisen, da er ganze glühende Felsbrocken kilometerweit ausschleudere.

Als Weltkulturerbe ist heute auf der Insel Efate ein knapp 13 Quadratkilometer großes Gebiet unter dem Namen »Chief Roi Mata's Domain« geschützt. Es ist das ehemalige Herrschaftsgebiet eines Ende des 16. Jahrhunderts gestorbenen Häuptlings. Herrschaft darf allerdings nicht im europäischen Sinn verstanden werden, sondern bezeichnet ein bei vielen Polynesiern übliches System (Samoa das Matai-System). Nach ihm verwaltet in einer Art Frühkommunismus der Chief als Treuhänder den Besitz der Gemeinschaft, verteilt Güter und Aufgaben. Die geschützten Stätten umfassen Mangaas, den ehemaligen Residenzort von Roi Mata, Fels Cave, eine mit Felsmalereien ausgeschmückte Höhle auf dem Inselchen Lelepa, in der der Häuptling gestorben sein soll, sowie die gesamte Insel Eretoka, den Begräbnisplatz des legendären Chiefs. Auch das Seegebiet zwischen diesen Plätzen steht unter Schutz. Religiöse Tapus (unser heutiger Begriff tabu) regeln die Verbote. So darf an diesen Plätzen keine Landwirtschaft betrieben werden, der Bau fester Behausungen und das Übernachten auf der Insel Eretoka sind untersagt. In Fels Cave, einem heiligen Ort, sollen dem Glauben der Eingeborenen nach die Seelen der Toten wohnen.

Die Demokratische Republik Nauru, weiter nördlich im westlichen Pazifik gelegen, hat nur 13.000 Einwohner und ist damit der drittkleinste Staat der Erde. Die langjährige Lebensgrundlage waren reiche Vorkommen an Phosphat, was zum weltweit höchsten Pro-Kopf-Einkommen führte. Nach dem fast vollständigen Abbau der Lagerstätten verarmte die Bevölkerung. Die Gewinne waren nach europäischen Maßstäben nicht zukunftsträchtig angelegt. Noch arbeitet die Hälfte der Bevölkerung im Abbau der Reste. Geldanlagen der Regierung sollen den einst hohen Lebensstandard wieder heben. So wurde in Melbourne ein Hochhaus erworben und vermietet. Bei den Australiern trägt es den Spitznamen »Vogelschissturm«. Der Tourismus ist bescheiden. Die wenigen guten Badestrände gelten wegen unangenehmer Strömungen oder heftiger Brandung als gefährlich. Zudem kommt rund um die Insel die so genannte Portugiesische Galeere vor, eine Zusammenklumpung giftiger Nesseltiere mit bis zu 50 Metern langen Tentakeln. Die Berührung mit ihnen ist in der Regel tödlich.

Von 2005 bis 2006 war das Eiland fast von der Außenwelt abgeschnitten, da die Fluglinie eingestellt werden musste. Taiwanesische Gelder sorgten jetzt für die Gründung der »Our Airline«. Sie bietet wieder regelmäßig Flüge an. Zeitweise geriet Nauru unter deutsche Kolonialherrschaft und wurde damals als »Nawodo« bezeichnet. 1888 übernahm Kaiser Wilhelm II. die Regentschaft und beutete die um 1900 entdeckten Phosphatlager aus. Nach dem Ersten Weltkrieg geriet das Eiland unter die Herrschaft Australiens, Großbritanniens und Neuseelands. 1968 bekam es die Souveränität. Lange Zeit, bis 2005, stand Nauru auf der schwarzen Liste der von 34 Mitgliedsländern umfassenden FATF (Financial Action Task Force on Money Laundering) unkooperativer Staaten für Geldwäscherei. Enge Beziehungen werden in der Vergangenheit zu China gepflegt, das immer wieder finanziell einsprang, während sich die Inselregierung jetzt wieder Taiwan zuwendete. Es bestehen Flugmöglichkeiten von Deutschland aus, die Flüge dauern allerdings mit Zwischenaufenthalten um die 30 Stunden.

Der bis zu 2.000 Meter tiefe Korallenstock auf einem abgesunkenen Vulkan ist allerdings akut von der Klimaerwärmung betroffen (höchster Punkt: 60 m). Eine Besonderheit ist in der artenarmen Fauna und Flora der Insel das Vorkommen der Blauen Koralle, deren Skelett durch verschiedene Eisensalze blau eingefärbt ist. Die verlassenen Abbaustätten des Phosphats haben für eine interessante Landschaft gesorgt. Bis zu zehn Meter hohe Kalksteinzacken und ganze Pyramiden zwischen tiefen Kesseln und Mulden bilden ein unentwirrbares Labyrinth. Es sieht wie die Landschaft auf einem anderen Planeten aus. Naurus Einwohner sind essfreudig und deshalb zu 80 Prozent fettleibig, viele leiden an Diabetes.

Cook Islands

Von der nach dem großen Südsee-Seefahrer James Cook benannten Inselgruppe aus 15 Eilanden im Südpazifik, größtenteils Korallenatolle, ist den Europäern am ehesten der Name Rarotonga ein Begriff. Mit 67 Quadratkilometern Fläche stellt das bergige und von dichtem tropischen Regenwald bedeckte Rarotonga (höchste Erhebung »Te Manga« 652 m) die am dichtesten besiedelte Insel der Gruppe dar. Sie wird von einem Korallenring umschlossen, der über mehrere Durchfahrten verfügt und somit die Anlage eines Handels- und eines getrennten Fischereihafens erlaubte. Von den insgesamt 14.000 Bewohnern leben 2.000 in der Hauptstadt Avarua.

Die 240 Quadratkilometer umfassenden Cook-Inseln haben seit 1965 Selbstverwaltung, sind allerdings mit Neuseeland assoziiert und wirtschaftlich fast ausschließlich auf Tourismus, Landwirtschaft und Fischerei angewiesen. Wer Luxusherbergen sucht, wird enttäuscht, die Cook-Inseln sind etwas für Menschen, die Naturnähe und Ursprünglichkeit suchen und sich mit einfachen Herbergen zufrieden geben. Einzig das Eiland Rarotonga ist touristisch gut erschlossen und verfügt über einen Flughafen für Großraumjets, der in der Hauptsache von Air New Zealand angeflogen wird. Als Magnet für die Besucher gelten der ehemalige Königspalast mit einem sehenswerten tropischen Garten sowie der im Nordosten gelegene

»Arai Te Tonga«, eine vor 800 Jahren angelegte steinerne Kultplattform, auf der noch heute die so genannten »Ariki«, die inzwischen demokratisch gewählten Häuptlinge der Maori, in ihr Amt eingeführt werden.

Vom alten Naturhafen Ngatangiia sollen einst die ersten polynesischen Siedler mit 14 Kanus aufgebrochen und 1350 Neuseeland besiedelt haben. Manche Forscher vermuten deshalb, dass Rarotonga das sagenhafte Hawaiki sein könnte, von dem die Maoris Neuseelands noch heute berichten. Andererseits ranken sich um einen seltsamen großen schwarzen Monolithen in der Nähe des Flughafens zahlreiche Legenden, wonach sich von ihm aus die Seelen der toten Maori westwärts über den Pazifik ins Land Avaiki aufmachen sollen. Einen traurigen Eindruck hinterlässt die Bauruine des Sheraton-Hotels. Seine Fertigstellung wurde 1994 gestoppt. Die Einrichtung für das 400-Betten-Haus modert seither unausgepackt vor sich hin. Da Sheraton nur einen Managementvertrag hatte, blieb die Regierung auf den Kosten sitzen – ein finanzielles Desaster.

Der US-Schriftsteller Robert Dean Frisbie, Urheber zahlreicher Südseeromane, verstarb auf Rarotonga, wo er sich auch als Kaufmann betätigte. Zeitweise siedelte er auf dem kleinen Atoll Suwarrow. Dort überstand er einen schweren Zyklon und verarbeitete dieses traumatische Erlebnis zu dem Roman »Insel der Entscheidung«. Die abenteuerliche Geschichte der großen Frisbiefamilie legte seine ebenfalls später als Schriftstellerin hervorgetretene Tochter Florence in dem Buch »The Frisbies of the South Seas« nieder. Friesbie hatte nie aufgehört, von dem heute unbewohnten Atoll Suwarrow zu schwärmen. Er war es, der den Australier Tom Neale dazu bewegte, sich dort als Einsiedler bis kurz vor seinem Tod niederzulassen. Die Erfahrungen des Südseehagestolzes sind in dem Buch »Südsee-Trauminsel« zusammengefasst, das in der Reihe Outdoorhandbuch erschienen ist. Auf dem Atoll kommt der im Pazifik selten gewordene »Palmdieb« vor, die größte lebende Krebsart mit nur einer stark ausgeprägten Krebsschere. Der Palmdieb ist ein geschickter Kletterer und holt sich seine Nahrung aus den Palmen, denn er ist in der Lage, Kokosnüsse zu knacken. Sein Fleisch wird beispielsweise auf den Ryukyu-Inseln südöstlich Japans und dem Tuamotu-Atoll in Französisch-Polynesien von den Eingeborenen sehr geschätzt. Doch Vorsicht, es ist beim Verzehr auch schon zu Vergiftungen gekommen, da der Krebs Toxine von verzehrten Pflanzen einlagert. Ein ausgewachsener Palmdieb greift bei Bedrohung sogar Menschen an.

Seit 1978 ist Suwarrow mit der Hauptinsel Anchorage Island wegen seiner einmaligen Fauna und Flora Nationalpark der Cookinseln. Die Ehefrau des Schriftstellers Robert Louis Stevenson schrieb über das Atoll, es sei die romantischste Insel der Erde. Und in der Tat, es umgibt sie ein besonderer Hauch von Mysterien. Immer wieder ist von verschwundenen Schiffen die Rede, sechs Galeonen der Spanier gingen in den 250 Jahren des Verkehrs zwischen Mexiko und den Philippinen in den für diese Breiten typischen Taifunen verloren, drei weitere wurden als Wracks registriert. Zwar verlief die Schifffahrtsroute weiter nördlich, doch es liegen auch Berichte vor, wonach manche Kapitäne eine südliche Route wählten. Weitere sechs europäische Schiffe gingen zudem zwischen 1526 und 1768 in diesem Gebiet unter. Immerhin wurde auf Suwarrow einmal eine Kiste mit Münzen im Wert von 15.000 Dollar gefunden. Zudem kamen in einem Schildkrötennest Silberwaren ans Tageslicht. Rätsel geben auch aufgefundene Brennöfen, ein Steinschlossgewehr und ein Skelett mit einem Eisenriegel in der Hand auf.

Einen gruseligen Seitenaspekt liefert die traurige Berühmtheit Ann Butchers, einer beherzten Engländerin, die als erste und einzige weiße Frau dem Kannibalismus der Maoris zum Opfer fiel. Sie war die Geliebte des Kapitäns der britischen CUMBERLAND, die 1814 bei Rarotonga vor Anker ging. Ihre Besatzung machte sich auf die Suche nach dem wertvollen Sandelholz, fand aber keines. Es kam dabei zu Streitigkeiten mit den Eingeborenen, in deren Verlauf viele Seeleute den Tod fanden, auch Ann Butchers. Ihre Überreste sind auf der Insel begraben.

Papua-Neuguinea

Am östlichen Rand des Pazifiks liegt die nach Grönland zweitgrößte Insel der Erde – Neuguinea, ein ungeschliffenes Juwel nördlich Australiens und im Osten von Indonesien. Gleichzeitig ist das in weiten Teilen wilde Eiland nach dem Vielinselstaat Indonesien und Madagaskar der drittgrößte Inselstaat der Erde. Auf seinem Territorium befinden sich die mit reichhaltigsten Korallenriffe auf dem Globus, der größte tropische Urwald Australasiens und die üppigste Biodiversität der Erde außerhalb des Amazonasbeckens. Zudem herrscht mit über 1.000 indigenen Sprachen eine geradezu babylonische Sprachenverwirrung. Das Eiland ist zugleich eine politisch zweigeteilte Insel. Der Westen (Irian Jaya) wurde 1963 von Indonesien übernommen. Der Osten beherbergt den eigenständigen Staat Papua-Neuguinea mit der Hauptstadt Port Moresby.

Die äquatornahe Insel im Gebiet des Ring of Fire umfasst bei einer Länge von 2.400 Kilometern und einer Breite von 400 Kilometern eine Fläche von 786.000 Quadratkilometern und ist damit mehr als zweimal so groß wie die Bundesrepublik. Während Deutschland 81 Millionen Bürger zählt, leben auf dem gebirgigen Neuguinea (höchster Berg: Jaya mit 5.030 m) gerade mal 7,5 Millionen. Vor rund 8.000 Jahren trennte sich die Insel nach der letzten Eiszeit durch die Torresstraße vom australischen Kontinent. Mehrere steile Gebirgszüge mit zum Teil aktiven Vulkanen durchziehen sie und machen sie schier unwegsam. Und während ihre Entdecker noch von weißen Gletscherkappen in den Tropen schwärmten und für Lügner gehalten wurden, trat im 20. Jahrhundert als Folge des Klimawandels ein fast vollständiger Gletscherschwund ein. Heute zeugen nur noch winzige Reste von der einstmaligen Pracht. Der Westen Neuguineas ist wegen seiner schwierigen Zugänglichkeit bis heute nicht vollständig kartografiert, selbst die Satellitenobservation ist aufgrund der dauerhaften Wolkenbildung über den riesigen Bergregenwäldern lückenhaft.

Den Besucher dieser seltsam verzauberten urtümlichen Insel fasst etwas Urzeitliches an, begegnet er gar den Bewohnern des Regenwaldes und der Gebirge. Bei vielen Stämmen herrscht der Brauch der Körperbemalung, manchmal mit extremen Auswüchsen, oft auch zur Abschreckung von Feinden. Viele Männer tragen noch heute lange, röhrenförmige Penishüllen, was in Irian Jaya die islamistisch militant geprägten Behörden wegen des angeblich sexistischen Charakters der Hüllen zum Verbot animierte. Natur- und Baumgötter sowie Ahnenkulte beherrschen das Denken der Hochlandvölker. Viele Missionsversuche scheiterten, obwohl heute die Mehrheit der Bewohner christlichen Glaubensgemeinschaften anhängt.

Fremdenverkehr in Papua-Neuguinea: das heißt Tourismus ohne Masse, das Erleben einer aufregenden uralten Kultur, Tauchen in fast unberührten Revieren, in intakten Korallengärten und -schluchten oder zu den vielen Wracks aus dem Zweiten Weltkrieg. Er schließt Baden und Sportfischen in glasklarem Wasser ein, berauschende Kanufahrten auf Flüssen, Trekking und die Begegnung mit der örtlichen Bevölkerung. Bei Birdwatching-Touren begegnet der Vogelfreund über 700 Vogelarten, darunter dem Wappenvogel des Landes, dem Paradiesvogel. Von ihm gibt es alleine 43 verschiedene Spezies. Weltberühmt sind auch die 3.000 Orchideenarten (Europa hat gerade mal so viele Pflanzenarten überhaupt). Zudem bietet das Land eine verschwenderische Fülle von Schmetterlingen (455 Arten) und Amphibien (400 Arten). Insgesamt werden 11.000 Pflanzengattungen gezählt. Immer wieder stoßen Naturforscher auf neue, bislang unbekannte Spezies, beispielsweise bei Fröschen und Spinnen. Der bis zu zwei Meter lange Grüne Baumphyton ist die ungiftige Riesenschlange dieser Region, berühmt für ihre Umfärbung nach einer Entwicklungszeit von zehn Jahren von Rot oder Gelb auf Grün. Für manche Eingeborenen ist sie ein Leckerbissen und eine Bereicherung des Speisezettels.

Das Krokodil nimmt in der Mythologie eine besondere Stellung ein bis hin zur Verehrung als Schöpfergottheit. Besondere Beachtung bei Reisende in Australien und Südostasien bis zu den Neuen Hebriden, in Fidschi und in der gesamten ozeanischen Inselwelt bis Palau findet das Salzwasserkrokodil, auch Leistenkrokodil genannt. Einzelne Exemplare wurden schon bis 1.000 Kilometer vom Land entfernt gesichtet. Das Salzwasserkrokodil ist für Menschen gefährlich. Es kommt regelmäßig zu Attacken. Aus dem Jahr 2002 ist der Fall einer getöteten deutschen Touristin in Australien bekannt.

Die großen Flüsse des Landes, wie etwa der Maberamo in Irian Jaya, münden in riesigen, Mangroven bestandenen Deltas. In den Regenzeiten setzen sie große Teile des Tieflandes unter Wasser. Sie beherbergen indigene Völkerschaften, die bislang noch keinen Kontakt zur westlichen Zivilisation hatten. Größter Fluss des Landes ist der Sepik mit einer Länge von 1.126 Kilometern. Er gilt als eines der bedeutenden Flusssysteme der Erde und dürfte biologisch das größte unvergiftete Frischwasserreservoir im asiatisch-pazifischen Raum sein. Im Bereich der großen Mienen am Oberlauf anderer Flüsse werden Mengen von Gift in den Ozean geschwemmt.

Wer im Hochland ein so genanntes »Sing Sing« mitmachen kann, bucht für sich ein Erlebnis besonderer Art. Das »Sing Sing«, eine wilde Festlichkeit, findet oft spontan statt, weil zwei Clans Frieden geschlossen haben, gerade eine Hochzeit gefeiert wird oder eine andere Familienfete angesagt ist. Die Feuer leuchten weithin in die Nacht, die Trommeln wirbeln, die bemalten und herausgeputzten Krieger mit manchmal zwei Meter hohem Kopfschmuck tanzen wild. Auch heute noch sind viele der Männer wilde und grausame Stammeskämpfer, ihre Dörfer oft noch mit Schlammwällen und auf der Krone angespitzten Pfählen geschützt. Der Besucher denkt dabei vielleicht an Kopfjäger und Kannibalismus. Sollte es ihn wirklich noch geben, dann nicht in jenem Teil des Hochlandes, der ihm zugänglich ist. Belegt scheint, dass der Stamm der Fore aus rituellen Gründen das Fleisch verstorbener Angehöriger verspeiste.

Die Besiedlung dieser fernen Welt begann vor rund 60.000 Jahren von Westen her mittels kleiner Boote aus Baumstämmen. Vor rund 10.000 Jahren wurde bereits Ackerbau betrieben. Spanische und portugiesische Seefahrer waren die ersten Europäer, die die riesige Insel zu Beginn des 16. Jahrhunderts zu Gesicht bekamen und ihr den Namen gaben. Das

Wort Papua ist dem Malayischen entlehnt, wo es so viel wie kraus bedeutet und sich auf die krausköpfigen Melanesier bezieht. Der Begriff Neuguinea stammt von dem spanischen Navigator Iñigo Ortiz de Retez, der 1545 landete und die Küste mit Guinea in Afrika verglich. An ihr war er zuvor vorbeigesegelt. Die eigentliche Kolonisation begann 1828 durch die Niederlande, dann griffen sich Großbritannien und der deutsche Kaiser den Rest, Deutschland den Nordosten. Er hieß fortan Kaiser-Wilhelms-Land. Nicht von ungefähr trägt einer der höchsten schneebedeckten Berge den Namen Mount Wilhelm (4.509 m).

Das neu entdeckte Land war vor allem wegen seiner Vorkommen an Naturschätzen wie Gold und Kupfer begehrt, heute tragen auch Erdöl und Kaffee zu einem beträchtlichen Exportüberschuss bei. Während Waren für fast fünf Milliarden Euro ausgeführt werden, erreichen die Importe noch nicht einmal eine Milliarde.

Die schlimmste Kolonialisierung allerdings erlebten die Papua Anfang der 1960er Jahre, als die Truppen Indonesiens in Irian Jaya einmarschierten. Die Regierung in Jakarta begann sogleich mit der Vertreibung der Papua aus den besetzten Gebieten und siedelte dort Indonesier an. Insgesamt verloren dabei rund 300.000 von ehemals 700.000 Papua ihr Leben und mussten 800.000 Einwanderern Platz machen. »Transmigrasi« heißt der offizielle Begriff Djakartas für dieses schreiende Unrecht an der indigenen Bevölkerung. Der Osten erhielt unter dem Namen Papua-Neuguinea die volle Souveränität. Somit ist die große Insel eine von vielen, die politisch in zwei Hälften zerrissen ist wie etwa in der Karibik Hispaniola in Haiti und die Dominikanische Republik.

Die Salomonen

Eine Fortsetzung Papuas nach Osten stellt die vulkanische Inselgruppe der Salomonen dar, die seit 1987 unabhängig ist, eine Fläche von 28 000 Quadratkilometern bedeckt und von 550.000 Menschen bewohnt wird. Die größten Inseln sind Guadalcanal (höchste Erhebung Mount Popomanaseu mit 2.335 m), Santa Isabel und Makira. Rund 992 Inseln und Atolle schließen sich an. Die Bevölkerung ist noch weitgehend indigen und stammt aus einer Besiedlungswelle aus den Jahren 1.000 n. Chr.

Als Entdecker dieser Inselwelt gilt der Spanier Alvaro de Mendaña de Neyra, der 1568 den südlichen Teil des Archipels erforschte. Allerdings gingen die genauen Daten über die Position nach seinem Ableben verloren. Der Name Salomonen wurde den Eilanden verliehen, weil die Spanier in ihrem Goldfieber zunächst dachten, das sagenhafte Goldreich des antiken Königs Salomon gefunden zu haben. Erst Philipp Carteret von der Insel Jersey setzte das Werk fort, als er 1767 an der Ostküste der Salomoneninsel Gower Island anlandete. Der Franzose Louis de Bougainville schließlich rundete das Bild durch seine Erforschung des nördlichen Bereichs ab. Eine wechselvolle Geschichte überrollte die Inseln, deutsche Kolonialisten, japanische Besetzer, die Schlacht um Guadalcanal zwischen den USA und Japan prägten das Geschehen, bis es endlich 1978 zur Bildung des eigenständigen Staates Salomonen kam. Doch dann erschütterten ethnische Konflikte die Inselwelt. Zwischen

1998 und 2003 tobte ein Bürgerkrieg. Er hatte schließlich das Eingreifen des australischen Militärs zur Folge, um wieder Ruhe und Ordnung in dem fast ruinierten Land herzustellen. 2006 kam es erneut zu Ausschreitungen. Die Hauptstadt Honiaras glich einem Hexenkessel. Das chinesische Viertel wurde geplündert und abgebrannt. Hunderte Chinesen mussten in Flüchtlingslager ausweichen oder wanderten gleich in benachbarte Staaten aus. Wie in vielen Regionen Ozeaniens und Südostasiens haben geschäftstüchtige Händler und Unternehmer aus dem Reich der Mitte die ökonomischen Fäden in der Hand und sehen sich deswegen von Zeit zu Zeit Anfeindungen gegenüber, ähnlich den Indern in Ostafrika.

Im Jahr 2003 flimmerten erschreckende Bilder von der Insel Tikopia über die Fernsehschirme der Welt. Dort stand, so zeigten die ersten Luftaufnahmen, nach einer verheerenden Flut kein Haus mehr, alle Bäume waren wegrasiert. Jedermann rechnete mit dem Tod der 2.000 Insulaner. Doch wie durch ein Wunder konnten sich alle rechtzeitig im Hinterland in Sicherheit bringen und überlebten. Dafür traf sie 2007 nach einem Seebeben der Stärke 8,0 auf der Richterskala ein Tsunami mit zehn Meter hohen Wogenmonstern und zerstörte 900 Häuser, tötete 43 Menschen und machte 5.000 obdachlos.

Die Salomonen sind auch ohne solche Naturkatastrophen einer der ärmsten Staaten Ozeaniens. Große Mineralienvorkommen an Gold, Kupfer, Bauxit, Zink, Phosphaten, Blei, Kobalt und Silber sind zwar ihre wirtschaftlichen Stärken, allerdings werden sie wegen der durch heftige ethnische Konflikte zerstörten Infrastruktur nicht ausgeschöpft. Einen wesentlichen Faktor für die Einnahmen des Staates bildet deshalb der Fremdenverkehr. Er stützt sich vornehmlich auf Taucher und Angler. Gegenwärtig wagen sich nach den Unruhen wieder etwa 21.000 Touristen jährlich (Zunahme gegenüber 1999 um 62 Prozent) ins Land. Verbindungen gibt es von Nadi/Fidschi, Port Vila/Vanuatu und Brisbane/Australien. Meist landen die Flugzeuge nur auf Graspisten, die eine Anbindung von etwa 20 lokalen Zielen ermöglichen.

Fidschi

Die »Republic of Fiji Islands Matanitu Tu-Vaka-i-koya ko Viti«, wie der offizielle Name des Inselstaates im Südpazifik lautet, ist zwar seit 1970 unabhängig, macht seither aber durch einen Putsch nach dem anderen von sich reden. Die verstorbene Kölner Schlagersängerin Trude Herr (»Ich will keine Schokolade, ich will lieber einen Mann«) hatte Fidschi in einem Nostalgieanfall als ihr Paradies auserkoren. Sie ist indes nicht der einzige deutschsprachige Bürger, der dem Charme Fidschis erlag. Auch den österreichischen Milliardär und zweitreichsten Mann der Alpenrepublik, Dietrich Mateschitz, zog es in die Welt der 322 Inseln. Mateschitz, der den Energiedrink »Red Bull« bekannt machte, kaufte sich gleich eine ganze Insel, Laucala, und errichtete dort ein Luxusresort mit nur 25 Residenzen für Betuchte aus aller Welt, die ganz unter sich sein wollen, denn die Preisliste beginnt bei 3.800 US-Dollar pro Nacht.

Größte Insel der Gruppe ist Viti Levu mit der Hauptstadt Suva. Eine internationale Drehscheibe im pazifischen Flugverkehr ist der Airport von Nadi. Die Hauptinseln Vanua

Levu und Viti Levu nehmen fast neun Zehntel der Landesfläche von 18.000 Quadratkilometern ein. Weit außerhalb des eigentlichen Staatsgebietes gehört noch das 570 Kilometer nördlich der Insel Viti Levu gelegene Rotuma Island zu Fidschi. Es spielte einst bei der Suche der englischen Marine nach den Meuterern der BOUNTY eine Rolle. Die mit der Suche beauftragte MS PANDORA konnte den misstrauischen und kriegsbereiten Einwohnern gerade mal gegen Geschenke etwas Proviant abluchsen. Auch das unbewohnte Atoll Ceva-i-Ra, 450 Kilometer südwestlich Fidschi, zählt zum Staatsgebiet der Republik. Von den 830.000 Einwohnern, die derzeit mit Notstandsgesetzen regiert werden, lebt nahezu die Hälfte in der Hauptstadt. 57 Prozent setzen sich aus Angehörigen der ursprünglichen melanesischen Bevölkerung zusammen, 37 Prozent sind Inder. Sie geraten immer wieder wegen ihrer Geschäftstüchtigkeit unter Beschuss. Auch hier, wie vielfach in der Südsee, ist Fettleibigkeit Trumpf.

Abel Tasman war der Erste, der das vor ungefähr 3.000 Jahren aus Südostasien besiedelte Inselreich entdeckte. Sandelholzhändler und europäische Pflanzer ließen sich in der Folgezeit nieder, bis 1874 Fidschi englische Kronkolonie wurde. Das führte zur heutigen Durchmischung mit Indern, denn die Briten holten aus Indien billige Arbeitskräfte in ihre Baumwollplantagen, ähnlich wie in der Karibik in Trinidad und Tobago. Obwohl die Majorität christlichen Bekenntnissen anhängt und nur acht Prozent Muslime auf Fidschi leben, ist der Geburtstag des Propheten Mohammed amtlicher Feiertag. Widersprüchlich erscheint auch das Verbot der Homosexualität bei gleichzeitigem Untersagen einer Diskriminierung Gleichgeschlechtlicher in der Verfassung. Das dürfte auf der Erde einmalig sein.

Landschaftlich ist Fidschi ein Traum und bietet eine vielfältige Pflanzen- und Unterwasserwelt: blaue Lagunen, ein Regenwald mit wildem Ingwer, Würgefeigen, Farnen und Urwaldriesen. Flughunde segeln durch die Luft, Leguane klammern sich an Äste. Wolken von Schmetterlingen tanzen durch die Luft, die Zikaden zirpen

Fidschi hat viel zu bieten, allerdings auch wieder eine brutale Militärdiktatur. Kriminelle lauern an allen Ecken, Willkür herrscht, Milizen bestimmen das Bild, Australien hat eine Reisewarnung ausgegeben, Fidschi wurde zudem aus dem Verband der ozeanischen Staaten ausgeschlossen. Es scheint für den Besucher angebracht, nicht auf eigene Faust durchs Land zu reisen. Die meisten ausländischen Journalisten wurden bereits ausgewiesen. Vielleicht merkt der gut behütete Pauschaltourist nicht so viel davon, meidet er die Städte und abends einsame Strände.

Niue

Diese kleine, von nur 1.400 Einwohnern besiedelte Insel im Südpazifik zwischen Neuseeland und Tonga ist ein Musterbeispiel für einen besonderen Typ von Koralleninseln, das so genannte »gehobene Atoll«. Sie wurde durch zwei Erdbeben aus dem Meer bis zu 67 Meter hochgepresst und weist 30 Meter steil abfallende Küsten auf. Deswegen hat die Küste so gut wie keine Strände, allerdings viele Schluchten und Höhlen. Entdeckt wurde sie von James Cook, der wegen einer extrem feindlich gesinnten Bevölkerung nicht landen konnte. Deshalb verlieh er ihr den Namen »Savage Island« (Insel der Wilden).

Um 1846 bekehrten englische Missionare die im 10. Jahrhundert eingewanderte Bevölkerung zum Christentum. 1974 wurde ein Assoziationsabkommen mit Neuseeland unterzeichnet. Die Einwohner Niues sind demnach gleichzeitig Bürger Neuseelands. Die Regierung in Wellington nahm inzwischen mehr als 20.000 Inselbewohner auf. Die Abwanderungsbewegung hält an.

Das Internetzeitalter bescherte Niue eine interessante Einkommensquelle. Das Kennzeichen nu, das in manchen Ländern jetzt bedeutet, lockte 900 Nutzer mit 382.600 Hosts an. Als erstes Land auf der Erde ist der kleine Staat auf dem Wege, seine Elektrizität ausschließlich durch Windkraft zu decken. Sportlich sind die Einwohner auf der Höhe, betreiben zwei Fußballmannschaften und ein Rugbyteam, das 2003 das viel höher eingeschätzte Japan schlug.

Für den Tourismus ist die Insel wenig interessant, da es außer der 67 Kilometer langen Rundstraße kaum eine Infrastruktur gibt. Ein kleiner Flughafen hält die Verbindung mit Apia/Samoa und Auckland/Neuseeland. Da Niue keinen Hafen hat, müssen alle Güter von vor Anker liegenden Schiffen mit Zubringerbooten an Land geschafft werden. Gleichwohl wirbt Niue mit einem farbigen, vielversprechenden Prospekt, den eine bildhübsche Polynesierin vor einem Wal ziert.

»Fakaalofa lahi atu! Welcome, schwimme mit Delfinen und Walen, wandere zwischen Wolken von Schmetterlingen in einem jungfräulichen Regenwald, tauche in dramatischen Unterwasserkathedralen im klarsten und reinsten Wasser der Erde, schaue dir den Fels Polynesiens doch einmal persönlich an.« Ein verlockend klingendes Angebot für Reisesnobisten und betuchte Weltenbummler, die mit ausgefallenen Zielen punkten wollen. Massentourismus, das scheint sicher, wird es in dem abgelegenen Zwergstaat kaum geben.

Neuseeland

Die südlichste Spitze des polynesischen Dreiecks bildet die große Doppelinsel Neuseeland, in deren Flagge das Kreuz des Südens einen dominierenden Platz einnimmt. Das markante Sternbild war es auch, das frühen polynesischen Seefahrern den Weg in dieses wohl üppigste und fruchtbarste Land ihrer Besiedlung wies, so wie im Norden der Polarstern die Wikinger auf ihren kühnen Fahrten über den Atlantik lange vor Kolumbus bis nach Nordamerika lotste. Die Ankömmlinge nannten die Neuentdeckung Aotearoa, das Land der langen weißen Wolke. Die erste Besiedlungswelle begann Ende des 13. Jahrhunderts. Jedes Jahr wird am 6. Februar die Vertragsunterzeichnung von 1840 zwischen den Maoris und den Kolonisten mit einem farbenprächtigen Festival gefeiert. Der Ort der Feierlichkeiten ist Waitingi. Dort fand nach langen blutigen Scharmützeln der Vertragsabschluss statt. Das Versammlungshaus in Waitingi dient dazu, die alte Kultur hochzuhalten. Es ist reich mit meisterlichen Schnitzereien verziert. Zum Haus gehört auch ein original nachgebautes Kriegskanu.

Bevor für den Bau Holz geschlagen wurde, erfolgten Anrufungen des Waldgottes Tane-mahuta. Es galt, ihn versöhnlich zu stimmen. Aber erst, nachdem eine weise Frau mit einem präzise vorgeschriebenen Ritual die Schwelle im ersten Büchsenlicht überschritten hatte, wurde das Gebäude für die anderen Maori frei. Die Zeremonie sollte die noch in dem Holz wohnenden Geister zurück zu ihrem Gott leiten. Die Maori, obwohl sie nur noch acht Prozent der neuseeländischen Bevölkerung ausmachen, haben immer ihre Traditionen hochgehalten. Das ist umso bemerkenswerter, als die Polynesier dieser Breiten keinerlei Schrift kennen. Stammesmythologie und Folklore wurden in Schnitzereien verewigt. Gelehrte alte Männer gaben die komplizierte Genealogie und die uralten Legenden von Generation zu Generation weiter.

Eigne dir mit deinen Händen die technischen Fähigkeiten und Berufe der Weißen an.

Das zunächst in vielen, oft kriegerischen Auseinandersetzungen gewachsene Volksgefühl kommt am besten in einem Eintrag des Gelehrten Apirana Ngata in das Poesiealbum einer Schülerin zum Ausdruck: »Wachse heran, Du zarte Pflanze, um die Bedürfnisse Deiner Generation zu erfüllen und eigne Dir mit Deinen Händen die technischen Fähigkeiten und Berufe der Weißen an, damit Du es zu etwas bringst. Dein Herz bleibe bei der Kultur der Maori, zu Deiner Inspiration. Trage sie wie einen Federschmuck auf Deinem Kopf, und Deine Seele widme Gott, dem Schöpfer aller Dinge.« Die Sprache der Maori ist weich und blumenreich, für Europäer oft unaussprechlich. So existiert beispielsweise im Distrikt Hawkes Bay eine aus 62 Buchstaben bestehende Ortsbezeichnung. Sie lautet schlicht: »Taumatawhakatangihangaokoauauotomateapokaiwhenuakitanatanatuhu«. Übersetzt heißt das: »Die Kante des Berges, auf dem Tamatea, der durch das ganze Land reiste, für seine Geliebte die Flöte spielte.« Nach einer langen Zeit der Geringschätzung und Diskriminierung der Maoris feiert heute deren Kultur und Kunst eine Renaissance. Allerdings greift auch der Islam geschickt nach dieser Klientel und fördert ihren neuen Nationalismus. Die Zahl seiner Anhänger ist in den letzten Jahren sprunghaft gewachsen. Sie sind stolz darauf, dass ihre »Dunedin's Al-Huda«-Moschee die auf der Südhalbkugel von Mekka am weitesten entfernte muslimische Gebetsstätte ist.

Eine besondere Bedeutung kommt dem Halsanhänger der Maoris aus neuseeländischer Jade, dem Mineral Nephrit, zu. Er verleiht angeblich, weitergegeben von bedeutenden Maoris von Generation zu Generation, große Macht. Für seine Herstellung arbeitet ein Künstler oft mehrere Jahre, denn der Nephrit ist härter als Fensterglas. Auch die Tätowierung des Gesichts und manchmal des ganzen Körpers spielt eine große Rolle. Der Brauch ist heute allerdings stark zurückgegangen. Der amerikanische Schriftsteller Mark Twain, der auf Hawaii einen solchen »Heiden« erblickte, kommentierte bissig: »Hals und Gesicht sind derart tätowiert, dass er an den vertrauten Anblick eines Unglücklichen vom Reese River erinnert, der eine Minenexplosion überlebt hat.«

Der Mammutfilm in drei Teilen »Herr der Ringe« nach dem Roman des Südafrikaners John Ronald Reuel Tolkien machte schließlich dem Rest der Welt klar, welch grandiose Landschaften den Zauber von Neuseeland ausmachen. Schneebedeckte Gebirge, Gletscher, Vulkane, Wälder, schroffe Steilküsten und pittoreske Fjorde, Dschungel und wilde Flüsse, gewaltige Naturhäfen, Ebenen, rund 700 kleine Inseln. Neuseeland bietet auf kleinem

Raum so ziemlich alles, was das Gesicht der Erde an Landschaften prägt. Mit seinen rund 270.000 Quadratkilometern ist es größer als das politische Mutterland Großbritannien, um 88.000 Quadratkilometer kleiner als die Bundesrepublik. Die Einwohnerzahl liegt bei 4,3 Millionen gegenüber den 61 Millionen im Vereinigten Königreich. Das dünn besiedelte Land ist deshalb nicht nur ein Traumziel für viele auswanderungswillige Bewohner anderer Staaten, es ist auch ein interessantes und abwechslungsreiches Urlaubsland mit guter Infrastruktur und einer interessanten Historie. Zurzeit nimmt Neuseeland eine auf 45.000 limitierte Anzahl von Immigranten auf. Dabei bilden Schulbildung und frühere Beschäftigung ein Punktebewertungssystem.

Am Ring of Fire gelegen, wird das Land der weißen Wolke gelegentlich von heftigen Naturereignissen heimgesucht, wie Erdbeben und Vulkanausbrüche. Die Mehrzahl der Bewohner ballt sich um die Hafenstadt Auckland, die mit ihrem riesigen Naturbecken auch ein Dorado der neuseeländischen Blauwassersegler ist. Sie sind raue Breiten und schwere Seen gewohnt und reden schon deshalb bei internationalen Regatten ein gewichtiges Wort mit. Wie Irland in Europa, so wird auch Neuseeland in Ozeanien als die grüne Insel bezeichnet, denn sie bietet trotz einer florierenden Industrie viel unberührte Natur, nutzt große landwirtschaftliche Flächen und ist wegen ihrer dünnen Besiedlung nicht zubetoniert.

Das Wappentier des Landes ist der Laufvogel Kiwi. Das brachte den Bewohnern im Pazifik den Spitznamen »Kiwis« ein. Ursprüngliche andere Vögel wurden von den polynesischen Einwanderern zur Nahrungsbeschaffung bejagt und bald völlig ausgerottet. Dazu gehört der größte Greifvogel der Neuzeit, der Haastadler mit einer Spannweite von drei Metern, der sogar kleinen Kindern zur Gefahr werden konnte. Die letzten Exemplare wurden um 1700 gesichtet. Auch der Moa, ein pflanzenfressender, großer Laufvogel, starb aus, weil er ein begehrter Fleischlieferant war. Die polynesischen Zuwanderer fanden keine Säugetiere vor. Diese hatten den Sprung über das Meer nicht geschafft.

Einem Kontinent kann die Doppelinsel nicht zugeordnet werden, da sie sowohl auf der Australischen als auch auf der Pazifischen Platte liegt, einerseits von Australien her dem europäisch geprägten Kulturraum angehört als auch andererseits durch die Maoris dem polynesischen. Nord- und Südinsel werden durch die nur 23 Kilometer breite, für Seefahrer wegen heftiger Windböen gefährliche Cookstraße getrennt. Auf der Nordinsel liegen die Hauptstadt Wellington und der große Naturhafen Auckland mit einem internationalen Flughafen. Er fungiert als Drehscheibe zwischen Amerika, Hawaii, Ozeanien, Australien, China und Japan. Auch die bereits 1.000 Kilometer entfernten Kermadecinseln gehören zum Staatsgebiet, ebenso wie die subantarktischen Inseln, etwa die Bountygruppe im südöstlichen Pazifik. Ihr Betreten ist wegen der dort lebenden seltenen Tiere verboten. Sie wurde von Kapitän Bligh entdeckt, der sie nach seinem Schiff benannte.

Auch die weit im Süden auf dem 52sten Breitengrad liegenden Campell-Inseln gehören zu Neuseeland, ebenso wie die Antipoden-Inseln, die genau dem französischen Cherbourg gegenüber auf dem Globus angesiedelt sind. Der Versuch, sie für die Rinderzucht zu nutzen, scheiterte an dem rauen Klima. Allerdings diente sie Robbenjägern als Unterschlupf. Mit dem Fang von 400.000 dieser Pelztiere von 1814 bis 1815 erreichte das blutige Abschlachten dieser Tiere einen traurigen Höhepunkt. Neben den Bountyinseln sind die Campells die einzige Brutstätte des seltenen Kronenpinguins. Die Great-Barrier-Insel wiederum im Norden von Auckland zieht zahlreiche Sommertouristen an. Bekannt ist sie bei Philatelisten. Bis zur Eröffnung einer Telegrafenverbindung 1908 war die einzige postalische Möglichkeit der Postbeförderung eine Taubenpostlinie. Für sie wurden sogar eigene Briefmarken gedruckt. Tauben als Briefkuriere flogen auch lange Zeit zu den deutschen Leuchttürmen. Die 800 Kilometer entfernt im Osten Neuseelands an der Datumsgrenze liegenden Chatham-Inseln rückten zur Millenniumswende mit einer besonderen Feier für Snobs zur Jahrtausendwende in den Blickpunkt der Öffentlichkeit. Sie wurden einst von den polynesischen Morriori besiedelt, einem inzwischen ausgestorbenen Volksstamm. Mitte des 19. Jahrhunderts sollte dort eine deutsche Kolonie entstehen, ein Projekt des Hamburger Reeders Karl Sieveking. Einer Männergruppe folgte eine Frauengruppe, doch das Projekt misslang.

Viele zu dieser Inselwelt gehörende kleine Eilande sind bedeutende Brutstätten von Seevögeln. Neuseeland beansprucht zudem das zweimal größere und rund 3.000 Kilometer entfernte Rossgebiet in der Antarktis. Dort wird sogar ein Postamt, wieder unter Verwendung einer eigenen Briefmarke, betrieben. Mit diesem Anspruch stößt die Regierung in Wellington allerdings auf den Widerstand anderer Nationen, die alle an den in der Antarktis vermuteten Bodenschätzen interessiert sind. Vom 1.600 Kilometer entfernten Australien ist Neuseeland durch die Tasmanische See getrennt.

Die Vulkane Ngauruhoe (2.291 m), Tongariro (1.978 m) und Ruapehu (2.797 m) wurden von der UNESCO zum Weltnaturerbe erklärt. Der Anblick des Ngauruhoe besticht durch seinen blendend weißen Kegel. Im 20. Jahrhundert brach er alleine 45-mal aus, zuletzt 1975. Im Film »Herr der Ringe« verkörperte der wilde Feuerspeier den so genannten Schicksalsberg. Der Ruapehu ist die höchste Erhebung der Insel. Nördlich von ihm liegt der 616 Quadratkilometer große Tauposee, der Rest einer ungeheuren vulkanischen Eruption vor etwa 22.600 Jahren. Heute ist er als Urlaubsgebiet vor allem bei Anglern beliebt. Er speist die Kaskaden der Huka-Wasserfälle – eine der schwierigsten Herausforderungen für lebensmüde Kajakfahrer, die bisher nur einmal bestanden wurde.

Deutlich höher sind die alpinen Gebirgsketten der Südinsel, eine dramatisch schöne und wilde Landschaft. Wer sie mit dem Flugzeug passiert, wird fast sprachlos. Die höchste Erhebung dort ist der Mount Cook mit 3.754 Metern. Insgesamt haben 17 Gipfel eine Höhe von über 3.000 Metern. Einige ihrer Gletscher schieben sich durch sämtliche Vegetationszonen bis in die küstennahen Regenwälder. Große Teile des Südwestens stehen unter Naturschutz.

Wer aus der Südsee mit dem Jet in Auckland landet, der sollte sich warm anziehen, gegenüber der tropischen Schwüle etwa auf Tonga oder Samoa kann es hier mit Graden knapp über Null morgens empfindlich kalt sein. Ansonsten gilt das Klima als maritim gemäßigt. Neuseeland liegt immerhin in der Zone der »brüllenden Vierziger«, Winde, die ziemlich ungehindert in westöstlicher Richtung um den Globus blasen und bei ihrer nur dreimaligen Landberührung in Tasmanien, Neuseeland und Feuerland für reichlich Niederschläge sorgen. Mit einer Länge von 425 Kilometern ist der in die Tasmansee mündende Waikato der längste Fluss des Landes. Seine Ufer sind noch heute das bevorzugte Siedlungsgebiet der Maori.

Die Pflanzenwelt der einst von der Welt abgeriegelten Inseln gehört zu den außergewöhnlichsten der Erde. 85 Prozent der Pflanzen sind endemisch. Vor der Ankunft der Maori waren 80 Prozent des Landes mit Wäldern bedeckt, heute sind es noch 24 Prozent. Beispielgebend ist Neuseeland im Naturschutz. Auf einigen Inseln wird versucht, alle eingewanderten Tierarten zu eliminieren, um die einheimischen zu schützen und nachwachsen zu lassen.

Die Highlights der Randmeere

Die westlichen Randmeere des Pazifiks bestechen durch eine Vielzahl touristischer Glanzlichter, sei es auf den *Philippinen*, in *Vietnam*, *Taiwan*, *Thailand*, *Malaysia* oder auf den verschiedenen Inseln *Indonesiens*, von denen sich *Bali* ganz besonderer Beliebtheit erfreut.

Die Fülle der dort gebotenen Attraktionen für den Badetouristen, den Globetrotter und Abenteurer, den interessierten Botaniker, Völkerkundler und Vogelliebhaber, den Fan exotisch würziger Speisen würde den Rahmen dieses Buches sprengen und kann deshalb nur gestreift werden. Großer Beliebtheit, auch bei Deutschen, erfreut sich die kleine Badeinsel Borokay, etwa in der Mitte des philippinischen Archipels. Puerto Gelera ist ebenfalls eine Destination für Wassersportler und verfügt über einen gut geschützten Yachthafen.

Die Problematik der Islamisten in einigen dieser Destinationen darf dabei nicht unerwähnt bleiben, kommt es doch, etwa durch Bombenattentate auf Bali und spektakuläre Entführungen in der Sulusee, immer wieder zu erheblichen Gefahren für den Reisenden. So wurde die Göttinger Lehrerfamilie Wallert im Jahr 2000 in einem malayischen Strandhotel der Insel Sipadan gekidnappt, mit dem Boot auf die philippinische Insel Jolo verfrachtet und kam erst nach einem langen Martyrium im Dschungel gegen Lösegeld frei.

Hintergrund solcher Aktionen ist der Masterplan der muslimischen Dschihadisten, in ganz Südostasien ein Kalifat, einen Gottesstaat, auf der Basis der strengen islamischen Rechtsordnung Scharia zu schaffen und alles Westliche als dekadent und sittenlos zu verbannen. Das geschieht beispielsweise schon in der indonesischen Provinz Aceh auf Java. Die Geiselnahmen dienen in der Regel der Finanzierung dieses Kampfes.

Besonders die südlichsten Eilande der Philippinen, wie Tawi Tawi, Jolo und Basilan, wären wegen ihrer Ursprünglichkeit und landschaftlichen Schönheit eines Besuches wert. Es ist jedoch dringend davon abzuraten, da die radikale Bewegung Abu Sayyaf trotz eines horrenden Militär- und Polizeieinsatzes der Zentralregierung in Manila ohne Unterlass für Todesopfer und Unruhen sorgt und zudem mit den Terrororganisationen in Indonesien und Malaysia vernetzt ist, Fäden bis nach Libyen, Saudi-Arabien und zur US-Terrorszene spinnt. Natürlich wird der Rest der mehr als 7.000 philippinischen Inseln, abgesehen von Teilen der großen Insel Mindanao, davon nicht tangiert, ebenso wie der Tourist in Malaysia oder in Thailand von diesen religiösen »Windstößen« im Untergrund nichts verspürt und sich gewöhnlich der Werbung »Malaysia – real Asia« und dem Zauber einer anderen, einer tropisch üppigen Welt mit ihren freundlichen Menschen und würzigen Speisen anvertrauen kann.

Kapitel 11

Am Scheideweg zur Weltherrschaft

Der 1951 geborene chinesische Brigadegeneral Liu Mingfu hat in seinem Buch »Chinas Traum« voller Nationalstolz niedergeschrieben, was die westliche Welt insgeheim seit Langem befürchtet. Schon der Franzosenkaiser Napoleon Bonaparte sah sich um das Jahr 1800 zu der Warnung veranlasst, dass der »schlafende Riese« China eines Tages erwachen könnte. Dieser Augenblick scheint im 21. Jahrhundert gekommen und er gibt Anlass, ein neues Kapitel im Buch der Geschichte aufzuschlagen, das des pazifischen Zeitalters.

»Chinas Traum«, ein Bestseller inzwischen, wird also Wirklichkeit, denn unaufhaltsam steigt das Heimatland des schreibgewandten Militärs mit seinen 1,3 Milliarden Bewohnern zur neuen Supermacht des 3. Jahrtausends auf, löst die atlantische Sicht aller Dinge in Rauch auf. Der Aufschwung im Land des Lächelns drängt die glorreichen Staaten von Amerika, »Gods own Land«, in eine neue, ungewohnte, sicher aber bescheidenere Position auf der Weltbühne zurück, ökonomisch, politisch, militärisch und sogar im erdnahen Weltraum, wahrscheinlich auf dem Mond und eines Tages vielleicht auch auf ferneren Himmelskörpern, wie dem roten Nachbarplaneten Mars. Liu Mingfu ist nicht irgendein emotional und nationalistisch durchgeknallter Offizier, er bekleidet das Amt eines Professors an der nationalen Verteidigungsuniversität und bildet das Elitekader der nächsten Offiziersgeneration aus.

»Es ist Chinas großes Ziel, im 21. Jahrhundert die Nummer eins in der Welt zu werden«, postuliert er selbstbewusst, »es gibt keine Grenzen für Chinas Aufstieg.« Zwar bremsen ihn, mit Rücksicht auf die manchmal zweifelhafte Reputation der kommunistisch-autoritären Volksrepublik in der Welt und die Ängste vieler Westbürger vor der »gelben Gefahr«, andere ranghohe Militärs etwas aus, doch der Tenor der Botschaft findet vor allem im Volke der immer selbstbewusster auftretenden Nation ein breites Echo. Zu lange hat die koloniale Unterdrückung der westlichen Supermächte, die Besetzung durch Japan, tiefe Wunden geschlagen. Zu lange währte die Agonie einer antiken Weltmacht, die bereits Granaten bastelte und den Füllfederhalter erfand, als die Germanen noch mit Pfeil und Bogen Wildschweine jagten und Nordamerika ein unentdeckter Kontinent voll grasender Büffelherden war.

Die größte Expo aller Zeiten, die Weltausstellung nationaler Eitelkeiten und Erfolge, zeigte es 2010 deutlich: Wir sind wieder wer! Chinas roter Pavillon überragte sie per Bauvorschriften alle, die Wettbewerber und ihre Selbstdarstellung aus der freien Welt. Selbst die Domänen westlicher Industrieunternehmen, wie der Flugzeugbau von Airbus und Boeing, scheinen nicht mehr sicher. China baut bereits mit dem ARJ-21 den ersten regionalen Passagierjet und lässt keinen Zweifel daran, auch auf diesem Gebiet, ähnlich wie bereits innerhalb weniger Jahre beim Schiffbau, an die Weltspitze vorzustoßen. 250 der Flugmaschinen sind schon geordert. Allein der innerchinesische Markt ist groß genug, um aus der Flugzeugfabrik der ersten Jahre einen Weltkonzern zu schmieden und den amerikanischen und europäischen Wettbewerbern die Butter vom Brot zu nehmen. Bislang haben diese von der rasanten Zunahme des Flugverkehrs im Aufsteigerland China und der Gründung immer neuer Aviationsgesellschaften prächtig profitiert. Doch das dürfte dann bald vorbei sein. Bis zum Jahr 2016 soll ein Langstreckenjet folgen, der auf dem Reißbrett längst Form angenommen hat. Zahlreiche Ingenieure und Techniker aus Europa finden bereits Jobs im Reich der Mitte, ihr westliches Know-how ist noch gefragt. Und auch bei den neuen Umwelttechniken schieben sich die Hersteller des fernöstlichen Landes an die Spitze: Zwei von drei 2008 in Deutschland aufgebauten Solarmodulen wurden in China fabriziert.

Die Produktionsmengen von mehr als 100 chinesischen Produkten nehmen nach den Statistiken der Handelskammern weltweit Platz eins ein: über 50 Prozent der verkauften Fotoapparate kommen aus dem Land der Mitte, 30 Prozent der Klimaanlagen und Fernsehgeräte, über 25 Prozent der Waschmaschinen und 20 Prozent aller Kühlschränke. Bei Produkten wie Textilien, Kleidung, Schuhen, Uhren, Fahrrädern und Nähmaschinen ist das fernöstliche Land längst der Welt größter Exporteur. Rangierte die Republik 1978 im Import- und Export noch auf Platz 32, so kam sie bereits 2001 auf Platz sechs und überrundete jetzt sogar Deutschland als Exportweltmeister. Und es ist längst auch Qualität neben der billigen Ramschware, die das gute Geschäft vorwärts trägt. Im Augenblick liegt noch der Warenverkehr mit Japan vorne, gefolgt von den USA, doch gleichzeitig rollt China global einen Markt nach dem anderen auf.

Mit der wirtschaftlichen Macht wachsen auch die politischen Einflussmöglichkeiten Pekings. Sympathie für Tibet, den Dalai Lama, mehr Religionsfreiheit oder Diskussionen um Dissidenten und freie Medien kosten unter Umständen Aufträge, führen zu entsprechenden Drohungen und Pressionen. Als der frühere Außenminister Klaus Kinkel bei einem Staatsbesuch mangelnde Menschenrechte anprangerte, so war es in den ostasiatischen Medien nachzulesen, antwortete ihm die Führung des roten Riesenreiches, das sei schön und gut, aber vorrangig müsse wohl sein, ein Milliardenvolk zu ernähren. Und damit basta.

China lässt sich den erhobenen Zeigefinger nicht mehr gefallen. Wer mit der dynamischen Konjunkturlokomotive gute Geschäfte machen will (und darauf sind die meisten Nationen angewiesen), muss das entsprechend berücksichtigen. Es ist nicht zu übersehen, dass allein der riesige chinesische Binnenmarkt ausreicht, neue Großunternehmen aus dem Boden schießen zu lassen. Bei diesem Boom möchte letztlich keiner der westlichen Wettbewerber und Lieferanten wegen einer unbedachten Äußerung an die Seite gedrängt werden.

Manche europäischen Politiker, die auf den heimischen Stimmzetteln punkten wollen, lassen diese volkswirtschaftlichen Interessen außer Acht und setzen sich bei ihren Pekingbesuchen mit zu Hause populären Appellen an die roten Machthaber in Pose. Und das wissen die Herren »Kathais«, wie das Land früher genannt wurde, nur zu genau und lassen weiter – und in letzter Zeit immer deutlicher – die Muskeln spielen. Geht es etwa um Energiereserven, so ist der kommunistischen Führung das Hemd ohnehin näher als der Rock. Selbst mit so genannten Schurkenstaaten machen die roten Machthaber glänzende Geschäfte, ob es sich um den Iran oder Simbabwes Mugabe handelt, die Generäle von Myanmar oder den militant islamistischen Sudan, China tritt als Helfer, Investor und Kreditgeber für Entwicklungsprojekte und Infrastruktur auf, schießt deren Satelliten ins All, versorgt sie mit Waffen. Andererseits profitiert es von den Reserven an den jeweiligen Bodenschätzen. Längst hat Peking vor den alten Kolonialmächten als Handelspartner die Führung auf dem Schwarzen Kontinent übernommen und sichert sich nicht nur die dringend benötigten Rohstoffe für das weitere Wachstum seiner Wirtschaft, sondern auch künftige Absatzmärkte, zeigt dem Westen eine lange Nase. Er beutete lange Zeit nur aus, ließ dabei die Entwicklung der Märkte zu einem Millionenheer zukünftiger Kunden außer Acht. Und so nimmt es nicht wunder, wenn in den Flugzeugen nach Hongkong sogar kleine Betreiber von Boutiquen in Douala/Kamerun sitzen, um ihre Waren in Fernost zu ordern.

Im Pazifik selbst pflegen Chinas Diplomaten selbst mit kleinen Inselstaaten einen auffallend regen Austausch. Deren Staatsoberhäupter werden regelmäßig vom Präsidenten persönlich in Peking empfangen, was nicht einmal allen westlichen Staatsbesuchern zuteil wird. Der Grund für den Eifer: Es gilt, im Stillen Ozean nach und nach die amerikanische Präsenz in die Schranken zu weisen. Neidisch blickt das ebenfalls rohstoffarme Japan auf diese Entwicklung. Als sich 2010 fünfzig Nationen in Tansania über die afrikanische Entwicklung unterhielten, betonte Japans Außenminister Katsuya Okada eilfertig, dass auch Japan sich nun stark um die Entwicklung in Afrika zu kümmern gedenke und bis 2012 seine Entwicklungsanstrengungen verdoppeln werde. Allerdings bleiben die Chinesen mit ihren riesigen Geldreserven in der Vorhand. Da kann das von Zeit zu Zeit von Finanz- und Wirtschaftskrisen geschüttelte Nippon nicht mithalten.

Der aus diesem ökonomischen Aufschwung erwachsene Stolz des fernöstlichen Milliardenvolkes ist nicht zu unterschätzen. Und keineswegs ohne Hintergedanken soll der demnächst vom Stapel laufende erste Flugzeugträger der Volksrepublik, das waffenstarrende, mit modernster Elektronik vollgepumpte militärische Machtsymbol einer Großmacht, den Namen »Shi Lang« tragen. Shi Lang war ein Admiral, der während der Ming-Dynastie (1368 bis 1644) die Insel Taiwan eroberte, die später als Formosa unter holländische Herrschaft geriet und von den Machthabern in Peking heute, wie schon Hongkong und Macau, als Staatsgebiet beansprucht wird.

Verwandelt ein paar Geldbeutel in Munitionssäcke.

Nach Meinung des professoralen Militärstrategen Liu Mingfu muss die Volksbefreiungsarmee des roten Chinas so mächtig werden, dass sich Washington nicht mehr traut, in einen militärischen Konflikt mit der Regierung in Taipeh einzugreifen und mit seiner Marine in die Seewege um Taiwan zu wagen. Der General plädiert deswegen für einen erneut erhöhten Militäretat seines Landes, denn – so Mingfu – »für einen friedlichen Aufstieg müssen wir erst militärisch aufsteigen«. Und er appelliert zugleich: »Verwandelt ein paar Geldbeutel in Munitionssäcke.« Lagen die Zuwachsraten der chinesischen Militärausgaben in den letzten zwei Jahrzehnten jeweils noch im zweistelligen Bereich, so wuchs der Etat zuletzt nur noch um 7,5 Prozent. Allerdings addieren sich dazu versteckte Positionen, etwa in der Raumfahrt, einer am Beginn stehenden Flugzeugindustrie und im Schiffbau.

Der neuerlichen Einsparungen ungeachtet, die militärische Stärke der neuen globalen Macht ist aber schon jetzt nicht zu unterschätzen. Noch sind die japanischen Rüstungsausgaben die höchsten in ganz Asien. Indiens Militäretat sowie jener der Chinesen beträgt, in absoluten Zahlen gerechnet, zudem nur einen Bruchteil von dem der USA. Auch bei den Nuklearstreitkräften liegt China weit zurück auf Platz fünf hinter den USA und Russland.

Sorge bereitet den Amerikanern aber weniger die Aufrüstung Chinas als vielmehr die Tatsache, dass es seine Waffensysteme aus Moskau bezieht und damit die amerikanische Rüstungsindustrie abhängt. Allein das kleine Taiwan wendet jährlich sieben Milliarden Dollar für Waffen auf, immerhin ein Fünftel des Geldes, das der große Bruder China in seine Verteidigung investiert. Und die Tatsache, dass die USA in jüngster Zeit Taiwan mit Boden-Luft-Raketen für 421 Millionen Dollar ausstatteten, ist Sprengstoff genug und wird von der Volksrepublik als Einmischung in innerstaatliche Angelegenheiten gewertet, während die USA von Stabilisierung der Region sprechen. Dieser Konflikt wird irgendwann einer Lösung entgegendrängen, die ohne Zweifel eine Kriegsgefahr und damit eine Bedrohung der ökonomischen Entwicklung in Ostasien und der pazifischen Region mit sich brächte. Ein Einmarsch des großen Bruders ist nicht auszuschließen, wenn es nicht zu einem ähnlichen Abkommen wie im Fall Hongkong und Macau kommt, die beide einen Sonderstatus genießen.

Der Ausbau amerikanischer Militärbasen im Stillen Ozean wird auch in diesem Zusammenhang von der Regierung in Peking misstrauisch beäugt und als Teil einer Einkreisungs- und Eindämmungsstrategie gesehen. Zu ihr zählen die Chinesen auch die Militärpräsenz des Westens in Afghanistan. Das alles muss vor dem Hintergrund gesehen werden, dass in der Region um das Kaspische Meer und in Zentralasien fünf Prozent der weltweiten Energiereserven lagern und vor allem die Vereinigten Staaten daran interessiert sind, die vitalen Routen ihrer Energieversorgung militärisch abzusichern. Neue Erdölfunde in Afghanistan dürften diesen Gesichtspunkt weiter verstärken. Letztlich geht es im Irak und Afghanistan also um wirtschaftliche Interessen. So sieht es auf jeden Fall in der Beurteilung der Chinesen aus, die ihrerseits auf Sicherung ihrer Transportwege bedacht sind. Das kommunistisch straff regierte Riesenreich hält immerhin 2,2 Millionen hoch motivierter Soldaten, Männer und Frauen, unter Waffen und besitzt damit die größte Armee der Welt. Peking verfügt zudem über eine inzwischen schlagkräftige U-Boot-Flotte und hält weitreichende militärisch einsetzbare Raketen in der Hinterhand. Zum 60. Geburtstag seiner Marine präsentierte das Land eindrückliche Formationen seiner Kriegsschiffe, darunter erstmals die beiden atomgetriebenen U-Boote LANGER MARSCH 6 und LANGER MARSCH 3. Der zur Weltmacht aufstrebende Staat zeigte der westlichen Welt, dass er auch auf einen atomaren Krieg und im Ernstfall den Angriff oder eine adäquate Antwort vorbereitet ist. Alle Anzeichen stehen im Reich der Mitte also auf Machtgewinn. Dennoch sei das Ziel, so verkündete der Oberbefehlshaber Hu Jintao vor Delegierten aus 29 Ländern, »harmonische Ozeane« zu schaffen. Rund sechzig konventionelle U-Boote und zehn mit Atomantrieb, die auch ballistische Raketen abfeuern können, sollen diese Harmonie der Weltmeere sichern.

China ist längst Atommacht und schickt sich zudem an, auch im Weltraum den Ton anzugeben. Immerhin hat das Land bereits dreimal erfolgreich einen Menschen, einen »Taikonauten«, wie der »Astronaut« oder »Kosmonaut« der Amerikaner und Russen in China genannt wird, in eine Umlaufbahn geschossen und ist damit hinter Amerika und Russland der dritte Staat, der dies geschafft hat. Experten schätzen, dass vielleicht schon 2015 mit einer unbemannten Mondlandung zu rechnen ist. Zudem steht die Währung des Landes, der Yuan, an der Schwelle, als eine der Leitwährungen auf dem Globus zu fungieren. Dieser Trend ist unaufhaltsam und für den Dollar- und Euroraum nicht zu ignorieren oder zu umgehen. Bange Aufmerksamkeit des Westens verdient, dass die Volksrepublik über die weltweit größten Reserven an Fremdwährungen verfügt und die USA im Jahr 2009 mit 534 Milliarden Euro bei den Machthabern Pekings in der Kreide standen. Die gesamten Schulden der westlichen Führungsmacht betragen 84,5 Prozent des Bruttoinlandsprodukts. Das sind acht Billionen Euro, rechnete der Nobelpreisträger Robert Mundell aus.

Diesen wenig schmeichelhaften Fakten entsprechen die Töne des selbstsicheren Staatspräsidenten Hu Jintao dem Führer der Vereinigten Staaten gegenüber: Chinas Bevölkerung habe in den letzten Jahren gespart und den Konsum der Amerikaner sowie die hohen Kredite ihrer Regierung finanziert. Es sei deshalb angebracht, nicht mit dem Finger auf China zu zeigen, sondern erst einmal das eigene Haus in Ordnung zu bringen – starker Tobak für einen Barrack Obama. Allerdings, nüchtern betrachtet, wurzelt die Einschätzung auf einem sehr realen Hintergrund. Auch unter diesem Aspekt verschärfen sich die Töne der militärischen Befehlshaber im Reich der Mitte. Sie fordern seit Neuestem wieder, sich dem Westen und den USA gegenüber aggressiver zu verhalten, die eigene Stärke mehr zu betonen. Und sie lassen auch schon mal eines ihrer U-Boote inmitten eines amerikanischen Geschwaders auftauchen oder US-Patrouillenboote mit eigenen Schnellbooten frech umrunden.

Der wirtschaftliche explosionsartige Aufstieg des fernöstlichen Milliardenvolkes stellt angesichts der gerade überstandenen Weltwirtschaftskrise, der permanenten, lebensbedrohenden Finanzkrisen des Westens und des schwächelnden Europa sogar letztendlich die gesamten, mühsam in Schriften und Bürgerkriegen, in Revolutionen und mit wissenschaftlichen Erkenntnissen errungenen Werte des Westens infrage. Er zeigt explizit, dass die Missachtung von Menschenrechten, die Unterdrückung der Meinungsfreiheit und die Unterwerfung anderer Nationalitäten, wie jener der Tibeter, für die Chinesen keine Rolle spielt, sondern manchmal eher ihrer wirtschaftlichen Prosperität dient. Dies wegen eines ausgeprägten nationalen Egoismus, kurzer Entscheidungswege ohne zeitraubendes, demokratisches Palaver und den »Ballast« gewerkschaftlich organisierter Arbeitskräfte. Im Prinzip hat diese ökonomische Explosion des sozialistischen China insgeheim das Wettrennen der politischen und ökonomischen Systeme, das mit dem Niedergang der kommunistischen Sowjetunion mit einem Sieg des Kapitalismus beendet schien, erneut in Gang gesetzt. Der Westen selbst hat es in Jahrhunderten mit dem Diktat der Werte von oben nach unten so gehalten und sich deshalb jahrhundertelang zum Beherrscher des Globus aufgeschwungen. Die heute hoch gehaltenen Begriffe wie Menschenrechte und Religionsfreiheit als Frucht aus dem Zeitalter der Aufklärung konnten sich wahrscheinlich nur auf dem Boden des auf dieser straffen Ordnung Gewachsenen und bis dahin Errungenen entwickeln. Von dieser Stufe ist das Volk der Chinesen trotz seiner aufmuckenden Intellektuellen noch weit entfernt, deshalb in der gegenwärtigen Situation vielleicht umso schlagkräftiger. Es besteht die Gefahr, dass im Westen das chinesische Vorbild des Erfolgs ähnliche Dimensionen annimmt. Das zeigt sich schon heute in manchen Staaten der Dritten Welt oder im benachbarten Indonesien, denn dort wird das chinesische Wirtschaftswunder als Vorbild gesehen, dem es nachzueifern gilt.

»Amerikas Führung hat versagt«, General Liu Mingfu stellt sogar moralische Postulate für seinen Führungsanspruch in den Raum. »Die USA haben uns in den letzten Jahren zwei

Kriege und eine Weltwirtschaftskrise beschert. Die Welt braucht eine neue Führung, und das können nur wir Chinesen sein.« Auch wenn die Machthaber in Peking den Eifer der Generäle dämpfen und den Militärhaushalt auf 57 Milliarden Euro beschränkt halten, es gibt längst weitere ranghohe Militärs, die ganz offen einen kriegerischen Konflikt in den nächsten zehn bis zwanzig Jahren sogar für unumgänglich halten. So schreibt etwa Oberst Dai Xu in einem anderen Buch zur Lage der Nation: »Ich glaube, China kann dem Unheil eines Krieges nicht ausweichen.« Obwohl er dazu rät, einen kühlen Kopf zu bewahren, stellt er dennoch kategorisch fest: »Wenn die USA ein Feuer in unserem Vorgarten anzünden, können wir auch ein Feuer in ihrem Vorgarten entfachen.« Gemeint ist damit Taiwan, das über all die Jahre, seit sich der chinesische nationalistische Führer Chiang-Kai-shek vor den roten Horden Maos auf der Insel verschanzte, von den USA nach Taipeh Geld und Waffen pumpte und erst jüngst durch neue Lieferungen den erneuten Zorn Pekings schürte, denn für sie ist Taiwan nichts anderes als eine abtrünnige Provinz, die um jeden Preis »heim ins Reich« geholt werden muss. Ausländische Ansprüche und Hilfen für Taiwan werden als Einmischung in innerstaatliche Angelegenheiten betrachtet – ein Sprengsatz, der Washington in naher Zukunft noch allerhand Kopfzerbrechen bereiten dürfte. Die Nationalisten auf dem chinesischen Festland jedenfalls klatschen mit Blick auf den Führungsanspruch ihres Landes Beifall, ihre Bewegung nimmt an Schwung zu. Die Spannungen zwischen den beiden Weltmächten wachsen, zumal die Amerikaner den in Peking verhassten Dalai Lama in der Tibetfrage unterstützen. Und das lässt die Zornesadern der chinesischen Führer erst recht schwellen.

Die grundsätzliche Rivalität zwischen China und Amerika, den beiden mächtigsten Anrainerstaaten des riesigen pazifischen Raums, muss vor allem als Wettbewerb um die Führung in der Welt verstanden werden. Sie mutiert letztlich auch zum Wettlauf der beiden konträren Systeme und Weltanschauungen, zu einem Kampf zwischen West und Ost, zwischen diktatorischer Staatsleitung und Demokratie, dessen Bühne dann eindeutig der Pazifik stellt. Zwar dauere es noch neunzig Jahre, so General Liu Mingfu, bis die Führung der Welt endgültig auf China übergehe, aber dann werde China »Global Champion« sein. Dreißig Jahre müssten noch ins Land gehen, um das Bruttosozialprodukt der beiden großen Nationen auf Augenmaß zu bringen, weitere dreißig Jahre, um militärisch und kulturell gleichzuziehen, weitere dreißig Jahre, um die Wirtschaftskraft der USA zu überholen. Aber, da lassen die roten Macher keinen Zweifel, das ist zu schaffen. Bislang jedenfalls ging der jähe Aufschwung jeweils schneller, als der Westen dachte. Eine Ablösung der USA als führende Industriemacht der Welt, so befürchten gleich mehrere Prognoseagenturen in Amerika, könne sogar schon 2020 eintreten.

China marschiert mit atemberaubendem Tempo vorwärts, setzt sich über Hemmnisse wie Recht, Menschenrechts- und Umweltfragen mit eiserner Faust hinweg. Lachten etwa Europas Bootsbauer noch vor wenigen Jahren über eine aufkeimende Yachtindustrie Chinas, so werden sie derzeit immer stiller, denn China selbst geht nach der Wassersportolympiade in Qingdao 2008 von einem kommenden Milliardenmarkt aus, während die Bootsmessen in Düsseldorf und Hamburg eher schrumpfen und schon mit in China gebauten Yachten bestückt werden. Wenn beispielsweise in Hamburg noch über den Bau einer Stadtbahn diskutiert wird und in der Bundesrepublik über vierzig Jahre parlamentarisch um ein modernes Ladenschlussgesetz gerungen wurde, puschten die Chinesen unter anderem an der Mündung des Jangtse im Handumdrehen eine Stadt für eine Million Menschen hoch, die zum größten

Teil mit der Hafenwirtschaft zu tun hat. Und auch die wurde in Rekordzeit als neuer Tiefwasserhafen auf der vorgelagerten Inselgruppe Qiqu mit einem Aufwand von fünf Milliarden Euro für die Kapazitäten der Zukunft aus dem Boden gestampft. Seine letzte Ausbaustufe wird noch 2010 fertig sein. Ein gigantisches Brückenprojekt, die Donghai-Brücke, verbindet diesen Tiefwasserport mit der Wirtschaftsregion des Jangtse-Deltas und schafft die Voraussetzungen für den Containerumschlag mit den Riesenschiffen der neuen Generation. Dem wäre der alte Hafen von Shanghai trotz Ausbaggerungen, wie sie Hamburg nach dem Verzicht auf ein solches Projekt an der Elbmündung gegen die Rotterdamer Konkurrenz helfen sollen, nicht gewachsen gewesen.

Den Prozess der Ablösung einer Weltmacht, so betonen Chinas Militärs, habe es in der Vergangenheit mehrfach gegeben, Spanien, Portugal, Holland, England und schließlich die Vereinigten Staaten von Amerika hätten solche Wechsel vorexerziert, im Altertum siechte die Macht der Griechen, dann der Römer dahin, die Ägypter und andere frühe Hochkulturen hatten sich längst von der Weltbühne verabschiedet.

Nun, im 21. Jahrhundert schicke sich China an, die Führung auf dem Globus an sich zu reißen. Es werde deshalb wohl keinen Weltkrieg geben, beruhigen die Generäle, das Ringen um den Lorbeer gliche eher einem Boxkampf oder einer anderen sportlichen »Competition« – wenn beide Seiten die Muskeln nicht zu sehr spielen lassen und damit in einen unkontrollierten Konflikt schlittern.

Die Regierung in Peking hat ungeachtet dieser Zukunftsaspekte auf dem Weg an die Weltspitze im eigenen Haus zusätzlich allerhand Probleme zu wuppen: Bis 2025 dürfte ein Zuzug von schätzungsweise 350 Millionen Menschen in die Ballungsgebiete des Landes zu bewältigen sein. Dann sind es fast eine Milliarde Chinesen, die in Städten mit all ihren logistischen und Umweltproblemen leben. Im Jahr 1990 waren es gerade mal 250 Millionen. 211 zum Teil neu aus dem Boden gestampfte Städte mit mehr als einer Million Einwohner gegenüber 35 in ganz Europa kennzeichnen dann die Lage an der fernöstlichen Heimatfront. Noch klarer wird die Größenordnung des Wachstums, glauben wir den ökonomischen Prognosen, dass die Zahl von derzeit 700 Millionen Autos weltweit bis 2030 auf 1,1 Milliarden und bis 2050 auf gute zwei Milliarden in die Höhe schnellen wird – ein Großteil davon in China und Indien mit ihrer jeweiligen Milliardenbevölkerung.

Auf dem Weltraummarkt peilt der Chef der 1980 gegründeten »China Great Wall Industrie Corporation«, Yin Liming, in Südwest-Sichuan bis 2015 einen Anteil von zwanzig Prozent an. Sein Unternehmen ist die einzige von der Regierung in Peking autorisierte Firma für diesen Wirtschaftszweig der Weltraumtechnologie. In Sichuan werden die Satelliten der Volksrepublik in den Orbit geschossen. Fünf Kontrakte konnten seit 2007 bereits mit ausländischen Nationen in der Aufholjagd gegen die Russen und Europäer abgeschlossen werden. Seit 1990 wurden von China selbst insgesamt 36 kommerzielle Satelliten (Serienname »Der Osten ist rot«) in den Erdumlauf gebracht. 94 Prozent der Abschüsse glückten, wie Hao Zhaoping von der »Academy of Launch Vehicle Technology« betont, dank der Flugkörper der Serie »Langer Marsch«. Inzwischen wird im Rahmen dieser Baureihe bereits »Langer Marsch 5« entwickelt. Diese rasante Entwicklung der Satelliten- und Raumfahrttechnik hat inzwischen sogar beim Nachbarn Indien wachsende Besorgnis ausgelöst, denn China erprobte erfolgreich ein Anti-Satelliten-Raumfahrzeug, mit dem sich die kleinen Erdtrabanten gezielt abschießen lassen. Der indische Raumfahrtminister Radhakrishnan sprach deshalb von einer internationalen Bedrohung. Die Chinesen sind zudem daran, ein eigenes satellitengestütztes Navigationssystem neben dem amerikanischen GPS und dem europäischen Galileo zu schaffen und sich so noch mehr Unabhängigkeit zu verschaffen. Und auch die Pläne der Pekinger Führung, in absehbarer Zeit über einen »Cyberkrieg« im Ernstfall die Kraftwerke, Militärleitstellen und den Flugverkehr seiner potenziellen Gegner lahmlegen zu können, haben im Westen allerhand Ängste und Gegenstrategien losgetreten. In der Militarisierung des Weltraums, die von den USA vorangetrieben wird, redet das Reich der Mitte bereits ein gewichtiges Wörtchen mit. Und auch hier geht es darum, Satelliten des jeweiligen Gegners zerstören zu können oder Angriffe aus der Erdumlaufbahn zu starten – ein verhängnisvolles Wettrennen um die Macht und eine Art neuer Kalter Krieg, für den normalen Erdenbürger nicht sichtbar und schon kaum begreifbar. Um eine Eskalation zu vermeiden, bedarf es in diesen Fragen einiger Regulierungen zwischen den Supermächten. Der Anspruch der USA (General Lance W. Lord: »Herrschaft im Weltraum ist nicht unser Geburtsrecht, aber unsere Bestimmung, unsere tägliche Mission.«) wird von China nicht unwidersprochen hingenommen. Seine Machthaber beschreiten längst einen ähnlichen Weg. Die Verwirklichung der hochtrabenden Pläne wird letztlich das Resultat der ökonomischen Ertragsfähigkeit und des damit verbundenen Einsatzes von Geldmitten sein. Über den Wolken ist die Freiheit, analog jener der Meere, eben schon längst nicht mehr grenzenlos.

Ein ähnlich dynamisches Bild bietet sich bei der Entwicklung des Eisenbahnverkehrs. Noch liegen deutsche Firmen wie Siemens in München und Bombardier aus Kanada gut in dem neuen Milliardengeschäft beim Ausbau des chinesischen Schienennetzes und der Verbesserung seiner Infrastruktur. Aber die Eigenentwicklungen der Chinesen nehmen rasant zu. Bei der »China South Locomotive & Rolling Stock« in Qingdao werden gerade Waggons eigener Entwicklung montiert, die auf neuen Hochgeschwindigkeitsstrecken mit 350 Stundenkilometern und mehr verkehren sollen. Schon heute pendeln zwischen Wuhan und Guangzhou Züge, die die Fahrtzeiten von bisher elf auf drei Stunden reduzieren. Nach den ehrgeizigen Plänen der chinesischen Manager sollen von 2011 an Züge mit 380 Kilometern pro Stunde von Peking in die Wirtschaftsmetropole Shanghai in nur vier Stunden gegenüber jetzt zehn Stunden rasen. Das importierte und zum Teil elegant und ungeniert abgekupferte Know-how des Westens wird rasant weiterentwickelt. Westliche Ingenieure müssen ihre Prognosen laufend anpassen. China läuft ihnen buchstäblich davon. Eine Ausweitung des Netzes von gegenwärtig 6.500 auf 18.000 Kilometer wird für 2020 angepeilt – und schon ist von globaler Expansion der eigenen Eisenbahnen bis London die Rede. Diese neue Herausforderung für den deutschen »ICE«, den französischen »TGV« und den japanischen »Shinkansen« heißt »Hexie«. Exportaufträge dafür laufen schon mit Malaysia, Indonesien und Venezuela. In Saudi-Arabien zog Siemens die Notbremse, Pekings Preisangebote waren unschlagbar. Und Chinas Eisenbahner haben auch die USA im Visier, denn Präsident Obama will das marode und veraltete Schienennetz seines Landes aufrüsten. Die Verschuldung der USA in China im Hintergrund, stehen die Chancen für die stromlinienförmigen Flitzer aus Qingdao durch die amerikanischen Prärien nicht schlecht.

Mitteleuropas mittelständische Unternehmen und hier vor allem die deutschen unterschätzen noch immer die Absatzchancen in den Schwellenländern und sind so auf dem Weg, international den Anschluss zu verlieren. So jedenfalls sieht es die Beratungsfirma A.T. Kearny. Mancher Marktführer vergangener Tage hat demnach noch gar nicht begriffen, dass er längst nicht mehr der Champion ist. Das erinnert fatal an die Unterschätzung Japans in den 1970er Jahren, als beispielsweise der Vorstandsvorsitzende von Zeiss Ikon in Stuttgart bei einer Pressekonferenz lauthals lachte und meinte, die Japaner könnten noch nicht mal richtige Linsen schleifen. Nur wenige Jahre später musste er sich aus dem Kamerageschäft wegen der übermächtigen japanischen Konkurrenz und einer immer besseren Qualität ihrer Produkte komplett zurückziehen und produzierte nur mehr noch Zylinderschlösser. Und was damals Japan hieß, trägt heute den Namen China, Russland, Indien, Brasilien und bald auch wohl einige Plätze in Afrika.

Nach Schätzungen ist der Umsatz konkurrierender Schwellenlandunternehmen 2010 bei ungefähr 1,5 Billionen Dollar angekommen. So ist es bereits abzusehen, dass Deutschlands Maschinenbau, einst Marktführer und Technologieführer, von China überholt wird. Beim Produktionsvolumen geschieht dies bereits. Und es dürfte bald auch die technologische Führung der Europäer infrage gestellt sein, beispielsweise durch Unternehmen wie »Shanghai Zhenhua Heavy Industries«. Es wird eben längst nicht mehr nur talentiert nachgebaut, sondern auch mit eigenem Know-how weiterentwickelt. Das Umsatzvolumen allein dieser Sparte erreicht in China – so eine Studie von Alix Partners – 2010 bis zu 350 Milliarden Dollar, während es im ehemaligen klassischen Land des Maschinenbaus, in Deutschland, noch stagniert. In der Weltbank hat China derzeit etwa dieselben Stimmrechte wie Deutschland, mit steigender Tendenz, alles deutliche Fakten für die Beurteilung der Zukunft.

Auf jeden Fall will die Volksrepublik einen größeren Part bei globalen Herausforderungen übernehmen, kündigte Premier Wen Jiabao Anfang 2010 an. In einem ganzen Kranz von Gesprächen will er mit der Europäischen Union über Energiefragen, nukleare Probleme und den Klimawandel sprechen. Handelsschranken sollen fallen und Protektionismus bekämpft werden.

»China wird eine größere internationale Verantwortung übernehmen«, bekräftigte Wen Jiabao nach ersten Gesprächen mit José Manuel Barroso, dem Präsidenten der Europäischen Kommission. »Die Europäische Gemeinschaft und ihre strategische Partnerschaft mit China sind mehr relevant als eine wachsende globalisierte Welt. In allen wichtigen Fragen müssen China und die Union zusammenarbeiten«, betonte der Politiker, »wir haben mehr Gemeinsamkeiten als Differenzen.« Allerdings werden diese Gemeinsamkeiten oft sehr verschieden definiert, wie sich beim Kopenhagener Klimagipfel von 2009 zeigte, als sich sowohl Indien als auch China gegen die von der Europäischen Gemeinschaft geforderten Ziele einer Reduzierung des Kohlendioxidausstoßes stellten und darauf verwiesen, dass die heutige Konzentration in der Atmosphäre die Folge des ungebremsten Wachstums westlicher Industrienationen sei, mithin hier zuerst die zu machenden Schularbeiten angesetzt werden müssten.

Der ehrgeizige Zukunftstraum des ameisenhaft arbeitsamen Milliardenvolkes, er muss zwangsläufig zu einem Albtraum für den »American Dream« der US-Bürger werden. Sie leiden heute schon an ähnlichen Diskrepanzen wie das Reich der Mitte noch aus seiner Vergangenheit: schleichende Armut gegen schaustellerischen Reichtum in beiden Ländern, Ausbeutung der arbeitenden Bevölkerung durch Parteidiktat im Osten oder Turbokapitalismus im Westen mit seiner immer unerbittlicheren Wegrationalisierung von Arbeitsplätzen, also der Produktion von Massenarbeitslosigkeit und ihren politischen Folgen.

Selbst die Weltführung als Gambler-Nation mit ihren heiligen Tempeln der Spielsucht im Paradies der Daddelautomaten Las Vegas ist für Amerika längst verloren. Asien hat sich mit Neuinvestitionen von rund 70 Milliarden Dollar an die Spitze gesetzt und schickt weit mehr »einarmige Banditen« an die Front, als die Glitzerpaläste Nevadas. Kein Wunder, befindet sich doch in Asien in erreichbarer Nähe der Roulettetische ein Bevölkerungspotenzial, mit dem die Spielerstadt am Rand der Mohave-Wüste nicht mithalten kann. Rund 2,2 Milliarden Spieler sind im Flugabstand von fünf Stunden rund Macau angesiedelt, in Las Vegas gerade mal 410 Millionen. Vor allem in der ehemaligen, jetzt wie die frühere Kronkolonie Hongkong zu China gehörenden portugiesischen Dependance Macau wachsen mit dem so genannten Glücksspieltourismus, gekoppelt mit Wellnessangeboten, die Spielhöllen wie Pilze aus dem Boden. Längst werden sie auch von US-Investoren aufgepäppelt, die den Zug der Zeit erkannten und sich nach Asien umorientierten. Mit 250 Millionen Zockern rechnen allein die Bosse in Macau, davon 128 aus der Volksrepublik. Das Glücksspiel am Perlfluss, kommunistische Moral hin oder her, ist schon jetzt einer der größten Steuerquellen für Peking und bestreitet 80 Prozent der Ausgaben des Staates Macau. Die anderen Zockerparadiese befinden sich in Japan, Singapur, Kuala Lumpur und Taiwan.

Und nicht zuletzt wird im Konzert der wirtschaftlichen Aufsteiger Indien eine große Geige spielen. Zusammen mit China sorgt auch seine wachsende Wirtschaft für eine gigantische Umlenkung von Warenströmen, Flug- und Schifffahrtsrouten. Und hier spielt der Pazifik als Drehscheibe eine bedeutende Rolle. Schon heute werden durch die 800 Kilometer lange und an der engsten Stelle nur 2,5 Kilometer breite Meerenge der Malakkastraße zwischen Indischem und Stillem Ozean, zwischen Singapur und der Javasee, rund 25 Prozent des Welthandelsvolumens transportiert, darunter als Hauptposition Erdöl. Nirgendwo zeigt sich der globale Wandel besser als im pazifischen Raum. Und nirgendwo sind die Veränderungen augenfälliger als bereits in den Häfen der kalifornischen Westküste. Es zeigt sich am Schiffsverkehr, wie China aus dem ökonomischen Schatten der Kuli-Vergangenheit ins Zentrum der Weltgeschichte rückt. Längst rangiert die klassische Nordatlantikroute der Schifffahrt unter ferner liefen, der emsigste Verkehr wickelt sich entlang den asiatischen Küsten und über den Stillen Ozean nach Amerika ab. Der Magazinautor Peter Haffner spricht gar über die Transpazifikroute als »der Seidenstraße von heute«.

Auf ihr verkehren auch jene Container- und Tankerriesen, die den verbreiterten Panamakanal nicht mehr befahren können, weil sie neun Meter breiter sind und ein Containervolumen transportieren, das übereinander gestapelt eine Höhe von 21 Kilometern ergeben würde. Gebaut werden diese Riesen ebenfalls in Asien, beispielsweise von »Hyundai Heavy Industries« in Südkorea. Aber auch Chinas Werftindustrie hat sich längst an die Spitze der Welt hochgerempelt. Und es wird, so prognostizieren Kenner der Szene, nicht lange dauern, dann werden die Chinesen kaum mehr auf europäische Reedereien zurückgreifen, sondern mit eigenen Linien die Weltmärkte bedienen. Mit den Firmen »Cosco« und »China Shipping« reihen sie sich bereits in die Frachtelite ein, die immerhin noch zu zwei Dritteln von deutschen Reedern besetzt ist. Wie lange noch? Jede Sekunde geht – läuft die Konjunktur auf vollen Touren – von China aus ein voll beladener Container in See. Elf Millionen davon landen allein an der Westküste Amerikas an. Zum Vergleich: Hamburg und Rotterdam schlagen zusammen rund 17 bis 19 Millionen Standardcontainer aus aller Welt um. Unter den 20 größten Containerports weltweit rangiert Shanghai nach Singapur an zweiter Stelle (28 Millionen Stück), Hongkong an dritter (24 Millionen), Shenzen an vierter (21,4), Ningbo an siebter (11,2), Guangzhou an achter (11) und Qingdao an zehnter Position (10,3). Damit liegen die wichtigsten Häfen Chinas mit insgesamt 105 Millionen weltweit unangefochten vorne. Die drei größten US-Häfen, Los Angeles (Platz 16), Long Beach (Platz 17) und New York (Platz 20), kommen zusammen gerade mal auf 19 Millionen.

Deals wie das 2009 abgeschlossene Megageschäft Chinas mit Australien über 29 Milliarden Euro in zwanzig Jahren für die Lieferung von Gas an »Petro-China« zeigen die wachsenden Beziehungen der beiden Länder trotz soeben ausgetragener Querelen der Chinesen mit dem australischen Bergbaukonzern »Rio Tinto«. Beide Partner brauchen einander, China die Rohstoffe, Australien den Absatzmarkt. Immerhin orderten die Chinesen 2009 zusätzlich rund 58 Millionen Tonnen australisches Eisenerz. Der viertgrößte Kohlekonzern der Volksrepublik, das Staatsunternehmen »Yangzhou«, signalisierte 2010 Interesse am Kauf des australischen Konzerns »Felix Resources«. Darüber hinaus kauft der chinesische Konzern »China Power International Development« in den nächsten zwanzig Jahren 30 Millionen Tonnen Kohle zum Preis von 44 Milliarden Euro bei der australischen Bergbaugesellschaft »Resourcehouse«. Obwohl die Chinesen selbst größter Kohleförderer auf dem Globus sind, ist ihre rasch expandierende Wirtschaft auf zusätzliche Einfuhren angewiesen. Um die für den Ausbau der australischen Förderanlagen notwendigen Milliardeninvestitionen zu bewältigen, kündigte »Resourcehouse« Anfang 2010 an, das Unternehmen in Hongkong an der Börse notieren zu lassen – ein weiterer Punkt für China. Der staatliche chinesische Metallhändler »China Minmetals Corp. Plant« hat vor, sich an australischen Goldminen zu beteiligen. Die in australischem Besitz befindliche Goldliegenschaft »Martabe« in Indonesien wurde bereits an Chinas »Sci-Tech Holdings« veräußert. Außerdem liefert die australische »Olympic Dam-Mine« Uran an die Machthaber in Peking. Ende Juni 2010 wurden in Canberra neue Kontrakte im Wert von fast neun Milliarden US-Dollar unterzeichnet. Australiens Expremier Kevin Rudd betonte dabei, dass die guten Wirtschaftsbeziehungen zwischen den beiden Nationen zu einem Handelsvolumen von 85 Milliarden Dollar im Jahr 2009 beigetragen hätten. Und mit Blick auf die immer wieder an China geübte Kritik anderer Nationen belehrte er den Rest der Welt, dass Australien und China ein Beispiel für sie sein sollten, wie verschiedene politische und kulturelle Systeme in Frieden kooperieren können.

Die neuen Schifffahrtsrouten zwischen den beiden Kontinenten am Pazifischen Ozean boomen analog solcher Transportmengen. Das birgt allerdings auch Gefahren für die Natur, speziell für das einmalige Große Barriere-Riff. So hinterließ im April 2010 der chinesische Frachter Sheng Neng 1 eine Schneise der Zerstörung, als er in voller Fahrt in die Korallen krachte. Zum Glück liefen nur wenige Tonnen Öl aus, anstatt der befürchteten großen Katastrophe. Sie kann nichtsdestotrotz jeden Tag geschehen.

Der Reichtum an Bodenschätzen und die Tatsache, dass sowohl Australien als auch der Nachbar Neuseeland im asiatisch-pazifischen Raum relativ dünn besiedelt sind, legt die Befürchtung nahe, dass eines Tages allerdings auch weitergehende Begehrlichkeiten in einem Staat geweckt werden, der aus allen Nähten platzt und sich deshalb auf die von Adolf Hitler einst geschaffene Formel »Volk ohne Raum« besinnen könnte. 22 Prozent der Weltbevölkerung konzentrieren sich in der Volksrepublik, die nur über sieben Prozent des globalen, landwirtschaftlich genutzten Bodens verfügt, da muss es zu Expansionsgelüsten kommen. Nur in Richtung Sibirien wäre noch genug Platz, denn ansonsten ist China von ebenfalls überbevölkerten Staaten umgeben. Vorsorglich hat Australien im April 2010 neue verschärfte Einwanderungsgesetze erlassen. Die Chinesen haben es bereits in Afrika vorexerziert, wo sie sich wirtschaftlich stark engagieren, sickern auch chinesische Arbeiter, Garküchen, Restaurantbesitzer und kleine Kaufleute ein. Nicht von ungefähr spricht die Bevölkerung von Togo sogar schon von den »gelben Teufeln«. Ungeachtet solcher unterschwelliger Zukunftsängste begannen 2010 zur Intensivierung der vielfältigen Wirtschaftsbeziehungen mit der roten Volksrepublik erneut Verhandlungen zwischen Canberra – das immerhin die drittgrößte Volkswirtschaft der Asien-Pazifik-Region repräsentiert – mit Peking über die Schaffung einer Freihandelszone. Dies ist Teil einer generellen Politik des Landes der Mitte, durch bilaterale Vereinbarungen mehr ökonomische Sicherheit zu erlangen. Mit 100 Ländern wurden solche Vereinbarungen getroffen. Die diesbezüglichen Gespräche mit Australien sollen vor allem die Landwirtschaft begünstigen, denn China hat nicht nur einen zunehmenden industriellen Rohstoffhunger, das Land muss auch mehr als eine Milliarde hungriger Mäuler stopfen.

Größtes Projekt dieser Art ist die geplante Freihandelszone zwischen der Volksrepublik und den ASEAN-Ländern (Association of Southeast Asian Nations) Indonesien, Malaysia, Philippinen, Singapur, Thailand und Brunei, im Jahr 2010 und bis 2015 die Erweiterung mit den Vertragspartnern Kambodscha, Laos, Myanmar und Vietnam. Und es soll noch weitergehen, Peking lotet Möglichkeiten solcher Vereinbarungen mit Chile, Pakistan und Neuseeland aus. Entsprechende Beziehungen zwischen China und den ASEAN-Ländern auch mit Südkorea und Japan stehen ebenfalls auf der Agenda. Dabei geht es um die Sicherung der Schifffahrtswege im Pazifik und seinen Randmeeren. Die angesprochenen Nationen sind an solchen Vereinbarungen naturgemäß interessiert, öffnen sie ihnen doch einen der größten und am schnellsten wachsenden Märkte auf dem Globus.

Der Trend ist klar; Asien, der pazifische Raum, der drei Viertel der Weltbevölkerung auf sich vereinigt, ist auf dem besten Weg, das neue Zentrum der Weltwirtschaft zu werden. Die Positionierung zur Nordamerikanischen Freihandelszone und der Europäischen Wirtschaftsgemeinschaft dürfte bereits heute klar sein. Rund 50 Prozent der ostasiatischen Warenexporte bleiben ohnehin in der Region. Die Schaffung einer ostasiatischen Wirtschaftsunion würde automatisch zahlreiche bilaterale Verträge ablösen und scheint eine reale Option für die Zukunft. Zwischen Indien, Australien und Neuseeland besteht bereits ein Freihandelsabkommen, wonach die Zölle auf 400 Produkte entfallen.

Der durch solche langfristigen Verträge zunehmende Schiffsverkehr wird das maritime Geschehen umkrempeln und wer da nicht mithält, bleibt im wirtschaftlichen Trockendock. Analog zu den Beziehungen Chinas mit Australien wächst auch der Warenverkehr mit dem riesigen und ständig expandierenden Markt des indischen Subkontinents. Gegenwärtig sind es sieben Prozent, Ende 2009 sogar bis zu zehn Prozent. Indien und China waren somit in diesen Krisenzeiten die einzigen Konjunkturlokomotiven der Weltwirtschaft. Der Premier des Hindustaates, Manmohan Singh, will seinem Land den Glanz eines neuen ökonomischen Wunderkindes verleihen. Als Global Player spielt Indien schon jetzt eine gewichtige Rolle. Selbst die internationalen Finanzkrisen konnten dem Aufschwung nichts anhaben. Noch ist der Markt zu rund 80 Prozent einheimischen Unternehmen vorbehalten. Mit der Privatisierung einiger Staatsbetriebe, wie der »Oil India« und der »National Hydroelectric Power Corporation«, scheint sich jetzt auch ausländischen Investoren eine neue Möglichkeit zu öffnen. Grundsätzlich aber schaut die Regierung in Neu-Delhi noch darauf, Majoritäten im Land zu halten.

Rund 75 Prozent der Bevölkerung von einer Milliarde Menschen leben zwar in Indien im Gegensatz zum Nachbarn China auf dem Land. Gleichwohl aber schuf der ökonomische Aufschwung neben zahlreichen Milliardären mit der höchsten Dichte in Mumbai eine starke und kaufkräftige Mittelschicht, was sich allein am Aufbau der Leisure-Industrie zeigt. Golfkurse, Spas und Yachthäfen schießen aus dem Boden. Eine Million Bewohner der Atom- und Raumfahrtnation Indien stehen unter Waffen, auch wenn die durch das Kastenwesen mitbedingte Armenschicht noch fast eine halbe Milliarde Menschen zählt.

Wie stark der Warenverkehr zunimmt, lässt sich beispielsweise daran ermessen, dass die Spedition Danzas 2009 einen 82.000-Tonnen-Kamsarmax-Bulker (spezielle Schiffe für die schnelle Be- und Entladung etwa von Kohle, Zement und anderem Schüttgut) für den Verkehr von Indien nach China charterte. Auch zwischen den USA und Indien entsteht eine globale Partnerschaft, so zumindest will es Premier Singh. Das wiederum wird nicht ohne Auswirkungen auf die Schiffs- und Flugbewegungen zwischen den beiden Mächten über den Pazifik bleiben. 2008 nahmen die USA immerhin schon 12,9 Prozent der indischen Ausfuhren ab und bereicherten so ebenfalls den regen Schiffsverkehr über das Weltmeer.

Es wird eng an den Nadelöhren zum Stillen Ozean. Und so sind immer wieder Überlegungen im Gange, bei Panama-City einen neuen Hafen zu bauen, auf dem die Container der neuen Generationen von den neuen Megafrachtschiffen für den Transport in Richtung Atlantik umgeladen werden können. Gegenwärtig passieren den 81 Kilometer langen Kanal etwa 14.000 Schiffe im Jahr. Das entspricht fünf Prozent des Welthandels. Dennoch zählt diese Verkürzung des Seewegs durch den Isthmus von Panama zu den wichtigsten Schifffahrtsstraßen der Erde. Doch ihre großen Tage scheinen gezählt. Wurde etwa das Passagierschiff QUEEN ELIZABETH 2 der britischen Cunard-Linie noch kanalgerecht gebaut, so passt die neue QUEEN-MARY 2 nicht mehr durch die Schleusen. Der gegenwärtige weitere Ausbau und die Erweiterung des Kanals für größere Frachtereinheiten sollen rund fünf Milliarden Dollar kosten und bis 2015 abgeschlossen sein. Ungeachtet dessen sind weitere Durchstiche vom Pazifik in den Atlantik in der Diskussion, so für die Länder Mexiko, Nicaragua/Costa Rica und Kolumbien. In allen Fällen sollen bei den vorgeschlagenen Projekten die aufwendigen Schleusen des Panamakanals entfallen, da der Niveauunterschied zwischen den beiden Weltmeeren marginal ist. Der Wegfall der Schleusen würde die Durchfahrt zeit- und preisgünstiger machen.

Wir erwarten weiterhin in der nahen Zukunft eisfreie Sommer.

Eine weitere, durch den Klimawandel diktierte Entwicklung rückt den Pazifik zudem in den Fokus der Schifffahrtsinteressen: Das Abschmelzen des arktischen Eises öffnet neue Routen für den Container- und Tankerverkehr. Sie würden die Wege zwischen Europa und Asien erheblich verkürzen, viel teuren Treibstoff sparen und zudem für den Warenverkehr des amerikanischen Ostens via Japan und China interessant sein. Kap Hoorn und Kap der Guten Hoffnung, Panamakanal und Suez könnten so leicht ins Hintertreffen geraten und auch die Piratengefahr in der Malakkastraße, rund Somalia, in der westafrikanischen Bucht von Guinea und an den Küsten Perus für viele Transporte ausblenden. Für den Flugverkehr existiert diese nördliche Route bereits, bei seinen Großkreisflugrouten ist die nördliche Passage Programm. Viele Flüge zu pazifischen Destinationen gehen beispielsweise über Anchorage in Alaska.

Die Marineexperten von 101 Nationen diskutierten auf dem 19. International Seapower Symposium Ende 2009 in Newport, Rhode Island, Chancen und Gefahren eines solchen neuen Seewegs. Der Klimawandel war dabei eines der zentralen Themen. Wissenschaftler der Wetterdienste prognostizierten, dass der Arktische Ozean ungefähr um 2015 während der Sommermonate eisfrei sein dürfte und sich damit auch für die kommerzielle Schifffahrt neue Routen abzeichnen. Russland kündigte zudem an, dass es dann die Wasserwege nördlich Sibirien öffnen werde, um die Ölexploration mit den großen Konzernen voranzubringen. Die Universität von Boulder in Colorado verfolgt seit Jahren die Entwicklung des See-Eises und stellt fest, dass in den vergangenen fünf Jahren die winterlich bedingte Ausdehnung des Eises am geringsten war, seit 1979 eine systematische Satellitenüberwachung startete. Professor Mark Serreze, Direktor des Nationalen Schnee- und Eiszentrums der Universität, bekräftigt: »Wir erwarten weiterhin in der nahen Zukunft eisfreie Sommer.« Nach seinen Untersuchungen vom September 2009 schrumpft das Eis um elf Prozent per Dekade und sogar während der Wintermonate noch um drei Prozent. Die Temperaturen in der Arktis lagen nach den Veröffentlichungen auch im Mai 2010 unter dem sonst üblichen Schnitt. Durch Veränderungen der Windströme bewege sich an Grönlands Ostküste dickeres und älteres Eis in Richtung Süden, wo es im Sommer rasch abschmelze. Barentssee und Baffin Bay hatten die letzten Winter eine geringere Eisausdehnung als früher, während die Beringsee und die Okhotsk-See etwas über dem Schnitt lagen. Insgesamt bedeckte das Eis im April 2010 eine Fläche von 14 Quadratkilometern. Das waren 310.000 unter dem Schnitt der Jahre von 1979 bis 2000.

Unter dem Begriff »Nördlicher Seeweg« ist die Nordostpassage an der sibirischen Küste entlang längst zu einem feststehenden Begriff geworden. Ihre beiden Eckpunkte sind Murmansk und Wladiwostok. Der Abstand beträgt etwa 12.000 Kilometer. Bei einer Fahrt durch den Suezkanal würde sich die Fahrtstrecke auf 25.000 Kilometer verlängern. Eine Reise von Asien nach Hamburg verkürzt sich mit der nördlichen Passage um rund 9.000 Kilometer. In der Vergangenheit war der von dem skandinavischen Forscher Adolf Erik Nordenskiöld 1878–79 erstmals befahrene, damals meist zugefrorene Seeweg wegen der hohen Gebühren für die benötigten Eisbrecher uninteressant. Entfällt allerdings dieser Kostenfaktor, so rechnete der Geschäftsführer der Bremer Reederei »Beluga-Shipping«, Niels Stolberg, könnten mit einer Passage auf der »Nordlichtroute« von sechs Frachtern rund drei Millionen Euro je Jahr eingespart werden. Allerdings steht einer häufigen Benutzung noch ein bürokratisches Hindernis entgegen, da Russland jeweils Genehmigungen erteilen muss. Und bis diese den Behördenmarathon durchlaufen haben, könnte die Passage im schlimmsten Fall bereits wieder zugefroren sein, dämpft der Schiffsklassifizierer »Norske Veritas« allzu große Hoffnungen, räumt aber ein, dass Moskau bereits an einer Reform der geltenden Schifffahrtsregeln arbeite.

Die deutschen Frachter Beluga Fraternity und Beluga Foresight haben die Passage 2009 erfolgreich und ohne Eisbrechereinsatz durchquert. Die beiden Schiffe transportierten Teile für einen Kraftwerksneubau im sibirischen Surgut, dann schipperten die Frachter weiter nach Nigeria. Die Reederei will die derzeitige eisfreie Zeit von sechs bis acht Wochen auch weiterhin nutzen. Zuvor hatte nur ein deutsches Schiff im Sommer 1940 mit sowjetischer Eisbrecherhilfe die Polarlichtroute geschafft, der Hilfskreuzer Komet, der zu seinem Einsatz im Pazifik unterwegs war. Und aus diesem Gesichtspunkt heraus ist auch die Marinetagung in Rhode Island zu sehen. Die künftigen Fahrwasser werfen neue

Sicherheitsprobleme auf, würden nicht nur Cargoladungen, sondern Kriegsschiffe diese Route einschlagen. Und da will Russland natürlich an seiner Nordgrenze und in seinem Hoheitsgebiet klare Regelungen, ebenso die Kanadier. Ungeachtet dessen blühten über Nacht bereits jetzt einige Orte des Nordens auf. Das gilt vor allem für das norwegische Kirkenes am äußersten Rand Europas. Erz- und Gasfunde machten den Hafen interessant und natürlich seine Schlüsselstellung. Die Stadtväter jubeln ihre 5.000-Seelen-Gemeinde – wie die »Financial Times Deutschland« in einem Report über den boomenden Ort berichtete – schon zum »Nabel der Welt« hoch, der zudem nur 250 Straßenkilometer von Murmansk entfernt ist. Peter Steiness von der norwegischen »Tschudi Shipping« erwartet 20 bis 30 Prozent Zuwachs und spricht stolz von einem »kleinen Rotterdam«. Die Russen haben bereits in den 1950er und 1960er Jahren die Häfen Dikson, Tiksi, Pewek und Prowidenija ausgebaut und weitere Voraussetzungen für die spätere Nutzung geschaffen. Der westliche Teil mit den Orten Murmansk und Archangelsk ist inzwischen ohnehin fast ganzjährig befahrbar und wird für den Erztransport genutzt.

Schon wittern die Reeder auch bei der schwierigen Nordwestpassage Morgenluft. Hunderte von Menschenleben hatten die zahlreichen ehrgeizigen Versuche noch aus der Segelschiffzeit gekostet, diesen kurzen Seeweg nach Asien zu finden. Tragische Schicksale spielten sich in dem damals für ewig gehaltenen Eis ab. Manche der Expeditionsteilnehmer blieben bis heute verschollen, einige konnten sich bis zu Inuitstämmen durchschlagen und so ihr Leben retten. Und nun plötzlich präsentierte sich 2007 dieser eisige Pfad in der weißen Hölle an Kanadas Nordküste und an Alaska vorbei zum ersten Mal eisfrei, gleichzeitig mit der Öffnung der Nordostroute oberhalb Sibiriens.

Hält die Klimaerwärmung an, wird sich hier eine preiswerte Variante zum Panamakanal auftun. 2007, so ergaben Auswertungen der Raumfahrtagentur ESA von Satellitendaten, nahm die arktische Eisfläche bis auf drei Millionen Quadratkilometer ab, nachdem sie schon 2005 und 2006 geschrumpft war. Einige Wissenschaftler gehen sogar davon aus, dass sogar der Nordpol bis 2040 völlig eisfrei sein dürfte. Wenn die Polkappe abschmilzt, nimmt analog die blendend weiße Fläche ab, die das Sonnenlicht reflektiert, die Aufheizung der Region beschleunigt sich damit schneller als in der übrigen Welt. Aber nicht nur die Schiffsunternehmen sehen diesem Prozess gespannt und mit wirtschaftlich hohen Erwartungen entgegen, auch der Industrie bietet sich ein erleichterter Zugang zu den riesigen unter dem arktischen Eis vermuteten Schätzen an Erdöl und Erdgas an. Auf einem anderen Blatt steht allerdings dabei die Frage des Naturschutzes. Die Förderbedingungen dürften sich bei Meerestiefen bis zu 4.000 Metern ohnedies schwierig gestalten.

Nach der erfolgreichen Entdeckung des Seeweges vom Atlantik in den Pazifik durch den Portugiesen Magellan fieberten die Nautiker 450 Jahre lang danach, eine ebensolche Verbindung im Norden des amerikanischen Kontinents aufzutun. Als Erstem gelang die Bewältigung dieser Kardinalsaufgabe, einen Weg durch die rund 19.000 kanadischen Inseln zu finden, 1903 bis 1906 dem norwegischen Polarforscher Roald Amundsen mit dem kleinen Schiff Gjoa. Er fand den Weg durch die Victoriastraße, musste allerdings zweimal überwintern. 1944 gelang es dem Norweger Henry Larsen, Nordamerika von West nach Ost zu umrunden. Der Deutsche Abenteurer Arved Fuchs, der sich mit seinem segelnden Haikutter Dagmar Aaen auf Eismeerfahrten kapriziert hat, schaffte es in beiden Richtungen, wobei er jedes Mal feststellte, wie sich die Landschaft, das Eis unter dem Einfluss höherer Jahresdurchschnittstemperaturen verändert hatten. Im Jahr 1985 wagte sich das erste

Kreuzfahrtschiff in diese unwirtlichen Zonen vor. Mit Passagieren an Bord umrundete die auf der Bremer Schichau-Werft als Expeditionspassagierschiff gebaute WORLD DISCOVERY 1985 den Kontinent auf der Nordroute. 2009 schafften es gleich zwei Kreuzfahrer von Hapag-Lloyd, die HANSEATIC und die BREMEN auf entgegengesetzten Routen. Spektakulär für die 500 Passagiere war ihr Zusammentreffen etwa in der Mitte bei Gjoa Haven. Der Seeweg zwischen Europa und Asien, zum Beispiel von Rotterdam bis Tokio, verkürzt sich dabei erheblich. Sind es 23.300 Kilometer durch den Panamakanal, durch den Suez 21.100 Kilometer, so wartet der Nordweg mit nur 15.900 Kilometern auf. Obendrein würden die piratenverseuchten Gewässer rund Afrika ausgespart, was sich auch in den Versicherungsprämien niederschlägt. Schon wird der Ausbau der Inuitsiedlung Qausuittuq an der so genannten Resolute Bay zum Tiefwasserhafen erwogen, denn die neue Strecke wäre vor allem auch für Öltransporte interessant.

Allerdings gibt es zurzeit noch zu viele Unwägbarkeiten. So wird die Einfahrt bei bestimmten Windrichtungen öfters durch Eisgang vom Abschmelzen der Gletscher verstopft. Zudem fordern die Versicherungen wegen der Eisgefahr höhere Policen. Auch müssen die Schiffe wegen der Eisberge langsamer fahren. Zudem sind zuerst noch Unstimmigkeiten über den Status des Gewässers auszuräumen: Die USA sehen sie als international an, Kanada reklamiert sie als Hoheitsgebiet für sich. Und hier liegt eine weitere Hürde, behält Kanada Recht, kann es Durchfahrtsgebühren verlangen, also gäbe es noch eine weitere Verteuerung. Allerdings könnten steigende Spritpreise die Rechnung zum Schluss doch noch günstig ausfallen lassen.

Einen zusätzlichen Haken hat die eisfreie Nordwestpassage. Ihre Sünde und Fahrwasser auf der traditionellen Route Amundsens weisen an einigen Stellen nicht genug Tiefgang für große Einheiten aus, schon gar nicht für die heutige Generation der Tanker- und Containerriesen. Auch ist die Navigation auf diesem gewundenen Seeweg kompliziert. Und gerade für solche Schiffsgrößen wäre die Fahrt durch den 5.780 Kilometer langen Seeweg rund Kanada und Alaska nach Japan und China von großem Interesse. Hier kann dann nur der weiter nördliche Parry-Kanal als Ausweichroute Abhilfe schaffen. Auch dieses Fahrwasser in dem – allerdings von Kanada ebenfalls beanspruchten – Inselarchipel ist schon das zweite Jahr in Folge eisfrei. Im Prinzip existieren sogar drei verschiedene Durchfahrten, deren Zweckmäßigkeit und seerechtliche Stellung zu prüfen ist, denn durch die Nähe dieser Seewege zum kanadischen Festland wird auf jeden Fall in naher Zukunft eine international verbindliche, klare Regelung notwenig. Früher war dies wegen der durch Eis bedingten Unbefahrbarkeit nicht nötig.

Die größte Zukunftssorge indes bereitet im Pazifik – wie überall auf dem Globus – der Klimawandel und der damit einhergehende Anstieg des Meeresspiegels. Einer Londoner Studie zurfolge sind demnach zwei Drittel aller Weltmetropolen von steigenden Fluten bedroht. Von den 180 untersuchten Ballungsgebieten der Erde ist Asien am meisten betroffen. Drei Viertel der gefährdeten Menschen leben in diesem Teil der Erde, in China, Vietnam und Indonesien, was den Pazifik anbetrifft, und in Indien sowie Bangladesch im Bereich des Indischen Ozeans. Das tangiert schließlich auch massiv die aufstrebende Wirtschaft der künftigen Supermacht China. Ein großer Teil seiner industriellen Neuansiedlungen wurden in Regionen wie Shanghai, Qindao oder im Delta des Pearl-Flusses zwischen Macau und Hongkong platziert. Analog mit dieser Expansion setzte eine massive Völkerwanderung zur Küste ein. In nur zehn Jahren wuchs dort die Bevölkerung doppelt schnell wie im Landesinneren. Im Delta des Pearl-Flusses beispielsweise siedelten sich in einer noch kürzeren Zeitspanne vierzig Millionen Chinesen neu an. Bei einem Abschmelzen der Polkappen würde dies für die dort konzentrierten Betriebe das ökonomische Aus bedeuten.

Als die Bewohner des taiwanesischen Tungshih vor 300 Jahren für die Gottheit Matsu einen Tempel errichteten, konnten sie nicht ahnen, dass sich ihre Nachfahren zu Beginn des 21. Jahrhunderts gezwungen sehen würden, ein neues Gotteshaus zu errichten – auf einem Areal, das drei Meter höher liegt. Der Grund: Seit der Klimaveränderung wurde der Tempel des Seegottes jedes Jahr mehrere Male überflutet. Und diese Tatsache wird für die gesamte Küstenlinie und die tief liegenden Landschaften als deutliches Warnsignal verstanden. Zwar besteht der größte Teil der Insel aus Bergen, die zentralen wirtschaftlichen Aktivitäten spielen sich aber in dem verbleibenden Drittel Flachland ab. Ein riesiger, erst 1990 fertiggestellter Petrochemiekomplex, drei Kernkraftwerke, mehrere Großstädte mit großen Industriezonen könnten bald von einem ähnlichen Desaster betroffen sein. Es handelt sich um über 70 Quadratkilometer, die akut gefährdet sind, »wasteland« (Ödland) zu werden, prognostizierte das »Hydraulic and Ocean Engineering Department« der National-Cheng-Kung-Universität im südlichen Tainan. Die Regenmengen haben sich demnach in den vergangenen 45 Jahren verdoppelt, was zusätzlich die Gefahr gefährlicher Erdrutsche mit sich bringt. Indonesien trägt der Entwicklung Rechnung und bietet seine höher gelegenen Inseln untergehenden Staaten derzeit zur Pacht an. Neuseeland überprüft seine Einwanderungsgesetze und will den bisher weltweit nicht existierenden Status des Klimaflüchtlings in das Asylrecht einführen. Im asiatisch-pazifischen Raum ist, verschiedenen Studien zufolge, insgesamt mit einem Flüchtlingsstrom von 75 Millionen Menschen zu rechnen. Bei einem ihrer letzten Gipfeltreffen im australischen Cairns forderten 16 pazifische Inselstaaten, dass die Industrieländer, voran die USA und neuerdings auch China, mehr für den Klimaschutz tun müssen. Es wird zudem erwartet, dass Papua-Neuguinea von Australien und Neuseeland Geld dafür fordern wird, im Sinne des Klimaschutzes auf die Abholzung des tropischen Regenwaldes weitgehend zu verzichten.

Auch auf der gegenüberliegenden Pazifikseite, an der kalifornischen Küste, gäbe es vor allem bei der Trinkwassergewinnung erhebliche Probleme, abgesehen von den US-Zentren am Atlantik, wo Städte wie New Orleans schon heute vom Untergang bedroht sind. Für viele Inseln im Pazifik bedeutet die Entwicklung ohnehin das Aus, beispielsweise für Atolle wie Tokelau, die Cook-Inseln, Vanuatu, Kiribati, Niue, Palau und Tuvalau, Teile von Fidschi. Die »Gesellschaft für bedrohte Völker« errechnete, dass dort bis 2050 rund acht Millionen Ureinwohner ihre Heimat verlieren. Schon heute haben erste Umsiedlungen begonnen. beispielsweise verließen 2.500 Einwohner der Carteret-Inseln in Papua-Neuguinea wegen Überflutung ihre Heimat. Zwar gibt es inzwischen auch Hinweise, dass zumindest bis zu einem gewissen Grad die Korallen mit steigendem Wasser mitwachsen. Doch sprechen die Fakten auf den am meisten bedrohten Eilanden bislang noch eine andere Sprache.

Allen besänftigenden Prognosen zum Trotz veröffentlichte eine Forschergruppe der Tübinger Universität zusammen mit englischen Kollegen eine Studie, wonach auf längere Sicht aus dem Verlauf der letzten fünf Eiszeiten in den vergangenen 520.000 Jahren durchaus mit einem dramatischen Anstieg des Meeresspiegels um bis zu 25 Meter zu rechnen sei. Dann allerdings herrscht auch in Deutschlands Norden sowie beim Nachbarn Holland trotz eventueller höherer Eindeichungen Land unter.

Norbert Vörding & Andreas Weber
Geschichte(n) der Seefahrt
Band I – Entdecker und Piraten
Koehler

NORBERT VÖRDING / ANDREAS WEBER

Geschichte(n) der Seefahrt

Die Autoren möchten nicht nur Wasser-, sondern auch Landratten für die spannende Historie der Seefahrt begeistern.

Dies gelingt ihnen aufs Schönste:
In kurzen und prägnanten Geschichten, die spannend, humorvoll, dramatisch – aber nie langweilig sind, werden die wesentlichen Hintergründe und Zusammenhänge auf unterhaltsame und doch informative Weise vermittelt.

Der erste Band widmet sich Seefahrern und Entdeckern, Piraten und Freibeutern – also jenen Persönlichkeiten, ohne die dieses Kapitel der Menschheitsgeschichte ganz anders verlaufen wäre.

KLAUS KREMER / INGO THIEL

Das Queen Mary 2 Kochbuch

Eine kulinarischen Weltreise mit dem bekanntesten Luxusliner unserer Zeit – Kochbegeisterte und Schiffsliebhaber finden, geordnet nach Kontinenten und Regionen, über 60 Rezepte: Vorspeisen, Salate, Hauptgerichte und Nachspeisen, die zum Teil von den Küchenchefs der britischen Nobelreederei Cunard Line kreiert wurden und zu den lukullischen Höhepunkten jeder Kreuzfahrt zählen.

Das handliche, reich illustrierte Kochbuch besticht durch verständliche Zubereitungsanleitungen. Es ist praxisnah und alle Rezepte sind mühelos und ohne großen Aufwand nachzukochen. Tipps und Tricks vom deutschen Küchendirektor der Queen Mary 2, Klaus Kremer, der auch Interessantes über das Schiff zu berichten weiß, bereichern diesen appetitanregenden Band.

24,5 x 26 cm | Hardcover
zahlr. Farb-Abbildungen
ISBN 978-3-7822-1020-1

HANS JÜRGEN WITTHÖFT (HRSG.)

Köhlers FlottenKalender 2011

Der beliebte Klassiker erscheint in seiner hundertsten Ausgabe!

Alles, was auf, im und unter dem Wasser geschieht, findet sich in informativen und unterhaltsamen Beiträgen in Köhlers FlottenKalender wieder. Aktuelle Meldungen aus der Handelsschifffahrt und Marine, Blicke auf die Schifffahrts- und Marinegeschichte, Porträts bedeutender Persönlichkeiten, Anekdoten sowie neue Nachrichten aus der maritimen Welt prägen den Inhalt. Die touristische Seite der Seefahrt kommt ebenso zur Sprache wie politische und wirtschaftliche Aspekte. Für alle maritim Interessierten eine willkommene Lektüre, Jahr für Jahr.

14,8 x 21 cm | Broschur
zahlr. s/w- und Farb-Abbildungen
ISBN 978-3-7822-1019-5